Bablick
1013 programmierte Prüfungsfragen
für Maler und Lackierer

Michael Bablick

1013 programmierte Prüfungsfragen für Maler und Lackierer

BAUVERLAG GMBH · WIESBADEN UND BERLIN

Die Deutsche Bibliothek – CIP-Einheitsaufnahme

Bablick, Michael:
1013 programmierte Prüfungsfragen für Maler und Lackierer / Michael Bablick – Wiesbaden; Berlin: Bauverl., 1993
ISBN 3-7625-2943-4

Druck: Pfälzische Verlagsanstalt Landau

ISBN 3-7625-2943-4

Vorwort

Programmierte Prüfungsfragen haben sich in den letzten Jahren für die Gesellenprüfung und die Meisterprüfung in vielen Teilbereichen durchgesetzt. Bei dieser Prüfungsart lassen sich zahlreiche Fragen in kurzer Zeit beantworten. So kann ein großes Stoffgebiet geprüft werden. Zudem ist die Auswertung dieser Prüfungen schnell und problemlos möglich. Für den Prüfling stellen sich aber neue Probleme. Nicht immer wird der Sinn der gestellten Fragen gleich erkannt. Die Fülle der unterschiedlichen Fragen und vorgegebenen Antworten verlangt besondere geistige Flexibilität. Kurzum: Auch die Beantwortung programmierter Prüfungsfragen will gelernt sein!

Das Buch soll dieses Lernen ermöglichen. Es soll neben der Leistungskontrolle der Wissenserweiterung dienen. Dies ist naturgemäß bei der Beantwortung von programmierten Fragen nur eingeschränkt möglich. Um weitere Hilfen zu geben, wird unmittelbar hinter der Fragestellung in eckigen Klammern eine Zahl angegeben. Sie verweist auf eine Frage und Antwort im Buch "703 Prüfungsfragen und Antworten für Maler und Lackierer" vom gleichen Autor. Sollten Sie also eine programmierte Frage nicht eindeutig beantworten können und/oder weitere Informationen suchen, können Sie dort nachlesen und hinzulernen.

Bei guten programmierten Fragen sind alle vorgegebenen Antworten im Wahrscheinlichkeitsbereich. Dadurch ähneln sich die vorgegebenen Antworten häufig. Das macht die Beantwortung schwieriger. An solchen Fragen kann man aber am meisten lernen.

Der Lerneffekt ist mit programmierten Fragen größer, wenn jeweils mehrere Antworten richtig sein können. So enthält ein Teil der Fragen in diesem Buch auch zwei richtige Antworten. Für echte Prüfungen sollte man aber bei jeder Frage jeweils nur eine richtige Antwort vorsehen. Desgleichen sollte man auf schriftlich zu beantwortende Fragen nicht ganz verzichten.

Die Gliederung des Buches entspricht dem Buch "703 Prüfungsfragen und Antworten" und somit weitgehend dem Aufbau der Gesellenprüfung und der Meisterprüfung. Die schwierigeren, besonders für die Meisterprüfung geeigneten Fragen wurden wieder mit einem [*] gekennzeichnet.

Michael Bablick

Vorwort

Inhalt

1 Werkzeuge und Geräte

1.1 Werkzeuge und Geräte für die Untergrundvorbereitung

1.1.1 Schleifmaschinen

1.
Welche Vorteile haben die elektrisch betriebenen Schleifmaschinen gegenüber den pneumatisch betriebenen Schleifmaschinen? [1.1.1-1]

(A) Sie können problemlos zum Naßschleifen eingesetzt werden.

(B) Sie können in jedem Falle zum Planschleifen von Holz eingesetzt werden, das farblos lackiert werden soll.

(C) Der Antrieb ist eingebaut, so können diese Maschinen problemlos auf wechselnden Baustellen eingesetzt werden.

(D) Es gibt auch Kleinstschleifmaschinen zum Schleifen von Fenstern, Türzargen usw.

(E) Alle elektrisch betriebenen Schleifmaschinen eignen sich besonders gut zum Entrosten.

2.
Welche Schleifmaschinen eignen sich besonders gut zum Planschleifen großer, ebener Flächen? [1.1.1-5]

(A) Rundschleifmaschinen

(B) Winkelschleifmaschinen

(C) Schwingschleifmaschinen

(D) Bandschleifmaschinen

(E) nur Exzenterschleifmaschinen

3.
Wie hoch muß die Drehzahl bei Schwingschleifern sein, wenn damit Holzflächen vor einer Klarlackierung geschliffen werden sollen? [1.1.1-6]

(A) mind. 5 000 Umdrehungen in der Minute
(B) mind. 7 000 Umdrehungen in der Minute
(C) mind. 8 000 Umdrehungen in der Minute
(D) mind. 10 000 Umdrehungen in der Minute
(E) mind. 15 000 Umdrehungen in der Minute

***4.**
Warum läßt sich mit einer Exzenterschleifmaschine ein besonders feines Schleifbild erzeugen?

(A) Die Schleifscheibe rotiert beim Schleifvorgang.
(B) Die Schleifscheibe dreht sich besonders schnell.
(C) Die Schleifscheibe bewegt sich nur in eine Richtung.
(D) Die Schleifspuren überkreuzen sich im rechten Winkel.
(E) Die Schleifspuren überlagern sich rotierend und oszillierend.

5.
Warum sollen zum Naßschleifen Schleifmaschinen eingesetzt werden, die mit Druckluft angetrieben werden? [1.1.1-1]

(A) Mit Druckluft betriebene Schleifmaschinen laufen leiser.
(B) Mit Druckluft betriebene Schleifmaschinen bringen immer eine höhere Schleifleistung.
(C) Mit Druckluft betriebene Schleifmaschinen können mobiler eingesetzt werden.
(D) Die Unfallgefahr durch den Strom entfällt beim Einsatz der druckluftbetriebenen Maschinen.
(E) Das Schleifbild ist beim Einsatz der druckluftbetriebenen Maschinen feiner.

***6.**
Bandschleifmaschinen werden vom Maler und Lackierer nur selten eingesetzt. Welche Nachteilc haben diese Maschinen? [1.1.1-7]

(A) Sie sind sehr laut.

(B) Die Schleifbänder sind relativ teuer.

(C) Die Maschinen eignen sich nicht für Holzuntergründe, die farblos lackiert werden sollen.

(D) Man kann mit diesen Maschinen nur schlecht in Ecken schleifen.

(E) Die Maschinen eignen sich nicht für feine Schleifarbeiten.

1.1.2 Geräte zum Entrosten

1.
Welche Schleifmaschinent eignen sich am besten für Entrostungsarbeiten? [1.1.1-4]

(A) Bandschleifmaschinen

(B) Rundschleifmaschinen

(C) Vibrationsschleifmaschinen

(D) Schwingschleifmaschinen

(E) Schwingschleifer, deren Drehzahl über 10 000 Umdrehungen in der Minute liegt.

2.
Für welche Arbeiten eignen sich Druckluft-Nadelentroster? [1.1.2-1]

(A) zum Entrosten dünnwandiger Stahlbleche

(B) zum Entrosten der korrodierten Stahlarmierung bei der Betonsanierung

(C) zum Entfernen kleinerer Roststellen an einer dickwandigen Stahlkonstruktion

(D) nur zum Entfernen von Zementmörtelspritzern auf einem Heizkörper

(E) zum Entfernen gut haftender, großflächiger Walzhaut

3.
Mit welchem Gerät bzw. welcher Maschine wird der Normreinheitsgrad Sa 2 nach DIN 55 928 erreicht? [5.3-8]

(A) mit der Drahtbürste
(B) mit dem Rosthammer
(C) mit der Schleifmaschine
(D) mit der Druckluft-Nadelpistole
(E) mit dem Strahlgerät

***4.**
Welchen Vorteil bringt der Einsatz eines Zweikammer-Freistrahlgebläses beim Abstrahlen?

(A) Es können gröbere Strahlmittel verwendet werden.
(B) Es kann ohne Arbeitsunterbrechung Strahlmittel zugefüllt werden.
(C) Die Staubentwicklung beim Strahlen verringert sich.
(D) Zweikammer-Freistrahlgebläse sind billiger, da man bei den Stahlkammern mit geringeren Wanddicken auskommt.
(E) Beim Strahlen ist ein größerer Druck erreichbar.

***5.**
Welche der folgenden Aussagen zum Feuchtnebelstrahlen ist richtig? [1.1.2-3]

(A) Das Feuchtnebelstrahlen ist bei Stahl nicht möglich, weil sich durch den Wasseranteil auf dem Stahl sofort wieder Rost bildet.
(B) Zum Feuchtnebelstrahlen werden je Stunde 400 bis 600 Liter Wasser benötigt.
(C) Das Feuchtnebelstrahlen ist in der Regel ungünstig, weil durch den großen Wasseranteil ein Schlammgemisch zurückbleibt.
(D) Zum Feuchtnebelstrahlen läßt sich nur Stahlkies zuverlässig einsetzen.
(E) Durch das Feuchtnebelstrahlen läßt sich die Umweltbelastung durch Staub vermindern.

6.
Welche der folgenden Aussagen treffen auf das Flammstrahlen zu? [1.1.2-6 und 5.3-8]

(A) Das Flammstrahlverfahren kann auch für dünne Bleche problemlos eingesetzt werden.

(B) Nach dem eigentlichen Flammstrahlen muß die Stahlfläche maschinell mit der rotierenden Stahlbürste nachgearbeitet werden.

(C) Mit dem Flammstrahlverfahren läßt sich Walzhaut von Stahl nicht zuverlässig entfernen.

(D) Mit dem Flammstrahlverfahren läßt sich kein für die folgenden Beschichtungen ausreichender Reinheitsgrad erreichen.

(E) Das Flammstrahlverfahren kann aus Gesundheitsschutzgründen nur eingesetzt werden, wenn genügend Frischluft zur Verfügung steht.

***7.**
Mit welcher Gasmischung arbeitet man beim Flammstrahlen? [1.1.2-8]

(A) mit einer Propan-Sauerstoff-Mischung

(B) mit einer Butan-Sauerstoff-Mischung

(C) mit einer Acethylen-Sauerstoff-Mischung

(D) mit einer Ethan-Sauerstoff-Mischung

(E) mit einer Propan-Butan-Mischung

***8.**
Welche der folgenden Aussagen zum Arbeitsdruck der Gase beim Flammstrahlen ist richtig? [1.1.2-8]

(A) Der Druck des Acethylengases sollte niedriger sein als der des Sauerstoffes.

(B) Der Druck des Acethylengases sollte höher sein als der des Sauerstoffes.

(C) Der Druck des Acethylengases und des Sauerstoffes müssen genau gleich groß eingestellt werden.

(D) Das Acethylengas wird aus Flaschen ohne Druckminderer mit etwas Sauerstoff versetzt.

(E) Der Sauerstoff wird aus Flaschen ohne Druckminderer mit etwas Acethylengas vermischt.

***9.**
Warum muß beim Flammstrahlen mit einem Sauerstoffüberschuß gearbeitet werden? [1.1.2-8]

(A) Die Flamme verlöscht sonst.
(B) Die Stahloberfläche verrußt sonst.
(C) Es besteht sonst Explosionsgefahr.
(D) Dünne Bleche würden sich sonst verziehen.
(E) Das Flammstrahlen geht sonst zu schnell und läßt sich kaum steuern.

1.2 Streichwerkzeuge

1.
Aus welchem Haar werden die Collinsky-Pinsel hergestellt? [1.2-2]

(A) aus dem Schweifhaar des sibirischen oder chinesischen Marders
(B) aus dem Schweifhaar der Eichhörnchen
(C) aus dem Fesselhaar von Ponys
(D) aus Kamelhaar
(E) aus Bärenhaar

2.
Welches Besteckmaterial wird für Staubpinsel verwendet? [1.2-4]

(A) Rotmarderhaar
(B) Bärenhaar
(C) Fehhaar
(D) Marderhaar
(E) Kunstborste

3.
Welche Besteckmaterialien werden für hochwertige Lackierpinsel eingesetzt? [1.2-4]

(A) europäische Schweineborste
(B) chinesische Schweineborste
(C) Ziegenhaar
(D) Rotmarderhaar
(E) Roßhaar

4.
Für welche Werkzeuge benötigt man Bärenhaare? [1.2-4]

(A) für Streichbürsten
(B) für Staubpinsel
(C) für besonders feine Lackierpinsel
(D) für Einkehrpinsel bei Vergoldearbeiten
(E) für billige Lackierpinsel

5.
Wie läßt sich ein Naturhaarpinsel von einem Kunstborstenpinsel unterscheiden?

(A) durch die Biegeprobe
(B) durch die Reißprobe
(C) durch die Feuerprobe
(D) durch die Laugenprobe
(E) durch die Lösemittelprobe mit Testbenzin

6.
Für welche Arbeiten wird ein Schlepper eingesetzt?

(A) zum Abbeizen von Lackierungen
(B) zur manuellen Beschriftung von Fahrzeugen und Schildern
(C) zum Übertragen von Blattgold
(D) zum Ziehen von feinen Linien mit Lackfarbe
(E) zum Verteilen des Lackes bei einer Pinsellackierung

7.
Für welche Arbeiten wird der abgebildete Pinsel üblicherweise eingesetzt? [1.2-8]

(A) für Schablonierarbeiten
(B) für Lackierarbeiten
(C) für Maserierarbeiten
(D) zum Anlegen des Blattgoldes
(E) zum Linieren

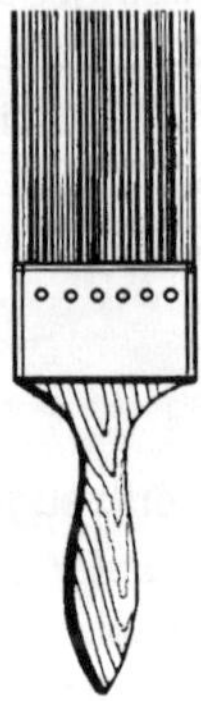

***8.**
Welchen Vorteil bringt es, wenn Borstenpinsel auf Schluß gearbeitet sind?

(A) Diese Pinsel sind besonders günstig zu bekommen.
(B) Diese Pinsel behalten auch nach langem Gebrauch ihre Form.
(C) Diese Pinsel eignen sich gleichermaßen für mit organischen Lösemitteln und mit Wasser verdünnbare Lacke.
(D) Diese Pinsel werden aus besonders feinen Borsten hergestellt und eignen sich deshalb für feine Lackarbeiten.
(E) Diese Pinsel sind laugenbeständig.

***9.**
Welche Nachteile haben Pinsel mit präpariertem Schluß? [1.2-9]

(A) Diese wertvollen Pinsel sind sehr teuer.
(B) Diese Pinsel verlieren schnell ihre Form.
(C) Diese Pinsel halten keine Farbe.
(D) Diese Pinsel haben Borsten mit mehreren Spitzen und lassen sich deshalb nur schwer herstellen.
(E) Diese Pinsel lassen sich nicht für Lackarbeiten einsetzen.

***10.**
Welche Bedeutung hat die Fahne der Borsten für die Pinsel? [1.2-11]

(A) An der Fahne lassen sich die Borsten am besten befestigen.
(B) Durch die Fahne der Borsten kann der Beschichtungsstoff besonders gut aufgenommen werden.
(C) Die Fahne der Borsten wirkt sich beim Verstreichen des Werkstoffes negativ aus.
(D) Die Fahnen der Borsten werden zugeschliffen, so entsteht die Spitze der Pinsel.
(E) Die Fahne gibt den Borsten und damit dem Pinsel Steifheit.

11.
Welches Besteckmaterial sollte für Pinsel eingesetzt werden, die zum Streichen von wasserverdünnbaren Werkstoffen verwendet werden sollen? [1.2-6]

(A) Schweineborsten
(B) Chinaborsten
(C) Roßhaare
(D) Rinderhaare
(E) synthetische Borsten

12.
Warum darf man in Lacken hart gewordene Pinsel nicht in Abbeizlaugen reinigen? [1.2-14]

(A) Die Abbeizlaugen zerstören Naturhaare und -borsten.
(B) Mit Abbeizlaugen kann man keine eingetrockneten Lacke lösen.
(C) Abbeizlaugen schädigen die Umwelt zu stark.
(D) Die Abbeizlaugen sind so teuer, daß die Reinigung der Pinsel nicht lohnt.
(E) Die Abbeizlaugen lassen sich nach der Reinigung nicht gründlich genug aus den Pinseln entfernen.

13.
Welche Pinsel dürfen für Ablaugarbeiten eingesetzt werden? [1.2-14]

(A) Pinsel mit Pferdehaaren
(B) Pinsel mit Ziegenhaaren
(C) Pinsel mit Rindshaaren
(D) Pinsel mit Schweinborsten
(E) Pinsel mit Kunstborsten

1.3 Farbroller

1.
Welchen Vorteil hat echtes Lammfell als Bezug für Farbroller? [1.3-3]

(A) Echtes Lammfell kann viel Beschichtungsstoff aufnehmen.
(B) Echtes Lammfell ist gegenüber Laugen beständiger als gewirkte Kunststoffbezüge.
(C) Echtes Lammfell ist billiger als die Ersatzprodukte.
(D) Echtes Lammfell gibt es in jeder Schurhöhe.
(E) Echtes Lammfell läßt sich universell für alle Beschichtungsstoffe einsetzen.

2.
Welche Bezüge eignen sich am besten für Lackroller, wenn damit lösemittelhaltige Produkte verarbeitet werden sollen? [1.3-4]

(A) echtes Lammfell
(B) Webplüsch aus Polyamidfasern
(C) kurzflorige Mohair-Webware
(D) Kunststoffweichschaum
(E) Kunststoffhartschaum

***3.**
Welche Florhöhe sollten die Bezüge von Farbrollern haben, wenn sie für die Beschichtung von Fassaden mit Dispersionsfarben eingesetzt werden sollen? [1.3-4]

(A) 2 bis 5 mm

(B) 5 bis 7 mm

(C) 7 bis 10 mm

(D) 10 bis 12 mm

(E) 12 bis 25 mm

4.
Welche Systeme kann man aufgrund der Farbzuspeisung bei den pumpengespeisten Rollgeräten unterscheiden? [1.3-5]

(A) eine Außenspeisung und eine Innenspeisung

(B) eine Speisung mit Niederdruck und mit Hochdruck

(C) eine Speisung mit Niederdruck und mit Höchstdruck

(D) eine manuelle und eine automatische Speisung

(E) eine Niederdruck- und eine Materialdruckspeisung

***5.**
Welche Systeme muß man bei den Reinigungsgeräten für Farbroller unterscheiden? [1.3-6]

(A) eine manuelle und eine automatische Reinigung

(B) Reinigungsgeräte für lösemittelhaltige Produkte und für wasserverdünnbare

(C) eine Innenreinigung und eine Außenreinigung

(D) Reinigung mit Niederdruck- und Reinigung mit Hochdruckgeräten

(E) Reinigung durch den Leitungswasserdruck und mit Hochdruckreinigern

6.
Welchen Vorteil bietet der Einsatz von Reinigungsgeräten für Farbroller gegenüber der Handreinigung?

(A) Das Reinigen geht schneller.

(B) Auch eingetrocknete Beschichtungsstoffe können problemlos entfernt werden.

(C) Die Reinigungsgeräte eignen sich besonders für die Reinigung von lösemittelhaltigen Beschichtungsstoffen.

(D) Es fällt weniger Schmutzwasser an, somit ist dieses Verfahren umweltfreundlicher.

(E) Die Farbroller können von allen Beschichtungsstoffen problemlos gereinigt werden.

1.4 Spritzgeräte

1.
Für welche Arbeit wird die abgebildete Pistole eingesetzt? [1.1.2-5]

(A) zum Abstrahlen

(B) zum Niederdruckspritzen

(C) zum Hochdruckspritzen

(D) zum Airless-Spritzen

(E) zum elektrostatischen Spritzen

2.
Zu welchem Spritzgerät gehört die abgebildete Spritzpistole?

(A) zum Niederdruck-Spritzgerät
(B) zum Hochdruck-Spritzgerät
(C) zum Airless-Spritzgerät
(D) zum Höchstdruck-Hochdruck-Spritzgerät
(E) zum Elektrostatik-Spritzgerät

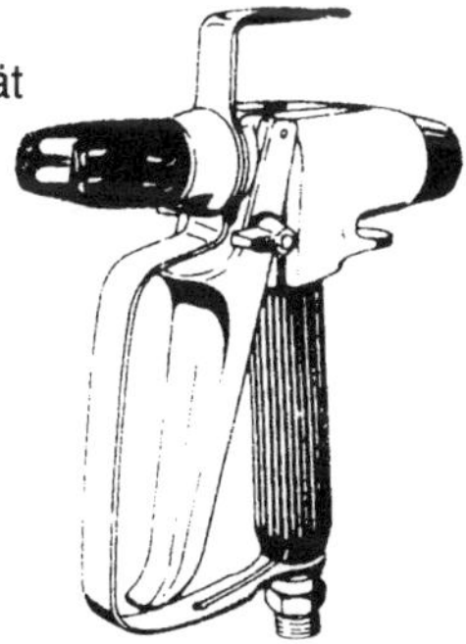

3.
Bei welchem Spritzgerät wird der erforderliche Druck mit einem Schaufelrad-Gebläse erzeugt? [1.4-1]

(A) beim Airless-Spritzgerät
(B) beim Niederdruck-Spritzgerät
(C) beim Heißspritzgerät
(D) beim elektrostatischen Spritzgerät
(E) bei Spritzgeräten mit Materialdruckgefäß

4.
Bei welchem Gerät wird der zum Spritzen erforderliche Druck mit einer Membranpumpe erzeugt? [1.4-1]

(A) beim Niederdruck-Spritzgerät
(B) beim Airless-Spritzgerät
(C) beim Hochdruckkompressor
(D) bei der Airless-Spritzpistole
(E) bei jedem Elektrostatik-Spritzgerät

5.
Welcher Spritzpistolentyp ermöglicht den schnellsten Farbtonwechsel?

(A) die Airless-Spritzpistole

(B) die Druckkessel-Spritzpistole

(C) die Saugbecher-Spritzpistole

(D) die Niederdruck-Spritzpistole

(E) die Umlauf-Spritzpistole

6.
Welchen Vorteil bringt der Einsatz von Materialdruckkesseln beim Hochdruckspritzen? [1.4-11]

(A) Es kann mit hohem Luftdruck gespritzt werden.

(B) Das Material wird ausschließlich mit Materialdruck verspritzt.

(C) Der Werkstoffverbrauch verringert sich drastisch.

(D) Größere Flächen können ohne Material nachzufüllen beschichtet werden.

(E) Der Verlauf der Lackmaterialien ist gleichmäßiger.

***7.**
Welche Spritzpistole sollte man zum Verspritzen von extrem groben Metalliclacken (Diamant-, Kristalleffekt etc.) verwenden?

(A) die Rührwerkbecher-Spritzpistole

(B) die Saugbecher-Spritzpistole

(C) die Airless-Spritzpistole

(D) die Heißspritz-Spritzpistole

(E) die Dekor-Spritzpistole

***8.**
Welches der folgenden Geräte wird mit Gleichstrom betrieben? [1.4-22]

(A) die elektrische Schleifmaschine

(B) das Niederdruckspritzgerät

(C) das Hochdruckspritzgerät

(D) der Staubsauger für Schleifstaub

(E) die Pulverlack-Spritzpistole

9.
Zu welchem Gerät gehört ein Wasser- und Ölabscheider? [1.4-4]

(A) zur Trockenkabine
(B) zum Materialdruckgefäß
(C) zum Hochdruckkompressor
(D) zum Niederdruck-Spritzgerät
(E) zum Airless-Spritzgerät

10.
Welches Geräteteil ist hier abgebildet?

(A) ein Wasserabsperrventil bei der Naßabscheidung einer Spritzkabine
(B) ein Spannungswandler für das elektrostatische Spritzen
(C) ein Druckminderer beim Niederdruck-Spritzgerät
(D) ein Druckminderer beim Airless-Spritzgerät
(E) ein Filterdruckminderer für das Hochdruckspritzen

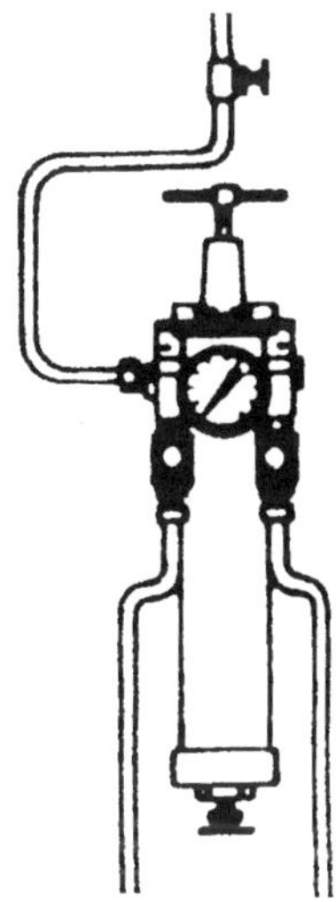

11.
Welcher Antrieb wird beim Niederdruckspritzen verwendet? (1.4-1]

(A) ein Treibgas
(B) eine hydraulische Kolbenpumpe
(C) ein Luftkompressor
(D) ein Elektromotor
(E) ein Benzinmotor

12.
Mit wieviel bar Betriebsdruck wird im Niederdruck-Spritzverfahren gearbeitet? [1.4-1]

(A) mit 0,2 bis 1 bar
(B) mit 1 bis 10 bar
(C) mit 10 bis 20 bar
(D) mit 20 bis 100 bar
(E) mit 100 bis 329 bar

***13.**
Was ist die Ursache für die Wasserbildung in der Kompressoranlage? [1.4-4]

(A) Durch die Verdichtung der Luft wird deren Sättigungsgrad mit Luftfeuchtigkeit überschritten.
(B) Wenn Luft mit Metall in Berührung kommt, bildet sich immer Kondenswasser.
(C) Nur wenn die Verbindungsleitungen zwischen Kompressor und Spritzpistole zu lang sind, entsteht Kondenswasser.
(D) Durch den verkehrten Anschluß der Schlauchleitung entsteht Kondenswasser.
(E) Das Ansaugen der Luft erfolgt schneller als die Abgabe der Luft, so entsteht Kondenswasser.

***14.**
Wie lassen sich beim Hochdruckspritzen Krater durch Ölrückstände und Kondenswasser verhindern? [1.4-4]

(A) durch Anbringen eines Überdruckventils
(B) durch Einsatz von Öl- und Wasserabscheidern
(C) durch das Arbeiten in staubfreier Umgebung unter 278 K (+5 °C)
(D) durch das Arbeiten bei hoher Luftfeuchtigkeit
(E) durch das Abwischen der zu beschichtenden Fläche mit speziellen Staubbindetüchern

***15.**
An welcher Stelle ist ein Wasserabscheider am wirkungsvollsten? [1.4-4]

(A) möglichst nahe an der Spritzpistole
(B) am Ende der stationären Leitung
(C) am Kompressor
(D) am Luftkesssel
(E) in der Mitte der Druckleitung

16.
Kreuzen Sie an, wo sich bei dieser Hochdruck-Spritzpistole beim Spritzen die Materialmenge regulieren läßt!

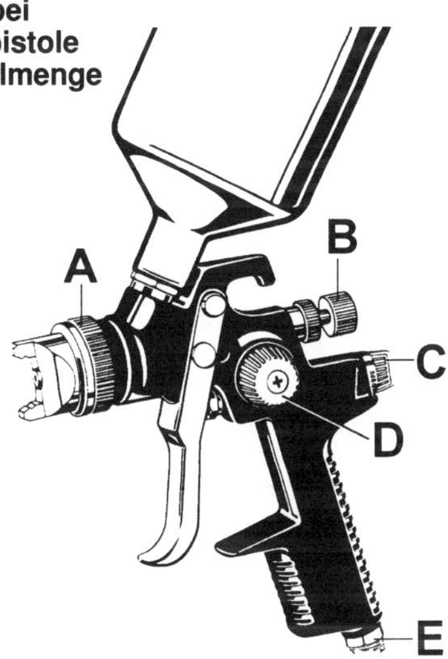

17.
Wodurch wird der Lack beim Hochdruckspritzverfahren zerstäubt? [1.4-1 und 1.4-5]

(A) durch einen von außen zugeführten Luftstrom
(B) dadurch, daß der Luftdruck vor der Spritzdüse niedriger ist als in der Pistole
(C) durch den Materialdruck
(D) durch hydraulischen Druck
(E) durch Druckluft

18.
Welche Funktion übernimmt die Farbnadel bei einer Hochdruck-Spritzpistole? [1.4-5]

(A) das Einstellen von Rund- und Flachstrahl

(B) das Zurückhalten des Spritzmaterials, solange der Abzugbügel nicht betätigt wird

(C) die Führung der Luft in den Verteilernuten

(D) die Freigabe von Spritzmaterial in der Spritzdüse beim Betätigen des Abzugbügels

(E) die Verbindung von Luftdüse und Abzugbügel

19.
Von welchem Teil wird in der Hochdruck-Spritzpistole das Lackmaterial in der Spritzdüse freigegeben? [1.4-5]

(A) von der Einstellmutter

(B) von der Schnellschlußkupplung

(C) von der Luftregulierschraube

(D) von der Farbnadel

(E) von der Materialmengen-Regulierschraube

20.
Wodurch entsteht beim Spritzen mit der Hochdruck-Spritzpistole ein Flachstrahl? [1.4-6]

(A) durch Druckluft aus den Seitenöffnungen der Luftdüse

(B) durch Verändern des Luftdruckes

(C) durch eine verstopfte Düse

(D) durch die Farbnadelbohrung

(E) durch Druckluft aus dem Luftring der Luftdüse

21.
Mit verschiedenen Spritzpistolen kann man je nach Düsenstellung mit Breit- oder Rundstrahl arbeiten.
Welche Strahlausbildung ergibt die abgebildete Düsenstellung? [1.4-6]

schräg

(A) einen Rundstrahl
(B) einen Diagonalstrahl links
(C) einen senkrechten Breitstrahl
(D) einen Diagonalstrahl rechts
(E) einen waagrechten Breitstrahl

22.
Welche Düsengröße ist beim Hochdruckspritzen von Alkydharzlacken auf Türen zweckmäßig, wenn mit einer Fließbecherpistole gearbeitet wird? [1.4-8]
(A) 0,8 mm
(B) 1,0 mm
(C) 1,2 bis 1,5 mm
(D) 1,7 bis 1,8 mm
(E) 1,8 bis 2,0 mm

23.
Welche der folgenden Aussagen trifft auf das Spritzen mit dem Materialdruckkessel zu? [1.4-11]
(A) Der Materialdruck ist höher als der Druck der Spritzluft.
(B) Das Material wird durch Eigendruck ohne Luft zerstäubt.
(C) Der erforderliche Druck wird mit einer Membranpumpe erzeugt.
(D) Der Materialdruck baut sich hydraulisch auf.
(E) Der Materialdruck liegt unter dem Druck der Spritzluft.

24.
Warum bringt die Verwendung eines Materialdruckgefäßes für die Reparaturlackierung von Autos kaum Vorteile? [1.4-10 und 1.4-11]

(A) weil das Gefäß mit zu hohem Luftdruck eingesetzt werden muß

(B) weil das Materialdruckgefäß unhandlich ist

(C) weil in der Reparaturlackierung nur verhältnismäßig kleine Mengen Material benötigt werden

(D) weil das Materialdruckgefäß immer vollständig gefüllt sein muß

(E) weil der erforderliche Materialdruck nur von einem sehr leistungsfähigen Kompressor erzeugt werden kann

25.
Mit welchem Gerät lassen sich Lacke und Lackfarben besonders lösemittelarm verspritzen? [1.4-12]

(A) mit jedem Hochdruck-Spritzgerät

(B) mit dem Materialdruckgefäß

(C) mit dem Heißspritzgerät

(D) mit dem Niederdruck-Spritzgerät

(E) mit jeder elektrischen Spritzpistole

26.
Welche der folgenden Aussagen treffen auf das Heißspritzen zu? [1.4-14]

(A) Es wird mehr Material benötigt als beim Kaltspritzen.

(B) Es entsteht mehr Spritznebel als beim Kaltspritzen.

(C) Das Material verläuft grundsätzlich schlechter als beim Kaltspritzen.

(D) Die Gefahr der Läuferbildung verringert sich.

(E) Die Kantenabdeckung ist besser.

***27.**
Wo befindet sich bei der Heißspritz-Fließbecherpistole der das Material erhitzende Umlenkkörper?

(A) am Thermostatregler

(B) im Fließbecher

(C) im Pistolengriff

(D) im Düsenkopf

(E) an der Farbdüse

28.
Beim Lackieren mit einer Hochdruck-Spritzpistole sprudelt das Material im Farbbecher. Was ist die Ursache? [1.4-9]

(A) Über den Farbkanal gelangt Luft in den Farbbecher.

(B) Es ist nicht genügend Material im Becher.

(C) Das Material ist zu dick.

(D) Das Material ist zu dünn.

(E) Die Luftdüse ist nicht richtig aufgeschraubt.

29.
Die Hochdruck-Spritzpistole arbeitet stoßweise bzw. spuckt. Welche der folgenden Ursachen kann zutreffen? [1.4-9]

(A) Das Material wurde zu stark verdünnt.

(B) Es ist zu wenig Material im Becher.

(C) Das Luftloch im Becherdeckel ist verstopft.

(D) Der Spritzdruck ist zu niedrig eingestellt.

(E) Der Spritzdruck ist zu hoch eingestellt.

30.
Beim Arbeiten mit der Hochdruck-Spritzpistole stellen Sie fest, daß im Bereich des Abzugbügels an der Farbnadel Lackmaterial austritt. Welche der folgenden Ursachen kann zutreffen? [1.4-9]

(A) Die Stopfbuchse ist zu schwach angezogen worden.

(B) Die Farbnadelspitze ist beschädigt.

(C) Der Spritzdruck ist zu hoch eingestellt worden.

(D) Das Material ist zu dünn eingestellt worden.

(E) Die Farbdüse ist zu fest angezogen worden.

31.
Beim Hochdruckspritzen tropft die Spritzpistole. Welcher der folgenden Mängel kann zutreffen? [1.4-9]

(A) Die Hornbohrung ist verstopft.
(B) Der Farbdüsenzapfen ist verschmutzt.
(C) Der Zerstäubungsdruck ist zu hoch.
(D) Ein Fremdkörper in der Farbdüse verhindert die Abdichtung.
(E) Das Spritzmaterial ist zu dünn eingestellt.

32.
Beim Hochdruckspritzen zeigt sich ein gespaltener Spritzstrahl. Welche Ursachen können hier zutreffen? [1.4-9]

(A) Das Material ist zu dünn eingestellt.
(B) Das Material ist zu dick eingestellt.
(C) Der Zerstäubungsdruck ist zu hoch eingestellt.
(D) Eine der beiden Hornbohrungen ist verstopft.
(E) Die Stopfbüchse ist zu schwach angezogen worden.

33.
Welche der folgenden Aussagen trifft auf das Airlessgerät zu? [1.4-1]

(A) Man arbeitet mit sehr hohem Luftdruck.
(B) Man arbeitet man mit sehr hohem Materialdruck.
(C) Der erforderliche Druck wird immer mit einem Kompressor erzeugt.
(D) Der erforderliche Druck wird mit einem Schaufelradgebläse erzeugt.
(E) Die Materialzufuhr erfolgt mit einem Materialdruckbehälter.

34.
In welchem Bereich liegt der Materialdruck beim Airless-Spritzen meistens? [1.4-1]

(A) zwischen 5 und 8 bar
(B) zwischen 50 und 120 bar
(C) zwischen 80 und 150 bar

(D) zwischen 110 und 220 bar

(E) grundsätzlich über 250 bar

***35.**
Welche Ursache kann schuld sein, wenn beim Airless-Spritzen der Druck stark abfällt? [1.4-13]

(A) In der Luftzufuhr ist zuviel Kondenswasser.

(B) Der Ölstand ist zu niedrig.

(C) Das Stromnetz ist zu niedrig abgesichert.

(D) Die Bohrung der verwendeten Düse ist zu groß.

(E) Der Ansaugfilter ist verstopft.

***36.**
In der Bedienungsanleitung eines Airless-Geräte steht: „Die Kolbenpumpe arbeitet doppelhubig." Was versteht man darunter?

(A) Die Kolbenpumpe verfügt über zwei Kolben.

(B) Die Kolbenpumpe bringt bei der Auf- und der Abwärtsbewegung Leistung.

(C) Die Kolbenpumpe bringt die doppelte Leistung eines herkömmlichen Gerätes.

(D) Die Kolbenpumpe hat im Vergleich zu herkömmlichen Geräten einen doppelt so großen Hubraum.

(E) Die Kolbenpumpe hat im Vergleich zu herkömmlichen Geräten einen doppelt so großen Kolben.

***37.**
Welchen Vorteil bringt die Verwendung der Umkehrdüse beim Airless-Spritzen? [1.4-18]

(A) In der Spritzdüse hängengebliebene Verschmutzungen lassen sich schnell und problemlos entfernen.

(B) Die Düse hat zwei unterschiedlich große Düsenöffnungen und läßt sich so für unterschiedliche Arbeiten einsetzen.

(C) Die Umkehrdüse läßt sich besonders schnell wechseln.

(D) Mit der Umkehrdüse läßt sich ein besonders schönes Spritzbild verwirklichen.

(E) Die Umkehrdüse läßt sich auch verkehrt aufsetzen und so für Dispersionen und für Lacke einsetzen.

***38.**
Wie groß sollte die Düsenöffnung beim Airless-Spritzen gewählt werden, wenn Lackmaterialien verarbeitet werden sollen? [1.4-17]

(A) 0,23 bis 0,48 mm
(B) 0,50 bis 0,70 mm
(C) 0,70 bis 1,00 mm
(D) 1,00 bis 1,20 mm
(E) 1,20 bis 1,50 mm

***39.**
Nach welchem Prinzip arbeiten die elektrischen Spritzpistolen? [1.4-19]

(A) nach dem Prinzip des Niederdruck-Spritzerfahrens
(B) nach dem Prinzip des Hochdruck-Spritzverfahrens
(C) nach dem Prinzip des Höchstdruck-Spritzverfahrens (Airless)
(D) nach dem elektrostatischen Prinzip
(E) nach dem Prinzip des Treibgas-Spritzverfahrens

***40.**
Mit welchem Druck arbeitet man beim Höchstdruck-Hochdruck-Verfahren? [1.4-1 und 1.4-20]

(A) mit 10 bar Materialdruck und 0,2 bar Luftdruck
(B) mit 10 bar Materialdruck und 6 bar Luftdruck
(C) mit 40 bis 50 bar Materialdruck und 1 bar Luftdruck
(D) mit 110 bar Materialdruck und 6 bar Luftdruck
(E) mit 220 bar Materialdruck und 220 bar Luftdruck

41.
Welchen Vorteil bringt das Höchstdruck-Hochdruck-Verfahren im Vergleich mit dem Airless-Spritzverfahren? [1.4-21]

(A) Die Flächenleistung ist größer als beim Höchstdruckspritzen.
(B) Die Oberflächenqualität von Lackierungen ist besser als beim Airless-Spritzen.

(C) Es können dickflüssigere Materialien verspritzt werden, als beim Airless-Spritzen.

(D) Der Materialdurchsatz ist größer als beim Airless-Spritzen.

(E) Das Material wird durch den hohen Druck dünnflüssiger.

42.
Was bewirkt der Umgriff beim elektrostatischen Spritzverfahren? [1.4-23]

(A) eine beschleunigte Trocknung bzw. Erhärtung

(B) eine bessere Verteilung der Bindemittel

(C) eine gleichmäßigere Beschichtung von Flächen und Kanten

(D) die Oberflächenqualität verringert sich

(E) die Schichtdicke kann vorher genau festgelegt werden

***43.**
In welche Gruppe der Spritzgeräte ist ein elektrisches Beflockungsgerät einzuordnen?

(A) in die Gruppe der elektrostatischen Spritzgeräte

(B) in die Gruppe der Niederdruck-Spritzgeräte

(C) in die Gruppe der Hochdruck-Spritzgeräte

(D) in die Gruppe der Höchstdruck-Spritzgeräte

(E) in die Gruppe der Kataphorese-Spritzgeräte

1.5 Flutgeräte

1.
Für welche der nachfolgenden Werkstücke empfiehlt sich das Fluten besonders? (1.5-2]

(A) für Türzargen

(B) für bereits verglaste Fenster

(C) für Heizkörper

(D) für Fensterläden

(E) für Aluminiumfelgen

*2.
Warum kann man heute das Fluten nur bei Verwendung wasserverdünnbarer Produkte empfehlen?

(A) Nur mit wasserverdünnbaren Werkstoffen läßt sich beim Fluten eine vertretbare Oberflächenqualität erreichen.

(B) Beim Flutverfahren verdunstet eine große Menge Lösemittel.

(C) Beim Fluten verdunsten giftige Bindemittelanteile.

(D) Lösemittelhaltige Werkstoffe ziehen zu schnell an, deshalb können damit nur kleine Werkstücke im Flutverfahren beschichtet werden.

(E) Beim Fluten mit lösemittelhaltigen Werkstoffen ist ein hoher Arbeitsaufwand nötig.

*3.
Beim Fluten eines Heizkörpers schaltet die Pumpe plötzlich ab. Welche der folgenden Ursachen trifft wahrscheinlich zu? [1.5-3]

(A) Es liegt ein Defekt der Pumpe vor.

(B) Durch Überlastung ist das Stromnetz zusammengebrochen.

(C) Durch elektrostatische Entladung hat es einen Kurzschluß gegeben.

(D) Die Anschlußleitungen haben einen zu geringen Querschnitt.

(E) Der Flutlack ist zu dick geworden, weil Lösemittel verdunstet sind.

1.6 Tauchanlagen

*1.
Welches sind die wesentlichsten Merkmale der Elektrotauchlackierung? [1.6-2]

(A) Elektrisch aufgeladene Werkstücke werden in einem neutralen Tauchbad lackiert.

(B) In einem Tauchbad lackierte Werkstücke werden anschließend elektrisch getrocknet.

(C) Werkstücke werden in einem Tauchbecken lackiert, das elektrisch aufgeheizt wird.

(D) Die Lackteilchen schlagen sich aufgrund der elektrostatischen Ladung auf dem Werkstück nieder.

(E) Die Lackabscheidung auf einem Werkstück in einem Tauchbecken geschieht unter dem Einfluß von Gleichstrom.

***2.**

WelchenVorteil bietet die Elektrotauchlackierung? [1.6-2]

(A) Sie ist in vollautomatischen Lackierstraßen einsetzbar.

(B) Kleinanlagen eignen sich gut in Handwerksbetrieben.

(C) Alle wasserverdünnbaren Lackmaterialien können verarbeitet werden.

(D) Man arbeitet bei der Elektrotauchlackierung mit 10 000 Volt Stromspannung.

(E) Die Elektrotauchlackierung eignet sich besonders für die Schlußbeschichtung.

***3.**

Welche der folgenden Aussagen treffen auf die kathodische Elektrotauchlackierung zu? [1.6-2]

(A) Die Lackteilchen wandern auf elektrostatischen Feldlinien zum Werkstück.

(B) Man verwendet schmelzbare Pulverlacke.

(C) Die Beschichtung erfolgt in einem Tauchbecken durch den Einfluß von Wechselstrom.

(D) Das Bindemittel der verwendeten Lackfarben ist in organischen Lösemitteln gelöst.

(E) Das Lackmaterial ist im Wasser fein verteilt.

1.7 Trockner

1.
Wie funktioniert ein Umlufttrockner? [1.7-1]

(A) Die Abluft wird gereinigt und als Zuluft wieder zugeführt.
(B) Die Abluft wird mit Sauerstoff angereichert und als Zuluft wieder zugeführt.
(C) Die Luft in der Trockenkabine wird ohne Aufbereitung wiederholt in die Trockenkabine eingeblasen.
(D) Erhitzte Luft wird durch Ventilatoren in die Trockenkabine geblasen.
(E) Mit Infrarot-Strahlen angereicherte Luft wird in die Trockenkabine geblasen.

***2.**
Was geschieht bei der Infrarot-Trocknung? [1.7-2]

(A) Das lackierte Teil wird durch erwärmte Luft getrocknet.
(B) Das lackierte Teil wird durch unsichtbare Wärmestrahlen getrocknet.
(C) Die Trocknung erfolgt durch UV-Strahlen.
(D) Die Trocknung erfolgt durch Spezial-Einbrennlampen.
(E) Die Trocknung erfolgt durch Warmluftumwälzung.

3.
Welche der folgenden Aussagen trifft auf die Infrarot-Trocknung zu? [1.7-2]

(A) Die Infrarot-Trocknung läßt sich nur bei physikalisch trocknenden Lacken sinnvoll einsetzen.
(B) Bei der Infrarot-Trocknung von 2-K-Acrylharzlacken entstehen besonders leicht Auskocher.
(C) Die Infrarot-Trocknung läßt sich besonders vorteilhaft in der Reparaturlackierung einsetzen.
(D) Bei der Infrarot-Trocknung kommt es leicht zu Verlaufstörungen in der Lackoberfläche.
(E) Die Infrarot-Trocknung läßt sich nur in der Industrie sinnvoll einsetzen.

***4.**
Welche Wärmeleistung ist bei im Handwerk üblichen Infrarot-Strahlern zur Aushärtung von Lackschichten erforderlich? [1.7-3]

(A) 5 bis 25 Watt je m2 zu trocknender Fläche

(B) 50 bis 100 Watt je m2 zu trocknender Fläche

(C) 100 bis 500 Watt je m2 zu trocknender Fläche

(D) 500 bis 2500 Watt je m2 zu trocknender Fläche

(E) 5 bis 25 kWatt je m2 zu trocknender Fläche

1.8 Lackierwerkstatt

1.
Wie kann der Lackierer seine Spritzkabine am zweckmäßigsten sauberhalten?

(A) durch Reinigen der Wände mit Waschverdünnung

(B) die Innenwände müssen vor dem Spritzen immer mit Wasser benetzt werden

(C) durch tägliches Auskehren und Abblasen (Entstauben) des Innenraumes

(D) durch Auftragen einer Spritzfolie oder eines Abziehlackes auf den Innenwänden

(E) eine wöchentliche Reinigung mit Wasser reicht aus

2.
Was ist eine Überdruck-Spritzkabine?

(A) eine Spritzkabine, die mehr als zwei Anschlüsse hat

(B) eine Spritzkabine, in der nur im Hochdruck-Spritzverfahren gearbeitet wird

(C) eine Spritzkabine, in der auch im Höchstdruck-Spritzverfahren gearbeitet werden kann

(D) eine Spritzkabine mit einem Überdruck-Ventil

(E) eine Spritzkabine, in der durch Zuluft ein Überdruck erzeugt wird

3.
Welchen Vorteil bringt eine Überdruck-Spritzkabine?
(A) Es kann mit größerem Spritzdruck gearbeitet werden.
(B) Die Farbnebelbildung ist geringer.
(C) Es kann mit mehreren Spritzpistolen gleichzeitig gearbeitet werden.
(D) Durch den geringen Überdruck kann kein Staub in die Spritzkabine eindringen.
(E) Durch den Überdruck wird der Farbnebel besonders schnell abgesaugt.

***4.**
Wo ist in der Spritzkabine der Farbnebel-Filter eingebaut?
(A) in der Kabinendecke
(B) unter dem Rost des Kabinenbodens
(C) unmittelbar hinter der Spritzwand
(D) im Abzugsschacht
(E) in der Luftzufuhr

***5.**
Nach welchem Prinzip arbeiten die Farbmischanlagen für Autolackfarben?
(A) nach dem Volumenprinzip
(B) nach dem Gewichtsprinzip
(C) mit Prozentanteilen
(D) nach dem Farbton
(E) nach dem Färbevermögen der Mischanteile

1.9 Vergoldewerkzeug

***1.**
Mit welchem Werkzeug wird das Blattgold angelegt?
(A) mit dem Anschießer
(B) mit dem Einkehrpinsel

(C) mit dem Goldpinsel
(D) mit dem Bärenhaarpinsel
(E) mit dem Synthetikhaarpinsel

***2.**
Wozu wird ein Vergolderkissen benötigt?
(A) zum Ansetzen des Kreidegrundes
(B) zum Anreiben des Poliments
(C) zum Schneiden des Blattgoldes
(D) zum Polieren des Goldes
(E) zum Säubern der Vergoldung

***3.**
Was ist ein Einkehrpinsel?
(A) ein steifer Borstenpinsel zum Abkehren von Staub
(B) ein grober Borstenpinsel zum Grundieren
(C) ein grober Haarpinsel zum Auftragen des Kreidegrundes
(D) ein weicher Haarpinsel zum Auftragen des Poliments
(E) ein Kielpinsel mit besonders weichen Haaren zum Festdrücken und Versäubern des Blattgoldes

***4.**
Welcher Pinsel mit einer dünnen Lage von etwa 6 cm langen Dachs- oder Kamelhaaren ist nachfolgend abgebildet?
(A) ein Einkehrpinsel
(B) ein Auskehrpinsel
(C) ein Anschießer
(D) ein Goldpinsel
(E) ein Säuberungspinsel

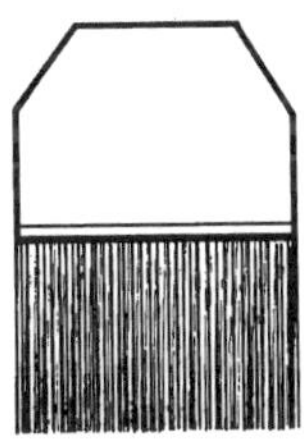

***5.**
Welcher Stein wird zum Polieren von Polimentvergoldungen eingesetzt?

(A) ein Bimsstein
(B) ein Achatstein
(C) ein Quarzstein
(D) ein Kalkstein
(E) ein Leichtspat

2 Untergründe und ihre Eigenschaften

1.
Was versteht man unter „Adhäsion“?
(A) das Durchdringen von Gasen durch poröse Körper
(B) die Kraft, die zwei Körper aneinander haften läßt
(C) die Kraft, mit der ein Körper auf eine Unterlage drückt
(D) die Kraft, die die Moleküle eines Körpers zusammenhält
(E) die chemische Verbindung von Stoffen

2.
Welches der folgenden Beispiele läßt sich mit dem Begriff „Adhäsion“ erklären?
(A) die Kohäsion einer Grundierung
(B) die Haftung einer Grundierung
(C) die Absetzneigung einer Beschichtung
(D) die Sedimentation
(E) die Benetzung eines Untergrundes

3.
Warum haften Beschichtungen auf rauhen Untergründen besser als auf glatten?
(A) Die Adhäsionskraft zwischen den einzelnen Molekülen ist größer.
(B) Rauhe Untergründe besitzen eine größere Oberfläche.
(C) Der Beschichtungsstoff kann besser in den Untergrund eindringen.
(D) Rauhe Untergründe besitzen eine größere Kohäsionskraft.
(E) Geschliffene Untergründe haben tiefere Poren.

4.
Wie bezeichnet man die Fähigkeit von Untergründen, Wasser in Dampfform oder andere Gase durchzulassen?

(A) Kapillarität
(B) Dampfkohäsion
(C) Adhäsion
(D) Diffusionsfähigkeit
(E) Hydroskopie

5.
Wann bezeichnet man einen Untergrund als hydrophil?

(A) wenn er wasserabweisend ist
(B) wenn er keine sichtbaren Poren aufweist
(C) wenn er wasserdampfdurchlässig ist
(D) wenn er mit Wasser gut benetzbar ist
(E) wenn er durch Wasserbindung erhärtet

6.
Was sind Kapillaren? [2.1.1-4]

(A) kleine Röhrchen (Haarröhrchen) im Untergrund
(B) nur röhrenförmige Durchgänge mit großem Durchmesser im Untergrund
(C) kleine, geschlossene Luftbläschen im Untergrund
(D) poröse Nester im Untergrund
(E) Hohlräume, sog. „Lunker" im Untergrund

7.
Von welchen Faktoren hängt die Kapillarität eines Untergrundes beim Grundieren ab?

(A) von der Viskosität des Beschichtungsstoffes
(B) vom Durchmesser der Kapillaren
(C) nur von der Form der Haarröhrchen
(D) vom Diffusionswiderstand eines Untergrundes
(E) vom k-Wert des Untergrundes

8.
Welcher physikalische Begriff wird benützt, wenn man die Saugfähigkeit eines porösen Untergrundes erklären will? [2.1.1-4]

(A) Destillation
(B) Thixotropie
(C) Kapillarität
(D) Kondensation
(E) Viskosität

9.
Durch welche Eigenschaft wird die Härte und die Festigkeit eines Untergrundes verursacht?

(A) durch die Elastizität
(B) durch die Viskosität
(C) durch die Adhäsion
(D) durch die Kapillarität
(E) durch die Kohäsion

10.
Welche der nachfolgenden Aussagen über die Kohäsionskraft ist richtig?

(A) Sie wirkt zwischen den Molekülen verschiedener Körper.
(B) Sie ist zwischen den Molekülen von Gasen am größten.
(C) Sie wirkt nur zwischen den Molekülen fester Körper.
(D) Je größer die Kohäsion ist, desto dünnflüssiger ist ein Stoff.
(E) Sie wirkt zwischen den Molekülen eines Körpers und hält ihn zusammen.

***11.**
Welche Aussage trifft auf den Diffusionswiderstandsfaktor zu?

(A) Der Diffusionswiderstandsfaktor entscheidet allein über den Diffusionswiderstand einer Beschichtung.

(B) Der Diffusionswiderstandsfaktor ist eine Stoffkonstante.

(C) Der Diffusionswiderstandsfaktor einer Beschichtung ist gesetzlich festgelegt.

(D) Der Diffusionswiderstandsfaktor einer Beschichtung sollte unter 0,5 liegen.

(E) Der Diffusionswiderstandsfaktor einer Beschichtung ist gleich dem s_d-Wert.

***12.**
Welche der folgenden Aussagen treffen auf die Diffusionswiderstandszahl zu?

(A) Die Diffusionswiderstandszahl hängt von der Stoffdicke ab.

(B) Die Diffusionswiderstandszahl zeigt unabhängig von der Stoffdicke, ob von in großem Maße auftretendem Wasserdampf Beschichtungen abgedrückt werden können.

(C) Die Diffusionswiderstandszahl zeigt erst nach der Multiplikation mit der Stoffdicke, ob Wasserdampf Beschichtungen abdrücken kann.

(D) Die Diffusionswiderstandszahl gibt an, welchen Widerstand eine Beschichtung dem entströmenden Wasserdampf im Vergleich zur gleichen Schichtdicke Luft bietet.

(E) Die Diffusionswiderstandszahl wird auch als k-Wert bezeichnet.

13.
Zur Berechnung des s_d-Wertes wird die Schichtdicke in Meter benötigt. Welche Schichtdicke in m hat eine 120 µm dicke Beschichtung?

(A) 0,12 m

(B) 0,012 m

(C) 0,0012 m

(D) 0,00012 m

(E) 0,000012 m

***14.**
Welche der folgenden Aussagen trifft auf den s_d-Wert zu?

(A) Der s_d-Wert kennzeichnet die wasserdampfdiffusionsäquivalente Luftschichtdicke.

(B) Der s_d-Wert gibt die Wasserdampfdiffusionswiderstandszahl an.

(C) Der s_d-Wert gibt nur den Kohlendioxidwiderstand einer Beschichtung an.

(D) Der s_d-Wert wird für Wärmedämmberechungen benötigt.

(E) Der s_d-Wert gibt die maximal Wasseraufnahme bei Regen an.

***15.**
Welche der folgenden Formeln muß zur Ermittlung des s_d-Wertes verwendet werden? [2.1.1-8]

(A) s_d-Wert = Wasserdampfdiffusionswiderstandszahl x Schichtdicke

(B) s_d-Wert = Wasserdampfdiffusionswiderstandszahl / Schichtdicke

(C) s_d-Wert = Schichtdicke / Wasserdampfdiffusionswiderstandszahl

(D) s_d-Wert = 1 / Wasserdampfdiffusionswiderstandszahl x Schichtdicke

(E) s_d-Wert = 1 / Wasserdampfdiffusionswiderstandszahl x Schichtdicke x 3,14

2.1 Mineralische Untergründe

1.
Welche Schäden sind bei einer Fassade durch Kapillarität möglich? [2.1.1-4]

(A) nur Wärmebrücken

(B) nur Salpeter

(C) Ausblühungen

(D) Beschichtung und Putz können abgedrückt werden

(E) nur Frostschäden

2.
Eine Fassade zeigt starken Pilzbewuchs. Welche der nachfolgenden Ursachen kann diesen Mangel verursacht haben?
(A) Der Putz ist stark alkalisch.
(B) Aufsteigende Mauerfeuchtigkeit durchnäßt die Mauer.
(C) Die Beschichtung ist stark wasserabweisend.
(D) Der Putz zeigt mangelnde Festigkeit.
(E) Der Putz zeigt Ausblühungen.

3.
Wodurch wird die Pilzbildung an der Fassade begünstigt?
(A) durch fehlende Feuchtigkeit
(B) nur durch Risse im Putz
(C) durch wasserlösliche Salze im Mauerwerk
(D) durch Ablagerungen und Feuchtigkeit
(E) durch die Alkalität im Putz

***4.**
Welche Ausblühungen kann man an der Fassade vorfinden? [2.1.1-17]
(A) Calziumsilicate
(B) Sulfate
(C) nur Salpeter
(D) Stearate
(E) Nitrate

***5.**
Wodurch entstehen Kalkausblühungen?
(A) durch die Umweltverschmutzung
(B) durch jede Einwirkung von Wasser
(C) durch die Wasserlöslichkeit des Calziumsulfats
(D) durch das Lösen des Calziumhydroxids bei Feuchtigkeit
(E) durch Salpeter

***6.**
Wie kann man Carbonate von anderen Salzen unterscheiden? [2.1.1-22]

(A) über die Alkalität
(B) mit konzentrierter Salzsäure
(C) mit Phenolphthalein
(D) mit dem pH-Wert-Meßgerät
(E) mit der Sodalösung

***7.**
Welche der folgenden Aussagen ist richtig? [2.1.1-20]

(A) Chloride können bei hoher Luftfeuchtigkeit bei mineralischen Putzen Feuchtigkeitsflecken verursachen.
(B) Chloride ergeben immer sichtbare Ausblühungen.
(C) Chloride sprengen die Putzschicht immer ab.
(D) Chloride zerstören immer das Bindemittel der Silicatfarben.
(E) Chloride werden als Frostschutzmittel eingesetzt und gehören deshalb nicht zu den bauschädlichen Salzen.

***8.**
Chloride in der Fassade zeigen sich häufig durch Feuchtigkeitsflecken. Wie konnten die Chloride in die Fassade gelangen?

(A) Sie entstehen nur durch die Umweltverschmutzung.
(B) Sie entstehen beim Brennprozeß, die Bindemittel nehmen dabei Chloride auf.
(C) Chloride wurden dem Mörtel früher als Frostschutzmittel zugesetzt.
(D) Chloride entstehen in landwirtschaftlich genutzten Gebäuden durch die Einwirkung von stickstoffhaltigen Verbindungen.
(E) Zur Bildung der Chloride muß auf den Putz konzentrierte Salzsäure einwirken.

***9.**
Wie können Nitrate entstehen? [2.1.1-22]

(A) Sie entstehen durch die Einwirkung von Streusalz.

(B) Sie entstehen durch die Umweltverschmutzung in der Luft.

(C) Sie entstehen durch die Verkieselung der Silicatfarben.

(D) Sie entstehen durch die Einwirkung von Ammoniak und Harnstoff.

(E) Sie entstehen durch Frostschutzmittelzusätze.

***10.**
Wie können Sulfate entstehen? [2.1.1-18]

(A) durch die Einwirkung von Salzsäure auf Carbonate

(B) durch die Einwirkung von Salpeter auf das Mauerwerk

C) durch die Einwirkung von schwefelsaurem Regen auf carbonathaltige Untergründe

(D) durch die Einwirkung von Ammoniak und Harnstoff auf Carbonate

(E) durch die chemische Erhärtung der Bindemittel in den Putzen

***11.**
Wie kann man Sulfatausblühungen nachweisen? [2.1.1-22]

(A) Der Sodaauszug wird mit Silbernitratlösung versetzt.

(B) Der Sodaauszug wird mit Eisensulfat versetzt.

(C) Der Sodaauszug wird mit Bariumchloridlösung versetzt.

(D) Der Sodaauszug wird mit Salzsäure versetzt.

(E) Der Sodaauszug wird mit dem Indikatorpapier geprüft.

2.1.1 Putze

1.
Welche Zusammensetzung weist ein Mörtel der Mörtelgruppe P II auf? [2.1.1-1]

(A) 2 Teile Kalk : 1 Teil Zement : 9 - 11 Teilen Sand

(B) 1 Teil Zement : 3 Teilen Sand
(C) 1 Teil Gips : 1 Teil Kalk : 3 - 4 Teilen Sand
(D) 3 Teile Anhydrit : 1-1,5 Teilen Kalk : 12 Teilen Sand
(E) 2 Teile Zement : 1 Teil Kalk : 3 Teilen Sand

2.
Welches Bindemittel wird zur Herstellung von Putzen der Mörtelgruppe P IV eingesetzt? [2.1.1-1]
(A) Romankalk
(B) hochhydraulischer Kalk
(C) Gips
(D) Anhydrit
(E) Zement

3.
Welches Bindemittel wird zur Herstellung eines Putzes der Mörtelgruppe P IIIb verwendet? [2.1.1-1]
(A) Gips
(B) Kalk
(C) Zement
(D) Kalk-Zement
(E) Anhydrit

4.
Welche Putze (Mörtelgruppen) nach DIN 18 550 sind nicht für außen geeignet?
(A) Putze der Mörtelgruppe P I
(B) Putze der Mörtelgruppe P II
(C) Putze der Mörtelgruppe P III
(D) Putze der Mörtelgruppe P IV
(E) Putze der Mörtelgruppe P Org1

5.
Welcher der folgenden Putze saugt am stärksten?
(A) Gipsmörtelputz
(B) hydraulischer Kalkmörtelputz
(C) Luftkalkmörtelputz
(D) Anhydritmörtelputz
(E) Wasserkalkmörtelputz

6.
Welche Eigenschaft haben Putze der Mörtelgruppe P I?
(A) Sie sind besonders wasserdampfdurchlässig.
(B) Sie sind besonders hart und widerstandsfähig.
(C) Sie sind besonders wetterbeständig.
(D) Sie saugen kaum.
(E) Sie sind wassersperrend.

7.
Welche Eigenschaften haben Putze der Mörtelgruppe P III?
(A) Sie sind besonders wasserdampfdurchlässig.
(B) Sie sind besonders hart und widerstandsfähig.
(C) Sie sind besonders elastisch.
(D) Sie sind sehr saugfähig.
(E) Sie sind wassersperrend.

8.
In welcher Mörtelgruppe muß ein Fassadenputz ausgeführt sein, wenn darauf eine Dispersionsfarbenbeschichtung ausgeführt werden soll?
(A) in der Mörtelgruppe P I
(B) in der Mörtelgruppe P II
(C) in der Mörtelgruppe P IV
(D) in der Mörtelgruppe P V
(E) Da Dispersionsfarben sehr wetterbeständig sind, sind sie auf allen Außenputzen zugelassen.

9.
Wie kann man einen Putz der Mörtelgruppe P III von einem Putz der Mörtelgruppe P II unterscheiden?
[2.1.1-2]

(A) Putze der Mörtelgruppe P III saugen stärker.
(B) Putze der Mörtelgruppe P III sind härter.
(C) Putze der Mörtelgruppe P III sind im Farbton grauer.
(D) Putze der Mörtelgruppe P III werden nur innen eingesetzt.
(E) Putze der Mörtelgruppe P III sind rauher.

10.
Wie läßt sich ein Putz der Mörtelgruppe P IIa zuverlässig von einem Putz der Mörtelgruppe P IIb unterscheiden?

(A) anhand der Sieblinie
(B) durch Benetzungsprobe
(C) optisch anhand des Farbtones
(D) durch Kratzprobe anhand der Putzhärte
(E) eine genaue Unterscheidung ist nur im Labor möglich

***11.**
Für welche der nachfolgenden Arbeiten ist die Sieblinie von besonderer Bedeutung?

(A) Ein historischer Putz ist auszubessern.
(B) Ein schadhafter Putz wird vollständig erneuert.
(C) Ein Putz zeigt Ausblühungen.
(D) In einem verputzten Mauerwerk wird durch Kapillarität Feuchtigkeit hochgesaugt.
(E) Ein Putz zeigt mangelnde Festigkeit.

***12.**
Welche der folgenden Aussagen ist richtig?

(A) Außenputze müssen zur Vermeidung von Schäden mind. 2 cm dick sein.

(B) Außenputze werden in 1 bis 2 Lagen aufgetragen.

(C) Ein Spritzbewurf wird immer in der Mörtelgruppe P I ausgeführt.

(D) Die maximal Dicke der einzelnen Putzlagen hängt vom Durchmesser der kleinsten Sandkörner ab.

(E) Außenputze sollten in der Mörtelgruppe P III ausgeführt werden.

***13.**
Welche Ursachen kann mangelnde Putzfestigkeit haben?

(A) Die Putzsande enthalten aufschlämmbare Bestandteile.

(B) Die Putze enthalten nachlöschenden Kalk.

(C) Die Putze enthalten zu wenig Bindemittel.

(D) Die Putze enthalten zu viel Bindemittelanteil.

(E) Die Putze enthalten keinen Zement.

14.
Welche Eigenschaften bzw. Beimengungen der Sande können sich später bei den damit hergestellten Putzen negativ auswirken?

(A) die gedrungene, kubische Form

(B) der große Feinsandanteil

(C) der hohe SiO_2-Gehalt

(D) ein Größtkorn über 3 mm

(E) die aufschlämmbaren Anteile

***15.**
Wie kann sich ein zu hoher Feinsandanteil auf die Qualität eines Fassadenputzes auswirken?

(A) Der Putz erreicht nicht die optimale Festigkeit.

(B) Der Putz bekommt Haarrisse.

(C) Der Putz bekommt Netzrisse.

(D) Der Putz bekommt Ausblühungen.

(E) Der Putz wird wegen seiner großen Spannung abplatzen.

16.
Mit welcher Prüfung läßt sich die Putzfeuchtigkeit am genauesten ermitteln?

(A) mit dem Hydromaten
(B) mit dem pH-Wert-Meßgerät
(C) mit der Alkalitätsprüfung des Putzes
(D) mit dem elektronischen Feuchtigkeitsmeßgerät
(E) über den Gewichtsverlust beim Erwärmen

17.
Warum ist die Feuchtigkeitsmessung mit dem Hydromaten bei Putzen problematisch?

(A) Der Meßbereich der Geräte reicht dafür nicht aus.
(B) Mit diesen Geräten kann nur die Holzfeuchtigkeit gemessen werden, weil nur Holz die zur Messung erforderlichen Salze enthält.
(C) Putze enthalten häufig Salze, die das Meßergebnis verfälschen können.
(D) Der Feuchtigkeitsgehalt der Putze ist für die Messung mit diesen Geräten zu gering.
(E) Putze sind immer alkalisch.

18.
Wie können Sinterschichten auf Putzen eindeutig festgestellt werden? [2.1.1-5]

(A) Sinterschichten saugen besonders stark.
(B) Sinterschichten kann man durch die Benetzungsprobe erkennen, wenn man den Putz vorher ankratzt.
(C) Sinterschichten kann man dadurch erkennen, daß sie bereits nach kurzer Zeit abplatzen.
(D) Sinterschichten kann man mit Phenolphthalein erkennen.
(E) Sinterschichten kann man an der starken Alkalität erkennen.

***19.**
Warum sind frische Putze mit Kalk und Zement alkalisch? [2.1.1-6]

(A) Dies bewirken die Zuschlagsstoffe.
(B) Dies bewirkt der Calziumhydroxidanteil.
(C) Dies bewirkt der Calziumcarbonatanteil.
(D) Dies bewirkt der Calziumsilicatanteil.
(E) Dies bewirkt der Calziumsulfatanteil.

20.
Welchen pH-Wert weist frischer Kalkputz auf?

(A) den pH-Wert 6
(B) den pH-Wert 7
(C) den pH-Wert 8
(D) den pH-Wert 9,5
(E) den pH-Wert 12,5

21.
Wie läßt sich die Alkalität eines Putzes zweifelsfrei feststellen?

(A) Die Alkalität färbt blaues Lackmuspapier rot.
(B) Die Alkalität färbt Methylorange rot.
(C) Die Alkalität färbt Universalindikatorpapier blau.
(D) Die Alkalität färbt Phenolphthalein rotviolett.
(E) Eine zweifelsfreie Erkennung ist nur mit dem pH-Wert-Prüfgerät möglich.

22.
Welcher der folgenden Putzschäden läßt sich häufig erst durch eine Benetzungsprobe sichtbar machen?

(A) Salzausblühungen
(B) Haarrisse
(C) baudynamische Risse
(D) Eisensalze
(E) mangelnde Festigkeit

23.
Welche der folgenden Schäden sind möglich, wenn der Putz zu lange verrieben wird und so der Wasseranteil an der Oberfläche erhöht wird? [2.1.1-5 und 2.1.1-12]

(A) Netzrisse
(B) Fugenrisse
(C) Haarrisse
(D) baudynamische Risse
(E) Sinterschichten

24.
Welche Ursache kann für Fugenrisse verantwortlich sein? [2.1.1-11]

(A) Die Putzdicke war zu gering.
(B) Der Mörtel wurde zu fest verrieben.
(C) Im Mörtel war zuviel Wasser.
(D) Konstruktionsfehler beim Bau eines Gebäudes.
(E) Der Oberputz ist spannungsreicher als der Unterputz.

25.
Wodurch entstehen in den Putzen Netzrisse? [2.1.1-13]

(A) durch zu starkes Verreiben des Mörtels
(B) durch falschen Bindemittelanteil in den Putzlagen
(C) durch die Verwendung von Zement im Unterputz
(D) durch eine zu dicke Putzschicht, aufgetragen in einem Arbeitsgang
(E) durch zu großen Wasseranteil im Mörtel

26.
Welche Ursache kann für die Bildung von Netzrissen in Putzen verantwortlich sein? [2.1.1-13]

(A) Es wurde ein Putz der Mörtelgruppe P I auf einen Putz der Mörtelgruppe P II aufgetragen.
(B) Der Oberputz enthält zu wenig Bindemittel.
(C) Der Oberputz wurde in zu dicker Schicht aufgetragen.
(D) Es wurde ein spannungsreicher Putz auf einen spannungsarmen Putz aufgetragen.
(E) Der Oberputz enthält Luftkalk.

27.
An einer Fassade ist zum Teil die gesamte Putzschicht abgeplatzt. Welche Ursachen können zu diesem Schaden geführt haben?

(A) Der Putz enthält quellende Bestandteile.
(B) Der Oberputz wurde auf einen gefrorenen Putzgrund aufgetragen.
(C) Ein zu hoher Dampfdruck kann schuld sein.
(D) Es wurde eine zu dicke Putzlage in einem Arbeitsgang aufgetragen.
(E) In den einzelnen Putzlagen wurde zu wenig Bindemittel verwendet.

***28.**
Nach einem Wasserrohrbruch hat sich auf dem Putz ein brauner Wasserfleck gebildet. Wie kam es zu dieser Farbtonänderung? [2.1.1-16]

(A) Das Bindemittel Kalk wurde gelöst.
(B) Das Wasser hat Eisensalze der Putzsande gelöst.
(C) Durch die Feuchtigkeit haben sich Ausblühungen gebildet.
(D) Durch die Feuchtigkeit hat sich aus dem Bindemittel Kalk Gips gebildet.
(E) Durch die Wassereinwirkung haben sich braune Pilze gebildet.

2.1.2 Beton

***1.**
Welche Aussagen treffen auf Beton B II zu? [2.1.2-3]

(A) Er ist Schwerbeton.
(B) Er darf nur unter Beachtung besonderer Auflagen hergestellt werden.
(C) Er kann unbewehrt und bewehrt hergestellt werden.
(D) Er muß eine Mindestdruckfestigkeit zwischen 35 und 55 N/mm^2 aufweisen.
(E) Der Wasser-Zement-Wert muß unter 0,50 liegen.

***2.**
Welche Festigkeit muß bewehrter Beton nach 28 Tagen mindestens aufweisen? [2.1.2-4]

(A) 5 N/mm^2
(B) 10 N/mm^2
(C) 15 N/mm^2
(D) 20 N/mm^2
(E) 25 N/mm^2

***3.**
Welche der folgenden Aussagen trifft auf unbewehrten Beton zu?

(A) Er ist nur für die Betongruppe B I geeignet.
(B) Er ist besonders alkalisch.
(C) Er darf in den Festigkeitsklassen Bn 1 bis Bn 25 hergestellt werden.
(D) Er enthält keinen Armierungsstahl.
(E) Er weist eine besonders hohe Zugfestigkeit auf.

4.
Wie können im Beton Lunker entstehen? [2.1.2-5]

(A) Bei der Erhärtung des Betons entsteht Calziumhydroxid.
(B) Bei der Erhärtung des Betons setzt ein Schwundprozeß ein.
(C) Bei der Erhärtung des Betons verdunstet Wasser.
(D) Der Beton wird ungenügend verdichtet.
(E) Der Beton enthält zuviel Zement.

***5.**
Welche der folgenden Aussagen treffen auf den Wasser-Zement-Wert zu? [2.1.2-8]

(A) Er ist das gewichtsmäßige Verhältnis vom Anmachwasser zum Zement.
(B) Er soll bei Beton über 0,65 liegen.
(C) Er wirkt sich auf die Betonqualität aus.
(D) Er darf bei Stahlbeton nach DIN 1164 nicht über 0,45 liegen.
(E) Er soll möglichst hoch sein.

***6.**
Wie wirkt sich ein hoher Wasser-Zement-Wert im Beton aus? [2.1.2-8]

(A) Die Carbonatisierung wird gefördert.
(B) Die vollständige Erhärtung des Betons wird verhindert.
(C) Im Beton bilden sich Poren.
(D) Die Säurebeständigkeit des Betons wird gefördert.
(E) Der Beton erreicht eine besonders hohe Druckfestigkeit.

***7.**
Welcher Wasser-Zement-Wert darf bei gefrierbeständigem Beton nicht überschritten werden? [2.1.2-8]

(A) 0,45
(B) 0,55
(C) 0,75
(D) 1
(E) 2

8.
Welches Mindestmaß fordert die DIN 1045 für die Überdeckung des Armierungsstahles bei Beton? [2.1.2-6]

(A) 0,5 cm
(B) 1 cm
(C) 1,5 cm
(D) 2 cm
(E) 3 cm

9.
Wodurch wird der Armierungsstahl im Beton geschützt? [2.1.2-10]

(A) Durch den Beton dringt kein Wasser, also kann sich kein Rost bilden.
(B) Durch den Beton dringt keine Luft, also kann sich kein Rost bilden.
(C) Bei der Erhärtung der Portlandzemente bildet sich Calziumhydroxid, dieses verhindert die Korrosion des Armierungsstahls.

(D) Bei der Erhärtung des Portlandzementes bildet sich eine Säure, diese verhindert die Korrosion des Armierungsstahls.

(E) Portlandzement ist absolut alkalibeständig, deshalb kann der Armierungsstahl nicht rosten.

10.
Wann korrodiert eine Stahlarmierung in einer Betonfassade? [2.1.2-10]

(A) wenn sie durch den stark alkalischen Wert angegriffen wird

(B) wenn der pH-Wert unter 9,5 sinkt

(C) wenn eine stark korrodierte Armierung in den Beton eingebettet wurde

(D) wenn der pH-Wert des Betons über 12,5 steigt

(E) wenn bei der Herstellung des Betons Portlandzement verwendet wird

11.
Welche der folgenden Aussagen ist richtig? [2.1.2-9]

(A) Bei der Erhärtung des Betons entsteht Kalklauge.

(B) Frisch hergestellter Beton weist einen pH-Wert von 7 auf.

(C) Die Betonoberfläche muß vor einem Anstrich immer neutralisiert werden.

(D) Saure Einwirkungen erhöhen die Alkalität des Betons.

(E) Die Alkalität des Betons ist für den Armierungsstahl schädlich.

12.
Welche der folgenden Stoffe können den Beton neutralisieren? [2.1.2-11]

(A) reines Wasser

(B) Schwefeldioxid

(C) Kohlendioxid

(D) Sauerstoff

(E) Laugen

13.
Der Schutz des Bewehrungsstahls im Beton hängt von der Alkalität des Betons ab. Wann kommt es zu Schäden? [2.1.2-10]

(A) immer wenn der pH-Wert des Betons auf 12,5 sinkt
(B) immer wenn der pH-Wert durch saure Einwirkung abnimmt
(C) immer wenn der pH-Wert unter 9,5 sinkt
(D) erst wenn mit dem pH-Wert 7 der neutrale Bereich erreicht ist
(E) erst wenn der pH-Wert unter 7 sinkt

14.
Wovon wird die Korrosion des Armierungsstahls im Beton nicht beeinflußt? [2.1.2-12]

(A) von den Umweltbedingungen
(B) vom Wasser-Zement-Wert
(C) vom Rostgrad der Armierung beim Einlegen in die Schalung
(D) von der CO_2-Einwirkung
(E) von der Zeitdauer der sauren Einwirkung

15.
Wie kann man Schalölrückstände auf Beton zuverlässig feststellen?

(A) durch die Benetzungsprobe mit Wasser
(B) mit dem Gitterschnitt
(C) durch die Abrißprobe mit dem Klebeband
(D) durch die Kratzprobe
(E) durch Überstreichen mit Fluat

16.
Beton verliert in den oberen Schichten durch saure Bestandteile in der Luft seine Alkalität. Wie nennt man diesen Vorgang?

(A) Erosion
(B) Verwitterung

(C) Versteinerung
(D) Verselfung
(E) Carbonatisierung

***17.**
Bei einer Betonfassade sind über korrodiertem Betonstahl vereinzelt Ausbrüche zu sehen. Welche Schadensstufe liegt hier vor?
(A) Schadensstufe 1
(B) Schadensstufe 2
(C) Schadensstufe 3
(D) Schadensstufe 4
(E) Schadensstufe 5

***18.**
In einem Leistungsverzeichnis wurde die Betonfläche mit der Schadensstufe 4 charakterisiert. In welchem Zustand ist der Beton?
(A) Der Beton weist leichte Schäden auf.
(B) Der Beton weist vereinzelt Ausbruchstellen über dem korrodierten Baustahl auf.
(C) Der Beton zeigt erhebliche Absprengungen und tiefe Ausbrüche über dem korrodiertem Baustahl auf.
(D) Der Beton zeigt starke Absprengungen und tiefe Ausbrüche über die gesamte Betonfläche verteilt auf.
(E) Der Beton zeigt bereits starke statische Mängel.

2.1.3 Porenbeton

1.
Welche Vorteile bietet der Baustoff Porenbeton?
(A) große Festigkeit
(B) hohes Saugvermögen
(C) gute Wärmedämmung
(D) geringe Masse (geringes Gewicht)
(E) große Elastizität

2.
Welche Eigenschaft des Porenbetons kann zu Beschichtungsschäden führen? [2.1.3-2]

(A) der hohe Wasserdampfwiderstand des Porenbetons

(B) das große Saugvermögen des Porenbetons

(C) die Ausbildung von Sinterschichten

(D) das mangelndes Saugvermögen des Porenbetons

(E) die große Härte des Porenbetons

3.
Wodurch können bei Beschichtungen auf Porenbeton Schäden entstehen? [2.1.3-2]

(A) durch den hohen Wasserdampfwiderstandsfaktor des Porenbetons

(B) durch das Wasserrückhaltevermögen des Porenbetons

(C) durch die Alkalität des Porenbetons

(D) durch die besondere Neigung des Porenbetons zur Rißbildung

(E) durch die große Härte des Porenbetons

2.1.4 Faserzementplatten

1.
Welche Aussage trifft auf Faserzementplatten zu? [2.1.4-1]

(A) Faserzementplatten bestehen immer aus 80 bis 90 % Zement und 10 bis 20 % Asbestfasern.

(B) Faserzementplatten enthalten 80 bis 90 % Zement und müssen vor der Beschichtung immer neutralisiert werden.

(C) Faserzementplatten dürfen nicht mit Silicatfarben gestrichen werden, da darauf keine Verkieselung möglich ist.

(D) Waagrecht ausgebildete Abdeckungen aus Faserzementplatten müssen ein ausreichendes Gefälle aufweisen.

(E) Trennmittel lassen sich von Faserzementplatten gut mit organischen Lösemitteln entfernen.

2.
Was muß beachtet werden, wenn eine Fassadenbekleidung aus Faserzement dauerhaft beschichtet werden soll? [2.1.4-1]

(A) Die Platten müssen abgelagert und neutral sein.
(B) Die Platten müssen vor rückseitig einwirkender Feuchtigkeit geschützt sein.
(C) Die Platten müssen auf der Außenseite möglichst wasserdampfdicht beschichtet werden.
(D) Die Platten müssen vor der Beschichtung mit einer Salmiak-Netzmittelwäsche gereinigt werden.
(E) Die Platten müssen vor der Beschichtung mit Isolierlack abgesperrt werden.

3.
Welche Untergrundprüfung ist bei Faserzementplatten überflüssig? [2.1.4-3)

(A) Prüfung auf Feuchtigkeit
(B) Prüfung auf Risse
(C) Prüfung auf Sinterschichten
(D) Prüfung auf Ausblühungen
(E) Prüfung auf Trennmittelreste

2.1.5 Ziegel und Klinker

1.
Wodurch unterscheiden sich die Klinker von den Ziegeln? [2.1.5-1]

(A) Klinker sind nicht immer frostbeständig, Ziegel schon.
(B) Klinker werden bei höheren Temperaturen gebrannt als Ziegel.
(C) Klinker sind säurebeständiger als Ziegel.
(D) Klinker saugen stärker als Ziegel.
(E) Klinker werden in der Regel verputzt.

2.
Welche Aussagen sind richtig? [2.1.5-1]

(A) Ein starker Kalkgehalt bedingt bei den Ziegeln einen gelben Farbton.

(B) Vormauerziegel sind nicht frostbeständig.

(C) Porotonziegel erreichen durch das Vergasen der zugemischten Polystyrolperlen niedrige Wärmeleitzahlen.

(D) Klinker dürfen erst ein Jahr nach dem Vermauern beschichtet werden.

(E) Beim Brennen der Ziegel wird Hydratwasser ausgetrieben.

3.
Welche Ausblühungen sind bei Ziegeln und Klinkern nicht möglich? [2.1.5-2]

(A) Sulfate

(B) Nitrate

(C) Salpeter

(D) Silicate

(E) Carbonate

2.1.6 Kalksandsteine

1.
Welche der folgenden Aussagen trifft auf Kalksandsteine zu?

(A) Kalksandsteine werden aus Kalk, Wasser und Quarzsand hergestellt.

(B) Kalksandsteine enthalten als Bindemittel Calziumsulfate.

(C) Kalksandsteine sind generell nicht frostbeständig.

(D) Kalksandsteine sollten unmittelbar nach dem Vermauern beschichtet werden.

(E) Kalksandsteine sind sehr hygroskopisch.

2.
Welche Eigenschaft der Kalksandsteine kann Beschichtungsschäden verursachen?

(A) Kalksandsteine können nachschwinden.

(B) Kalksandsteine saugen besonders stark.

(C) Kalksandsteine haben ein großes Wasserrückhaltevermögen.

(D) Kalksandsteine weisen häufig Trennmittelrückstände auf.

(E) Kalksandsteine haben von allen Baustoffen den niedrigsten Wasserdampfwiderstand.

3.
Welche der folgenden Aussagen sind richtig?

(A) Kalksandsteinmauerwerk soll so verfugt werden, daß die Fugen mit der Vorderkante der Steine bündig abschließen.

(B) Kalksandsteine sind wegen ihrer Alkalität fungizid, so ist darauf generell kein Pilz-, Algen- und Moosbewuchs möglich.

(C) Kalksandsteine enthalten vom Brennprozeß viele Sulfate und blühen deshalb häufig aus.

(D) Kalksandsteine können mit sulfathaltigen Fugenmörteln Ausblühungen bilden.

(E) Kalksandsteine können nicht dauerhaft beschichtet werden.

2.1.7 Gipskartonplatten

1.
Bei der Untergrundprüfung von auf Lattenunterkonstruktion verbauten Gipskartonplatten bewegen sich die Platten. Wie muß sich der Maler verhalten, wenn die Platten von einer anderen Firma verlegt wurden?

(A) Der Maler muß die Plattenfugen mit Armierungsspachtel neu verspachteln.

(B) Der Maler muß den sich zeigenden Riß aufkratzen und ein Armierungsvlies einspachteln.

(C) Der Maler muß den sich zeigenden Riß mit einem Armierungsgewebe überbrücken.

(D) Der Maler muß die sich bewegenden Gipskartonplatten generell zuverlässig auf der Lattenkonstruktion befestigen. Danach muß der Riß armiert werden.

(E) Der Maler muß den Mangel gegenüber seinem Auftraggeber reklamieren.

*2.
Wie kann man erkennen, daß es sich bei den Gipskarton-Bauplatten um werksseitig imprägnierte, fungizide Platten handelt?

(A) Gipskarton-Bauplatten imprägniert haben auf grünem Karton den blauen Aufdruck “GKBI”.

(B) Gipskarton-Bauplatten imprägniert haben auf gelbem Karton den grünen Aufdruck “GKB”.

(C) Gipskarton-Bauplatten imprägniert haben auf blauem Karton den roten Aufdruck “GKB”.

(D) Gipskarton-Bauplatten imprägniert haben auf blauem Karton den gelben Aufdruck “GKB”.

(E) Gipskarton-Bauplatten imprägniert haben auf grauem Karton den blauen Aufdruck “GKB”.

***3.**
Bestimmte Gipskartonplatten weisen auf dem gelbbräunlichen Karton einen roten Aufdruck auf. Um welche Platten handelt es sich?

(A) Es handelt sich um normale Gipskarton-Bauplatten.
(B) Es handelt sich um Gipskarton-Feuerschutzplatten.
(C) Es handelt sich um imprägnierte Gipskarton-Bauplatten.
(D) Es handelt sich um Gipskarton-Wärmedämmplatten.
(E) Es handelt sich um Gipskarton-Putzträgerplatten.

4.
Wie kann man unebene Spachtelungen an den Plattenkanten zuverlässig erkennen? (2.1.7-2)

(A) Man beleuchtet die Plattenkanten im rechten Winkel von vorne.
(B) Man erzeugt quer zu den Plattenkanten ein Streiflicht.
(C) Man hält eine Richtlatte quer zu den Plattenkanten.
(D) Man sollte erst eine Grundbeschichtung ausführen. Anschließend kann man jede Unebenheit gut erkennen.
(E) Unebene Spachtelungen kann man erst bei der fertigen Beschichtung erkennen.

***5.**
Gipskartonplatten wurden längere Zeit bei hoher Luftfeuchtigkeit gelagert. Nun hat sich der Karton der oben liegenden Platten gelb verfärbt. Wodurch wurde diese Verfärbung verursacht?

(A) Der Gerbsäureanteil des holzhaltigen Kartons wanderte durch die hohe Luftfeuchtigkeit nach außen.
(B) Der Gips beginnt zu faulen.
(C) Der Karton beginnt zu faulen.
(D) Der Gips enthält Eisensalze, die durch die hohe Luftfeuchtigkeit auswandern.
(E) Der Gips enthält große Schwefelanteile, die durch die hohe Luftfeuchtigkeit ausgewaschen werden.

***6.**
Wie kann sich die durch einwirkende Feuchtigkeit verursachte Gelbfärbung des Kartons auf die folgende Beschichtung auswirken?

(A) Lösemittelhaltige Beschichtungen färben sich gelb.
(B) Wasserverdünnbare Beschichtungen färben sich gelb.
(C) Nicht alkalibeständige Beschichtungen werden verseift.
(D) Die Beschichtungen finden keine Haftung und platzen ab.
(E) Die Beschichtungen sind härter als der darunterliegende, zerstörte Karton. Deshalb reißt die Beschichtung.

2.2 Metalluntergründe

2.2.1 Eisen und Stahl

1.
Wodurch unterscheidet sich Stahl von Gußeisen? [2.2.1-1]

(A) Stahl enthält weniger Kohlenstoff als Gußeisen.
(B) Stahl ist korrosionsbeständiger als Gußeisen.
(C) Stahl ist auch ohne Beschichtung korrosionsbeständig.
(D) Stahl ist spröder als Gußeisen.
(E) Stahl ist immer legiert und wird am Bau kaum eingesetzt.

2.
Welche der folgenden Aussagen treffen auf Baustahl zu?

(A) Baustahl ist meist unlegierter Stahl.
(B) Baustahl darf ohne vorhergehende Entrostung für Stahlbeton eingesetzt werden
(C) Baustahl ist sehr korrosionsbeständig.
(D) Baustahl ist schweißbar und deshalb besonders hitzebeständig.
(E) Baustahl muß zur Rißvermeidung eine besonders hohe Zugfestigkeit aufweisen.

***3.**
Welche der folgenden Aussagen treffen auf Cor-Ten-Stahl zu?

(A) Cor-Ten-Stahl rostet nicht.
(B) Cor-Ten-Stahl bildet bei normaler Bewitterung eine schützende Edelrostschicht aus.
(C) Cor-Ten-Stahl wird nicht gestrichen.
(D) Cor-Ten-Stahl weist häufig eine Walzhaut auf und muß deshalb abgestrahlt werden.
(E) Cor-Ten-Stahl ist ein wertvoller Werkzeugstahl.

4.
Was versteht man bei Stahl unter einer Walzhaut?

(A) durch das Auswalzen entstandene Preßränder
(B) eine zum Schutz gegen den Rost aufgetragene Ölschicht
(C) eine beim Heißwalzen durch spontane Sauerstoffaufnahme entstandene Oxidschicht
(D) den Plattenrost auf einer Stahlkonstruktion
(E) die erste Rostbildung auf Stahl

***5.**
Welche der nachfolgenden Aussagen trifft auf die Walzhaut zu? [2.2.1-3]

(A) Walzhaut rostet nicht und ist deshalb ein guter Beschichtungsuntergrund.
(B) Walzhaut platzt nach einiger Zeit vom Stahl ab.
(C) Walzhaut entsteht bei Temperaturen über 100 °C.
(D) Walzhaut ist eine in Stahl eingewalzte Fettschicht.
(E) Walzhaut unterscheidet sich vom Stahl durch den größeren Kohlenstoffanteil.

6.
Was versteht man unter Zunder? [2.2.1-3]

(A) Zunder ist die durch Sauerstoffaufnahme beim Schweißen entstandene blaugraue Schicht.

(B) Zunder ist eine mit dem Shopprimer erzeugte Grundierung auf Stahl.

(C) Zunder ist eine durch Kontaktkorrosion entstandene Rostschicht.

(D) Zunder ist eine korrosionsschützende Schicht, die beim Phosphatieren des Stahl entsteht.

(E) Zunder ist die durch Feuerverzinkung des Stahls erzeugte Schutzschicht.

***7.**
Welche Aussage ist richtig? [2.2.1-4]

(A) Die Walzhaut haftet von Anfang an nur schlecht auf dem Stahl.

(B) Walzhaut und Stahl bestehen im wesentlichen aus Fe-Atomen und haben deshalb den gleichen Temperaturausdehnungskoeffizienten.

(C) Zwischen Walzhaut und Stahl besteht ein elektrochemischer Spannungsunterschied.

(D) Die Walzhaut läßt sich durch Handentrostung gut entfernen.

(E) Die Walzhaut kann nur chemisch entfernt werden.

8.
Wie kann man Walzhaut und Zunder zweifelsfrei erkennen? [2.2.1-5]

(A) nur optisch

(B) mit der Benetzungsprobe: auf Walzhaut und Zunder perlt das Wasser

(C) mit Kupfersulfat: wenn keine Walzhaut und kein Zunder vorhanden ist, bildet sich auf der Stahlfläche reines Kupfer aus

(D) mit Phenolphthalein: ist keine Walzhaut und kein Zunder vorhanden, färbt sich die Stahloberfläche rotviolett

(E) mit Fettrotlösung: Walzhaut und Zunder färben sich rot

9.
Was versteht man unter dem Begriff „Korrosion"? [2.2.1-6]

(A) die durch chemische und elektrochemische Einflüsse hervorgerufene Zerstörung einer Oberfläche
(B) die durch physikalische Einflüsse hervorgerufene Zerstörung der Oberflächen
(C) die durch Erosion hervorgerufene Zerstörung der Oberflächen
(D) ausschließlich die Rostbildung von Stahl
(E) nur die chemische Rostbildung

10.
Wie kann es bei Stahlblech zur Kontaktkorrosion kommen? [2.2.1-7]

(A) durch Kontakt mit der Umgebungsluft
(B) durch Kontakt mit einem anderen Metall und Regenwasser
(C) durch Kontakt mit Säure
(D) durch Kontakt mit Lauge
(E) durch Kontakt mit Salzlösungen

***11.**
Wann kommt es zu einer Kontaktkorrosion? [2.2.1-7]

(A) wenn ein Metall und ein Nichtmetall in unmittelbarem Kontakt stehen
(B) wenn zwei gleiche Metalle in unmittelbarem Kontakt stehen und sich zwischen den Metallen eine Spalte bildet, in der Wasser kondensiert
(C) wenn unterschiedliche Metalle in unmittelbarem Kontakt stehen und an die Berührungsstellen eine elektrolytische Lösung gelangt
(D) wenn zwei unterschiedliche Nichtmetalle in unmittelbarem Kontakt stehen
(E) wenn Stahl mit einem Kunststoff verbunden wird

12.
Welche Korrosionsart tritt bei Berührung eines edleren mit einem unedleren Metall bei Anwesenheit von Feuchtigkeit auf? [2.2.1-7]

(A) eine allgmeine Korrosion
(B) die Lochfraßkorrosion
(C) die kristalline Korrosion
(D) die Kontaktkorrosion
(E) die Spannungsrißkorrosion

***13.**
Wann kommt es zu einer interkristallinen Korrosion? [2.2.1-7]

(A) wenn unterschiedliche Gefügebetandteile aus dem Herstellungsprozeß bei einem Metall mit einer elektrolytischen Lösung in Kontakt kommen
(B) wenn ein kristallin aufgebauter Stoff mit Wasser in Berührung kommt
(C) wenn sich die Kristalle eines Minerals wegen der Umweltverschmutzung zersetzen
(D) wenn sich die Elemente eines Stoffes kristallin zersetzen
(E) wenn Stahl mit Salzkristallen in Berührung kommt

14.
Welche chemischen Elemente enthält Rost?

(A) nur Eisen und Wasserstoff
(B) nur Eisen und Sauerstoff
(C) nur Eisen und Schwefel
(D) Eisen, Wasserstoff und Sauerstoff
(E) nur Wasserstoff, Sauerstoff und Schwefel

15.
Welche Aussagen sind richtig?

(A) Die Rostbildung ist immer erst nach Abwittern der obersten Metallschicht möglich.
(B) Die Rostbildung ist meist ein elektrochemischer Vorgang.

(C) Physikalisch einwirkende Kräfte können die Rostbildung verstärken.

(D) Zur Rostbildung sind immer aggressive Stoffe wie Säuren und saure Salze erforderlich.

(E) Die Rostbildung ist ein rein physikalischer Vorgang.

16.
Was versteht man unter Rostpusteln?

(A) die sichtbare Rostbildung in Anstrichporen

(B) Porenrost an der Oberfläche von Beschichtungen

(C) eine schwefelhaltige Rostanhäufung in eingefressenen Vertiefungen

(D) Plattenrost

(E) Lochfraß

17.
Was versteht man unter Flugrost? [2.1.1-8]

(A) die erste Rostbildung auf Stahl

(B) das Durchrosten einer Beschichtung

(C) Rostpusteln

(D) schweren Rost

(E) Rost an einem legierten Leichtstahl

18.
Welche Schäden können durch Handschweiß auf dem blanken Stahlblech verursacht werden?

(A) Salzkristalle auf der Lackoberfläche

(B) osmotische Blasen in der folgenden Beschichtung und Korrosion

(C) statische Aufladung des Stahls

(D) Rißbildung im Lackfilm

(E) nur einen schlechten Verlauf des Lackfilmes

2.2.2 Zink und verzinkter Stahl

1.
Wie läßt sich reines Zinkblech von verzinktem Stahlblech unterscheiden? [2.2.2-2]

(A) Reines Zinkblech zeigt die sog. Zinkblume.
(B) Bei verzinktem Stahlblech ist immer eine Zinkblume zu sehen.
(C) Verzinktes Stahlblech kann man mit einem Magneten erkennen.
(D) Verzinktes Stahlblech kann man mit Kupfersulfat erkennen.
(E) Reines Zinkblech ist gegen alle Säuren beständig.

2.
Warum werden Stahlbleche verzinkt? [2.2.2-3]

(A) um die Haftung der nachfolgenden Beschichtung zu verbessern
(B) um einen besonders guten Korrosionsschutz zu erreichen
(C) um die Grundierung einzusparen
(D) um den Glanzgrad der Beschichtung zu erhöhen
(E) aus optischen Gründen

3.
Wie erklärt sich die Schutzwirkung einer Verzinkung auf Stahl? [2.2.2-3]

(A) Zink ist edler als Stahl und schützt dadurch den Stahl vor Korrosion.
(B) Zink ist gegen atmosphärische Einflüsse besonders beständig und schützt dadurch den Stahl.
(C) Zink ist unedler als Stahl.
(D) Durch den elektrochemischen Spannungsunterschied zwischen Zink und Stahl wird der Stahl vor Korrosion geschützt.
(E) Zink verhindert das Eindringen der Feuchtigkeit in den Stahl und schützt so physikalisch vor Korrosion.

4.
Auf welche Weise schützt eine Verzinkung den Stahl vor Rost? [2.2.2-3]

(A) Das Zink bildet nur eine physikalische Sperrschicht.
(B) Das Zink ist edler als der Stahl und deshalb besonders korrosionsbeständig.
(C) Das Zink vermittelt einen kathodischen Korrosionsschutz.
(D) Das Zink bildet auf dem Stahl eine edle Legierungsschicht.
(E) Das Zink ist absolut säurebeständig.

5.
Mit welchem Verzinkungsverfahren wird die größte Schichtdicke erreicht? [2.2.2-1]

(A) mit der Feuerverzinkung
(B) mit der Sendzimirverzinkung
(C) mit der Spritzverzinkung
(D) mit der galvanischen Verzinkung
(E) mit der elektrolytischen Verzinkung

6.
Welche Ausage trifft auf die Spritzverzinkungen zu?

(A) Spritzverzinkungen werden als Sendzimirverzinkungen bezeichnet.
(B) Spritzverzinkungen werden mit Zinkstaubpigmenten durchgeführt.
(C) Spritzverzinkungen erfordern einen blankgestrahlten Untergrund.
(D) Spritzverzinkungen sollten möglichst dick aufgetragen werden.
(E) Spritzverzinkungen bilden mit der Stahloberfläche Legierungsschichten.

***7.**
Welche Aussage ist richtig?

(A) Bei der Feuerverzinkung bilden sich zwischen dem Stahl und dem Zink Legierungsschichten.

(B) Unter der Sendzimirverzinkung versteht man die Kaltverzinkung.

(C) Elektrolytische Verzinkungen haben in der Regel Schichtdicken zwischen den 50 und 85 µm.

(D) Nach der elektrolytischen Verzinkung brauchen die verzinkten Gegenstände oder Bleche nicht beschichtet zu werden.

(E) Mit der elektrolytischen Verzinkung werden die höchsten Schichtdicken erreicht.

***8.**
Was versteht man unter Weißrost? [2.2.2-4]

(A) den ersten Rostansatz bei Stahl

(B) sehr sauerstoffreichen Rost auf Stahl

(C) durch starke Säureeinwirkung entstandenen Rost auf Stahl

(D) durch starke Wassereinwirkung entstandene Korrosionsprodukte auf Zink unterschiedlichster Zusammensetzung

(E) schützendes Zinkoxid

***9.**
Welches Zinkprodukt schützt das Zink vor weiterer Korrosion? [2.2.2-4]

(A) basisches Zinkcarbonat

(B) Weißrost

(C) Zinksulfat

(D) Zinkchlorid

(E) Zinksulfid

2.2.3 Aluminium

***1.**
Welche der folgenden Aussagen treffen auf eloxiertes Aluminium zu?

(A) Es entsteht durch die chemische Behandlung der Aluminiumoberfläche mit Säuren.
(B) Es hat eine künstlich erhöhte, harte Oxidschicht.
(C) Es ist kratzempfindlich.
(D) Es kann mit Metallsalzen elektrolytisch gefärbt sein.
(E) Es ist gegen alle Säuren und Laugen beständig.

2.
Warum wird Aluminium eloxiert? [2.2.3-1]

(A) Eloxiertes Aluminium ist absolut säurebeständig.
(B) Eloxiertes Aluminium ist absolut laugenbeständig.
(C) Durch das Eloxieren wird das Aluminium widerstandsfähiger.
(D) Durch das Eloxieren lassen sich farbige Aluminiumoberflächen erreichen.
(E) Durch das Eloxieren läßt sich das Aluminium vollständig durchfärben.

3.
Wie läßt sich eloxiertes Aluminium von anderem Aluminium unterscheiden? [2.2.3-3]

(A) nur optisch
(B) mit der Kratzprobe: es zeigt sich eine starke Kratzspur
(C) mit der Kratzprobe: es zeigt sich keine Kratzspur
(D) mit Lauge: das Aluminium wird stark angelöst
(E) mit Salzsäure: das Aluminium wird stark angelöst

2.2.4 Kupfer

1.
Welche chemische Zusammensetzung weist die Patina des Kupfers auf? [2.2.4-1]

(A) Kupfersulfat
(B) Kupfersulfid
(C) Kupferchlorid
(D) Kupfercarbonat
(E) Kupferoxid

2.
Warum kann sich in der Industrieluft die das Kupfer schützende Patina nicht ausbilden? [2.2.4-2]

(A) Die Industrieluft enthält zuwenig Sauerstoff.
(B) Die Industrieluft enthält zuviel Wasser.
(C) Die Industrieluft enthält zuviel Kohlensäure.
(D) Die Industrieluft enthält zuwenig Kohlensäure.
(E) Die Industrieluft enthält zuviele Schwefelverbindungen.

3.
Warum muß die Patina des Kupfers vor einer Beschichtung entfernt werden? [2.2.4-3]

(A) Auf der Patina läßt sich keine glatte Beschichtung erreichen.
(B) Die Patina würde durch die Beschichtung diffundieren.
(C) Die Patina wird von den Lösemitteln der Lacke und Lackfarben angelöst.
(D) Auf der Patina läßt sich für die Beschichtungen keine ausreichende Haftung erreichen.
(E) Die Patina würde die Beschichtungen verfärben.

2.3 Holzuntergründe

2.3.1 Massivholz

1.
Welche der folgenden Aussagen trifft auf die Holzfeuchtigkeit zu? [2.3.1-1]

(A) Sie darf bei Außenanstrichen grundsätzlich max. 15 % betragen.

(B) Sie beträgt beim Fasersättigungspunkt max. 45 %.

(C) Sie ist jeweils auf die Darre bezogen.

(D) Sie sollte bei allen Hölzern in mind. 10 mm Tiefe gemessen werden.

(E) Sie darf bei offenporigen Anstrichen außen bis zu 17 % betragen.

*2.
Was versteht man unter der Darre des Holzes? [2.3.1-2]

(A) die Masse des absolut trockenen Holzes (0 % Feuchtigkeit)

(B) die Wärmeleitzahl des Holzes

(C) den Farbton des Holzes

(D) die Diffusionswiderstandszahl des Holzes

(E) die Masse der Holzinhaltsstoffe

3.
Wie hoch darf die Feuchtigkeit bei Kiefernholzfenstern beim Anstrich maximal sein? [2.3.1-1]

(A) 8 %

(B) 10 %

(C) 12 %

(D) 15 %

(E) 17 %

4.
Wie hoch darf der Feuchtigkeitsgehalt bei Laubholz beim Anstrich im Außenbereich maximal sein? [2.3.1-1]

(A) 10 %
(B) 12 %
(C) 15 %
(D) 17 %
(E) Der maximal Feuchtigkeitsgehalt hängt vom folgenden Beschichtungsstoff ab

5.
Füllungstüren aus Massivholz innen sollen gestrichen werden. Wie hoch darf die Holzfeuchtigkeit maximal sein? [2.3.1-1]

(A) 5 %
(B) 10 %
(C) 12 %
(D) 15 %
(E) 17 %

6.
Welche Holzart ist im Außenbereich am beständigsten?

(A) Kiefer
(B) Fichte
(C) Tanne
(D) Birke
(E) Eiche

7.
Welche Schnittarten sind nachfolgend abgebildet? [2.3.1-4]

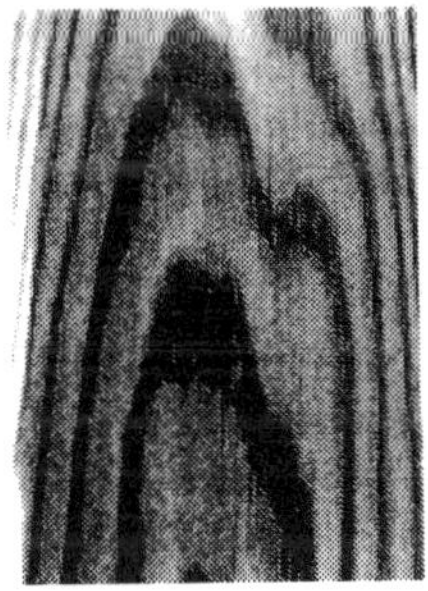

(A) der Querschnitt
(B) der Radialschnitt
(C) der Fladernschnitt
(D) der Tangentialschnitt
(E) der Hirnschnitt

***8.**
Bei welchen Schnittarten schwindet das Holz beim Trocknen am stärksten? [2.3.1-5]

(A) beim Längsschnitt
(B) beim Radialschnitt
(C) beim Fladernschnitt
(D) beim Tangentialschnitt
(E) beim Querschnitt

***9.**
In welchem Bereich liegt der Schwund beim Austrocknen des Holzes beim Tangentialschnitt? [2.3.1-5]

(A) unter 0,02 %
(B) zwischen 0,1 und 0,9 %
(C) zwischen 1 und 3 %
(D) zwischen 3 und 6 %
(E) zwischen 6 und 12 %

10.
Welche der folgenden Aussagen treffen auf das Kernholz zu?

(A) Kernholz ist gegen Holzschädlinge beständiger als Splintholz.

(B) Kernholz enthält mehr Saft als der Splint.

(C) Kernholz besteht ausschließlich aus hartem Spätholz.

(D) Kernholz ist immer dunkler als das Splintholz.

(E) Kernholz ist härter als das Splintholz.

11.
Welche der folgenden Aussagen treffen auf das Kambium zu?

(A) Das Kambium bildet ausschließlich Frühholzzellen, daraus entwickeln sich durch Verholzung Spätholzzellen.

(B) Das Kambium ist unter der Rinde zu finden.

(C) Das Kambium dient nur der Versorgung des Baumes mit Nährstoffen.

(D) Das Kambium ist ein trocknungsverzögernder Holzinhaltsstoff.

(E) Das Kambium ist für das Wachstum des Holzes verantwortlich.

12.
Welche Holzinhaltsstoffe können die Erhärtung eines Alkydharzlackfarbenanstriches verzögern? [2.3.1-6]

(A) Gerbsäure

(B) Lignin

(C) Mineralien

(D) Phenole

(E) Zellulose

13.
Werden exotische Hölzer mit Dispersionslacken beschichtet, sind Schäden möglich. Um welchen Schaden handelt es sich hier meist? [2.3.1-7]

(A) Die Beschichtung verfärbt sich gelblich bis bräunlich.

(B) Die Beschichtung bekommt immer Blasen.

(C) Die Beschichtung hat grundsätzlich zuwenig Haftung.

(D) Die Beschichtung macht die Ausdehnung des Holzes nicht mit und reißt.

(E) Die Beschichtung bekommt Runzeln.

***14.**
Warum entstehen beim Eichenholz dunkle Flecken, wenn das Holz mit Laugen in Kontakt kommt? [2.3.1-9]

(A) Die Lauge reagiert mit der Holzfaser.

(B) Die Lauge reagiert mit der Zellulose.

(C) Die Lauge reagiert mit dem Lignin im Holz.

(D) Die Lauge reagiert mit der Gerbsäure im Eichenholz.

(E) Die Lauge bewirkt eine schnelle Vergrauung durch die gleichzeitig einwirkenden UV-Strahlen.

15.
Welche der nachfolgenden Holzkonstruktionen gehören zu den maßhaltigen Bauteilen? [2.3.1-11]

(A) Holzfenster

(B) Holzbekleidung außen

(C) Dachstuhl

(D) Füllungstüren innen

(E) Holz-Gartenzaun

16.
Welche der folgenden Laubhölzer können dauerhaft für maßhaltige Bauteile im Außenbereich eingesetzt werden? [2.3.1-14]

(A) Eiche

(B) Buche

(C) Mahagoni

(D) Birke

(E) Limba

17.
Bei welcher Holzart ist mit Harzausfluß zu rechnen?
(A) bei Afzelia
(B) bei Eiche
(C) bei Mahagoni
(D) bei Kiefer
(E) bei Lumani

18.
Welche Nadelhölzer gelten als harzarm? [2.3.1-13]
(A) Kiefernholz
(B) Lärchenholz
(C) Fichtenholz
(D) Douglasiekiefernholz
(E) Tannenholz

***19.**
Holzfensterprofile müssen so ausgebildet sein, daß Wasser abgeleitet wird. Welcher Neigungswinkel wird mindestens gefordert? [2.3.1-15]
(A) 5 °
(B) 8 °
(C) 10 °
(D) 15 °
(E) 30 °

20.
Welche Beschaffenheit eines Holzfensters kann zu späteren Beschichtungsschäden führen?
(A) Harzarmut des Holzes
(B) scharfe Profilkanten
(C) Holzfeuchtigkeit unter 12 %
(D) Ablaufneigung über 15°
(E) fehlende Keilverzinkungen

***21.**
In welchem Radius müssen die Kanten der Fensterprofile mindestens gerundet sein? [2.3.1-16]

(A) in einem Radius von mind. 1 mm
(B) in einem Radius von mind. 2 mm
(C) in einem Radius von mind. 3 mm
(D) in einem Radius von mind. 4 mm
(E) in einem Radius von mind. 5 mm

***22.**
In welcher Beanspruchungsgruppe muß die Verleimung eines Fensters ausgeführt werden, wenn das Holz mit Lasuren beschichtet werden soll? [2.3.1-17]

(A) in der Beanspruchungsgruppe B 1
(B) in der Beanspruchungsgruppe B 2
(C) in der Beanspruchungsgruppe B 3
(D) in der Beanspruchungsgruppe B 4
(E) in der Beanspruchungsgruppe B 5

***23.**
Welcher Beanspruchungsgruppe muß eine Verglasung der Fenster mindestens entsprechen, wenn das Holz mit Lasuren oder dunkel beschichtet werden sollen? [2.3.1-18]

(A) der Beanspruchungsgruppe B 1
(B) der Beanspruchungsgruppe B 2
(C) der Beanspruchungsgruppe B 3
(D) der Beanspruchungsgruppe B 4
(E) der Beanspruchungsgruppe B 5

***24.**
Wie kann man bei einem Fenster erkennen, ob die Verglasung in der Beanspruchungsgruppe B 3 oder höher ausgeführt wurde? [2.3.1-18]

(A) Die Verglasung wurde außen mit erhärtendem Dichtstoff ausgeführt.
(B) Die Verglasung wurde außen mit plastischem Dichtstoff ausgeführt.
(C) Die Verglasung ist außen elastisch versiegelt.
(D) Der Dichtstoff am Fenster ist mit einer Beschichtung geschützt.
(E) Am Fenster außen wurde eine Glashalteleiste angebracht.

***25.**
Welche Aussage zu den Holzschädlingen ist richtig?

(A) Die Anobien sind die größten Holzschädlinge (Larve ca. 25 mm).
(B) Der Hausbockkäfer braucht als Larve ca. 1 Jahr zu seiner Entwicklung.
(C) Holzinsekten befallen vorwiegend Holz mit einer Feuchtigkeit von über 20 %.
(D) Der Hausschwamm gehört zu den unproblematischen Pilzarten.
(E) Pilze benötigen zum Wachstum mindestens 20 % Holzfeuchtigkeit.

***26.**
Bei einem alten Holztisch sind zahlreiche ca. 1 mm große, runde Ausfluglöcher zu sehen. Welcher Holzschädling verursacht diesen Schaden? [2.3.1-20]

(A) der Hausbock
(B) der Gewöhnliche Nagekäfer
(C) die Holzwespe
(D) der Borkenkäfer
(E) der Buchdruckerkäfer

***27.**
Bei einem Dachstuhl sind ca. 10 mm große Ausfluglöcher zu sehen. Beim Abklopfen ist ein stumpfes, etwas hohl klingendes Geräusch zu hören. Welcher Schädling ist in diesem Dachstuhl zu finden? [2.3.1-27]

(A) der Gewöhnliche Nagekäfer

(B) Anobien

(C) der Hausbock

(D) die Holzwespe

(E) der Braune Splintholzkäfer

28.
Welche Pilze verfärben das Holz, ohne es zu zerstören? [2.3.1-23]

(A) die Bläuepilze

(B) die Weißfäule

(C) die Rotfäule

(D) die Braunfäule

(E) der Hausschwamm

29.
Wie kann sich der Bläuepilz bei beschichteten Kiefernholzfenstern auswirken? [2.3.1-23]

(A) Das Kernholz färbt sich grau.

(B) Die Beschichtung kann abgedrückt werden.

(C) Das Holz verfault wegen des Bläuepilzbefalles.

(D) Der Bläuepilz zerstört das Holz.

(E) Das Splintholz verfärbt sich grau.

30.
Welches Holz muß vorbeugend gegen Bläue geschützt werden? [2.3.1-23]

(A) Buchenholz

(C) Kiefernholz

(C) Sipo-Mahagoni

(D) Eichenholz

(E) Teakholz

***31.**
Welche Holzfeuchtigkeit bevorzugt der Echte Hausschwamm? [2.3.1-22]

(A) 5 bis 10 %
(B) 10 bis 15 %
(C) 15 bis 20 %
(D) 20 bis 30 %
(E) 30 bis 50 %

32.
Warum soll Kiefernholz im Außenbereich <u>nicht</u> dunkel gestrichen werden?

(A) wegen des möglichen Pilzbefalles
(B) wegen der möglichen Kreidung
(C) wegen der hierdurch erhöhten Feuchtigkeitsaufnahme
(D) wegen der möglichen Vergrauung der Holzoberfläche
(E) wegen der zu erwartenden Harzausscheidungen

2.3.2 Holzwerkstoffe

***1.**
Welche Spanplatten dürfen innen in Aufenthaltsräumen eingesetzt werden? [2.3.2-3]

(A) Spanplatten der Emissionsklasse E 1
(B) Spanplatten der Emissionsklasse E 2
(C) Spanplatten der Emissionsklasse E 3
(D) Spanplatten der Emissionsklasse E 4
(E) Spanplatten der Emissionsklasse E 3-1

***2.**
Welche Aussagen kann man der Kennzeichnung E2-1 bei Spanplatten entnehmen? [2.3.2-3]

(A) Es handelt sich um werksseitig beschichtete Platten.
(B) Die Emissionsabgabe liegt zwischen E1 und E2.
(C) Die Platten müssen handwerklich beschichtet werden, um im Innenraum eingesetzt werden zu können.
(D) Die Platten dürfen im Innenraum nicht eingesetzt werden.
(E) Die Emissionsabgabe an Formaldehyd liegt unter 0,1 ppm.

***3.**
Welche Holzleime können Formaldehyd abgeben?

(A) Phenolharzleime
(B) Harnstoffharzleime
(C) alle Kunstharzleime
(D) Isocyanatharzleime
(E) Epoxidharzleime

***4.**
Welche Tischlerplatten sind in Innenräumen mit hoher Luftfeuchtigkeit geeignet? [2.3.2-2]

(A) Tischlerplatten mit der Verleimung V 20
(B) Tischlerplatten mit der Verleimung V 70
(C) Tischlerplatten mit der Verleimung V 100
(D) Tischlerplatten mit der Verleimung A 100
(E) Tischlerplatten mit der Verleimung IW 67

5.
Bei welchen Holzwerkstoffen müssen Sie mit Trennmittelrückständen auf der Holzoberfläche rechnen? [2.3.2-1]

(A) bei Sperrholz
(B) bei Tischlerplatten
(C) bei Furnierplatten
(D) bei Hartfaserplatten
(E) bei Weichfaserplatten

6.
Welches Bindemittel wird zur Herstellung der Holzwolle-Leichtbauplatten eingesetzt?

(A) Phenolharz
(B) Harnstoffharz
(C) Melaminharz
(D) Zement
(E) Kaltleim

7.
Welcher der folgenden Holzwerkstoffe wirkt bei Feuchtigkeitseinwirkung alkalisch?

(A) phenolharzverleimte Sperrholzplatten
(B) melaminharzverleimte Spanplatten
(C) harnstoffharzverleimte Hartfaserplatten
(D) zementverleimte Spanplatten
(E) Spanplatten E1

8.
Eine Fensterbrüstung außen ist zu verkleiden. Welche Holzwerkstoffe dürfen dazu entsprechend dem BFS-Merkblatt 18 eingesetzt werden?

(A) Spanplatten V 20
(B) Spanplatten V 100
(C) Furnierplatten IF 20
(D) Furnierplatten AW 100
(E) keine

2.4 Kunststoffuntergründe

1.
Kunststoffe werden in drei Gruppen eingeteilt. Wie heißen diese? [2.4-1]

(A) Thermoplaste, Plastomere, Elastomere
(B) Plastomere, Duromere, Elastomere

(C) Duroplaste, Europlaste, Silikoplaste
(D) Duromere, Europlaste, Bakelit
(E) Synthetik, Elastetik, Duroestetik

2.
Welcher der folgenden Kunststoffe gehört zu den Plastomeren?

(A) glasfaserverstärkter Polyester
(B) Polyurethan
(C) Bakelit
(D) Polyvinylchlorid
(E) Siliconkautschuk

3.
Welcher der folgenden Kunststoffe gehört zu den Elastomeren?

(A) Polyester
(B) Siliconkautschuk
(C) Polystrol-Hartschaum
(D) Polycarbonat
(E) Polyethylen

***4.**
Welche der folgenden Erklärungen trifft auf die Herstellung der Kunststoffe durch Polymerisation zu? [2.4-2]

(A) Bei der Polymerisation verbinden sich Monomere zu Makromolekülen unter Abspaltung von Wasser.
(B) Bei der Polymerisation verbinden sich Monomere zu Makromolekülen durch Aufklappen der Doppelbindungen.
(C) Bei der Polymerisation verbinden sich Monomere zu Makromolekülen, wobei Wasserstoffatome zwischen den Molekülen ihren Platz wechseln.
(D) Bei der Polymerisation verbinden sich Monomere zu Makromolekülen, wobei immer Sauerstoff gebunden wird.

***5.**

Wie nennt man die Herstellungsreaktion für Kunststoffe, bei der Wasserstoffatome zu anderen Molekülen wechseln, so daß dadurch eine Molekülvergrößerung möglich wird, ohne daß ein Stoff abgespalten wird? [2.4-2]

(A) Polymerisation

(B) Polyaddition

(C) Polykondensation

(D) Polyemilierung

(E) Polyextrahierung

***6.**

Auf welche Weise erfolgt die Herstellung der Kunststoffe durch Polykondensation? [2.4-2]

(A) Durch Abspaltung eines Stoffes können sich die Monomere zu Riesenmolekülen verbinden.

(B) Durch Sauerstoffaufnahme erfolgt die Molekülvergrößerung zu Makromolekülen.

(C) Monomere können sich zu Riesenmolekülen verbinden, weil Atome zwischen den Molekülen den Platz wechseln.

(D) Ungesättigte Monomere verbinden sich zu Makromolekülen.

(E) Monomere verbinden sich an freien OH-Gruppen zu Riesenmolekülen.

***7.**

Durch Co-Polymerisation kann man Kunststoffe mit sehr speziellen Eigenschaften herstellen. Wodurch unterscheidet sich dieser Herstellungsprozeß von der sonstigen Polymerisation?

(A) Bei der Co-Polymerisation wird Wasser abgespalten.

(B) Man arbeitet mit höheren Temperaturen.

(C) Man benötigt Säurehärter.

(D) Bei der Co-Polymerisation entsteht immer ein geschäumter Kunststoff.

(E) Bei der Co-Polymerisation verbinden sich unterschiedliche Monomere zu Makromolekülen.

***8.**
Wie erfolgt die sog. innere Weichmachung bei der Herstellung der Kunststoffe?

(A) durch physikalische Mischung der Kunststoffe
(B) durch Wärmezufuhr
(C) durch Co-Polymerisation
(D) durch Einpolymerisieren von ungesättigten Monomeren in das Kunststoffmolekül
(E) durch Migration

***9.**
Was versteht man unter Polyblends? [2.4-3]

(A) Co-Polymerisate
(B) duromere Kunststoffe
(C) sehr harte Kunststoffe
(D) physikalische Mischungen von harten und sehr elastischen Kunststoffen
(E) durch Weichmacherzusatz plastifizierte Kunststoffe

***10.**
Welche der folgenden Aussagen trifft auf Polyblends zu? [2.4-3]

(A) Polyblends sind physikalische Mischungen an sich fertiger Kunststoffe.
(B) Polyblends werden durch chemische Reaktionen aus unterschiedlichen Monomeren hergestellt.
(C) Polyblends werden durch chemische Reaktionen aus gleichen Monomeren hergestellt.
(D) Polyblends werden durch Weichmacherzusatz aus Co-Polymerisaten hergestellt.
(E) Polyblends sind stark eingefärbte Kunststoffe, die durch Polymerisation hergestellt wurden.

***11.**
Welcher Kunststoff verbirgt sich hinter der Kurzbezeichnung "ABS"? [2.4-4]

(A) Acryl-Bor-Säureester
(B) Acrylnitril-Butadien-Styrol
(C) Acetat-Bor-Styrol
(D) Acryl-Butadien-Säureester
(E) Aceton-Borat-Styrol

***12.**
Welches Kurzzeichen wurde für den Kunststoff Polypropylen festgelegt? [2.4-4]

(A) PPL
(B) PPP
(C) PP
(D) PPO
(E) PPY

***13.**
Welches Kurzzeichen wurde für den Kunststoff Polymethylmethacrylat (Acrylglas) festgelegt? [2.4-4]

(A) PML
(B) PM
(C) PYL
(D) PMA
(E) PMMA

14.
Welcher Kunststoff verbirgt sich hinter der Kurzbezeichnung PVC? [2.4-4]

(A) Polyvinylcalzium
(B) Polyvinylcarbonat
(C) Polyvinylchlorid
(D) Polyverinchlor
(E) Polyvesterchlorid

***15.**
Welche der nachfolgend mit ihrem Kurzzeichen angegebenen Kunststoffe gelten als handwerklich schwer lackierbar? [2.4-4]

(A) PP, PE
(B) PUR, EP
(C) UP-GFK
(D) PVC
(E) PMMA

16.
Wie müssen hygroskopische Kunststoffe für eine Beschichtung vorbereitet werden?

(A) Sie müssen grob angeschliffen werden.
(B) Sie müssen getempert werden.
(C) Sie müssen mit Wasser gereinigt werden.
(D) Sie müssen mit starken Lösemitteln gereinigt werden.
(E) Sie müssen mit Siliconentferner gereinigt werden.

17.
Welcher der nachfolgenden Kunststoffe ist besonders lösemittelempfindlich?

(A) Polycarbonate
(B) Polyamide
(C) Polyurethan-Integralschaum
(D) Polystyrol-Hartschaum
(E) Polyvinylchlorid

18.
Wie wirkt sich die statische Aufladung von Kunststoffen bei einer Metalliclackierung aus?

(A) Die Kunststoffe lassen sich nicht benetzen.
(B) Die Kunststoffe lösen sich an.
(C) Es enstehen im Kunststoff Risse.
(D) Der Kunststoff bekommt Blasen
(E) Der Farbton des Metalliclackes kann sich ändern.

19.
Welche Beschichtungsmängel sind durch die Weichmacherwanderung möglich?

(A) Läuferbildung
(B) Blasenbildung
(C) klebrige Oberflächen
(D) Verlaufsstörungen
(E) zu schnelle Trocknung der Beschichtung

***20.**
Welche der folgenden Aussagen treffen auf die „Migration“ zu? [2.4-8]

(A) Die Migration kann zum Verspröden eines Kunststoffes führen.
(B) Die Migration ist bei allen Dispersionsfarben möglich.
(C) Die Migration ist nur bei oxidativ hergestellten Kunststoffen möglich.
(D) Die Migration wird durch die Gewichtszunahme des Weichmacher abgebenden Stoffes ermittelt.
(E) Die Migration kann zum Klebrigwerden der Kunststoffe führen.

2.5 Alte Beschichtungen

***1.**
Welches der folgenden Bindemittel läßt sich durch Beträufeln mit Salzsäure erkennen? [2.5-4]

(A) Kalk
(B) Kunststoffdispersion
(C) Ölfarbe
(D) Kasein
(E) Chlorkautschuk

***2.**
Wie läßt sich Kalkfarbe bei der Bindemittelprüfung eindeutig feststellen? [2.5-4]

(A) Sie verbrennt bei Hitze.
(B) Sie wird von Abbeizlauge verseift.
(C) Sie schäumt beim Beträufeln mit 30%iger Salzsäure schwach auf.
(D) Sie schäumt beim Beträufeln mit 30%iger Salzsäure stark auf.
(E) Sie schäumt beim Beträufeln mit 0,5n Schwefelsäure stark auf.

***3.**
Kalkfarbe kann durch Beträufeln mit Salzsäure erkannt werden. Welche Begründung trifft hier zu?

(A) Die Salzsäure vertreibt die schwächere Kohlensäure aus dem Carbonat.
(B) Die Salzsäure vertreibt die Schwefelsäure aus dem Kalk.
(C) Die Salzsäure zerstört das Calzium.
(D) Die Salzsäure führt zur Verfärbung des Kalkanstrichs.
(E) Die Salzsäure verseift den Kalkanstrich.

***4.**
Wie lassen sich Silicatfarbenanstriche von Kalkfarbenanstrichen unterscheiden? [2.5-4]

(A) Silicatfarben lassen sich mit Abbeizfluiden abbeizen.
(B) Beim Salzsäuretest schäumen Kalkfarben stärker auf.
(C) Beim Beträufeln mit 0,1n Salzsäure schäumt Silicatfarbe stark auf.
(D) Silicatfarben lassen sich immer optisch von Kalkfarben unterscheiden.
(E) Silicatfarben lassen sich nur mit konzentrierter Schwefelsäure lösen.

***5.**
Wie lassen sich Dispersionssilicatfarben zuverlässig von Reinsilicatfarben unterscheiden?

(A) Dispersionssilicatfarben lassen sich von Abbeizfluiden anlösen.
(B) Dispersionssilicatfarben lassen sich optisch von Reinsilicatfarben unterscheiden.
(C) Dispersionssilicatfarben lassen sich mit Abbeizlaugen verseifen.
(D) Dispersionssilicatfarben kann man nur im Labor von Reinsilicatfarben unterscheiden.
(E) Dispersionssilicatfarben schäumen bei der Benetzung mit Salzsäure stark auf.

6.
Wie kann man bei einer Fassadenbeschichtung erkennen, daß es sich um einen Dispersionsfarbenanstrich handelt? [2.5-5]

(A) Die optische Erkennung reicht aus.
(B) Dispersionsfarben werden grundsätzlich von Laugen verseift.
(C) Dispersionsfarben werden von Nitroverdünnung angelöst.
(D) Der Putz unter der Dispersionsfarbe ist mürbe, da Dispersionsfarben zuwenig CO_2 durchlassen.
(E) Dispersionsfarben werden von Abbeizfluiden gelöst.

7.
Welches der folgenden Anstrichmittel wird von Nitroverdünnung angelöst und läßt sich so erkennen?

(A) ein 10 Jahre alter Alkydharzlackfarbenanstrich
(B) ein 5 Jahre alter Dispersionsfarbenanstrich
(C) ein 20 Jahre alter Kalkanstrich
(D) ein 2 Wochen alter Polyurethanharzlackanstrich
(E) eine 4 Wochen alte 2-K-Acryllack-Beschichtung

8.
Welches der folgenden Anstrichmittel kann durch die Lösemittelprobe mit Testbenzin analysiert werden?

(A) eine lösemittelhaltige Innenwandfarbe

(B) eine Dispersionsfarbe

(C) eine Kaseinfarbe

(D) eine Mischbinderfarbe

(E) eine Leimfarbe

9.
Wie kann man bei einer Altbeschichtung erkennen, daß es sich um eine Alkydharzlackierung handelt?

(A) Alkydharz wird von Nitroverdünnung angelöst.

(B) Alkydharz wird von Testbenzin angelöst.

(C) Alkydharz wird von einer Abbeizlauge verseift.

(D) Alkydharz ist nicht hitzebeständig.

(E) Alkydharz ist thermoplasisch.

10.
Welche der folgenden Aussagen trifft auf die Erkennung der Alkydharzlacke zu?

(A) Alkydharzanstriche werden von Laugen verseift, weil diese Bindemittel Ester sind.

(B) Alkydharzanstriche werden von Abbeizfluiden gelöst, weil diese Bindemittel ein Ester sind.

(C) Alkydharzanstriche werden von Nitroverdünnung angelöst, weil diese Bindemittel reversibel sind.

(D) Alkydharzanstrich sind wegen der dreidimensionalen Vernetzung durch die oxidative Erhärtung besonders laugenbeständig.

(E) Alkydharzlacke werden von Fettsäuren zerstört.

11.
Welches der folgenden Bindemittel läßt sich aufgrund der Reversibilität erkennen?

(A) Alkydharz
(B) Schellack
(C) Polyurethanharz
(D) Kunststoffdispersion
(E) thermoplastisches Acrylharz

12.
Mit Dispersionslackfarben beschichtete Fenster können nicht problemlos mit Alkydharzlackfarben überarbeitet werden. Wie kann man die Dispersionslacke erkennen?

(A) Dispersionslack-Beschichtungen lassen sich mit Abbeizlaugen verseifen.
(B) Dispersionslack-Beschichtungen lassen sich mit Testbenzin anlösen.
(C) Dispersionslack-Beschichtungen lassen sich mit Nitroverdünnung anlösen.
(D) Dispersionslack-Beschichtungen werden von allen Säuren zerstört.
(E) Dispersionslack-Beschichtungen sind besonders hart und lassen sich durch Anschleifen erkennen.

13.
Mit welcher Prüfung kann man die Haftung der Altbeschichtung auf Stahl am zuverlässigsten ermitteln?

(A) durch Augenschein
(B) mit der Kratzprobe
(C) mit dem Gitterschnitt
(D) mit dem Tesa-Abrißtest
(E) mit der Dornbiegeprüfung

14.
Bis zu welchem Gt-Wert darf eine Altbeschichtung überarbeitet werden?

(A) bis zum Gt-Wert 1
(B) bis zum Gt-Wert 2

(C) bis zum Gt-Wert 3
(D) bis zum Gt-Wert 4
(E) bis zum Gt-Wert 5

15.
Auf einer Beschichtung mit thermoplastischem Acrylharzlack soll eine neue Beschichtung aufgetragen werden. Welche der folgenden Aussagen ist dazu zu beachten?

(A) Die thermoplastische Beschichtung kann mit jedem Lackmaterial überarbeitet werden.
(B) Die thermoplastische Beschichtung ist lösemittelempfindlich.
(C) Die thermoplastische Beschichtung sollte mit Alkydharzmaterialien überarbeitet werden.
(D) Die thermoplastische Beschichtung muß in jedem Fall vor einer neuen Beschichtung entfernt werden.
(E) Die thermoplastische Beschichtung muß vor dem Überarbeiten mit Lösemitteln gereinigt werden.

16.
Wie lassen sich thermoplastische Acrylharzlacke an Fahrzeugen zuverlässig erkennen? [2.5-7]

(A) durch Anschleifen
(B) durch die Lösemittelprobe mit Nitroverdünnung
(C) durch die Verseifungsprobe mit Abbeizlauge
(D) durch die schlechte Haftung
(E) mit dem Gitterschnitt

17.
Wie lassen sich Zweischicht-Metalleffektlacke am zuverlässigsten von Einschicht-Metalleffektlacken unterscheiden? [2.5-8]

(A) durch Anschleifen
(B) mit Nitroverdünnung
(C) durch Augenschein
(D) mit Abbeizlauge
(E) mit Abbeizfluid

3 Werk- und Hilfsstoffe

3.1 Bindemittel und damit hergestellte Beschichtungsstoffe

1.
Welche Aufgabe haben die Bindemittel im Beschichtungsstoff? [3.1-1]

(A) Sie verleihen dem Anstrichfilm die Deckfähigkeit.
(B) Sie konservieren den Beschichtungsstoff.
(C) Sie verkleben die Pigmente miteinander und auf dem Untergrund.
(D) Sie verhindern nur das Ausschwimmen der Pigmente.
(E) Sie erhöhen nur den Festkörperanteil der Beschichtung.

2.
Welche Aussagen treffen auf das Bindemittel zu? [3.1-1]

(A) Das Bindemittel ist für die Adhäsion der Beschichtung verantwortlich.
(B) Das Bindemittel muß immer alkalibeständig sein.
(C) Das Bindemittel gehört zu den flüchtigen Anteilen.
(D) Das Bindemittel wird insbesondere bei den organischen Beschichtungen als Filmbildner bezeichnet.
(E) Das Bindemittel ist immer beständig gegen UV-Strahlen.

3.
Welche der folgenden Eigenschaften hängt <u>nicht</u> vom Bindemittel ab?

(A) das Deckvermögen der Beschichtung
(B) die mechanische Widerstandsfähigkeit der Beschichtung
(C) die Wasserquellbarkeit der Beschichtung
(D) die Erhärtung der Beschichtung
(E) die Lösemittelbeständigkeit

4.
Welcher Trocknungsvorgang tritt bei allen lösemittelhaltigen Beschichtungsstoffen auf?

(A) Bindemittel und Lösemittel vernetzen chemisch miteinander.
(B) Die Lösemittel nehmen Sauerstoff auf.
(C) Die Lösemittel verdunsten physikalisch.
(D) Die Lösemittel wandern in den Untergrund.
(E) Die Lösemittel werden zu Verdünnungsmitteln.

5.
Welche Bindemittel wirken alkalisch? [3.1-2]

(A) Kalk
(B) Wasserglas
(C) Alkydharz
(D) Polyurethanharz
(E) Epoxidharz

6.
Was versteht man unter reversiblen Bindemitteln? [3.1-5]

(A) Bindemittel, die grundsätzlich mit Testbenzin angelöst werden können
(B) Bindemittel, die grundsätzlich mit Nitroverdünnung angelöst werden können
(C) Bindemittel, die grundsätzlich mit Wasser angelöst werden können
(D) Bindemittel, die grundsätzlich mit organischen Lösemitteln angelöst werden können
(E) Bindemittel, die nach der Trocknung wieder mit dem Lösemittel gelöst werden können, in denen sie vor der Trocknung gelöst waren

7.
Welche der nachfolgenden Trocknungsarten trifft für reversible Bindemittel zu? [3.1-5]

(A) die physikalische Tocknung
(B) die oxidative Erhärtung
(C) die Erhärtung durch Polyaddition
(D) die Erhärtung durch Einbrennen
(E) die Erhärtung durch Zweikomponentenreaktion

8.
Welcher der folgenden Lacke ist reversibel?

(A) Alkydharzlack
(B) thermoplastischer Acrylharzlack
(C) Dispersionslack
(D) Epoxidharzlack
(E) Polyurethanharzlack

9.
Was versteht man unter der oxidativen Erhärtung?

(A) Ein Beschichtungsstoff trocknet physikalisch an der Luft.
(B) Ein Beschichtungsstoff trocknet allein durch Lösemittelabgabe an der Luft.
(C) Ein Beschichtungsstoff erhärtet durch Härterzugabe an der Luft.
(D) Ein Beschichtungsstoff erhärtet chemisch durch Sauerstoffbindung.
(E) Ein Beschichtungsstoff erhärtet durch Luftfeuchtigkeit.

***10.**
Welche der folgenden Erhärtungs-Reaktionen sind eine Polyaddition?

(A) die Erhärtung der Alkydharze
(B) die Erhärtung der Epoxidharze
(C) die Erhärtung der Polyurethanharze
(D) die Erhärtung der UP-Harze
(E) die Erhärtung der Siliconharze

***11.**
Welche der nachfolgenden Erhärtungen erfolgt durch Polykondensation?

(A) die Erhärtung der Alkydharze
(B) die Erhärtung der ungesättigten Polyesterharze
(C) die Erhärtung der Polyurethanharze
(D) die Erhärtung der Melaminharze
(E) die Erhärtung der Epoxidharze

12.
Welches der folgenden Bindemittel wird am häufigsten zur Herstellung von Dispersionslacken eingesetzt? [3.1-6]

(A) Alkydharz
(B) Acrylharz
(C) Polyurethanharz
(D) Epoxidharz
(E) ungesättigter Polyester

13.
Was versteht man unter der Topfzeit? [3.1-7]

(A) die Zeit, in der ein Zweikomponentenlack seine Lösemittel chemisch bindet und so durchhärtet,
(B) die Zeit, die ein Zweikomponentenlack braucht, um oxidativ durchzuhärten
(C) die Zeit, die ein Zweikomponentenlack lagerfähig ist
(D) die Zeit, in der ein Zweikomponentenlack nach dem Vermischen von Stammlack und Härter verarbeitet werden muß
(E) die Zeit, in der ein Zweikomponentenlack nach dem Vermischen von Stammlack und Härter durchhärtet

14.
Wodurch verlängert sich die Topfzeit von 2-K-Lacken?
(A) durch Zusatz von Weichmachern
(B) durch Zusatz von Lösemitteln
(C) durch Kälteeinwirkung
(D) durch Wärmeeinwirkung
(E) durch Sauerstoffzufuhr

15.
Welche Aussagen treffen auf lösemittelfreie Lacke und Lackfarben zu?
(A) Diese Werkstoffe enthalten als Bindemittel Polyurethanharz oder Epoxidharz.
(B) Diese Werkstoffe haben einen hohen Festkörpergehalt.
(C) Unter lösemittelfreien Lacken versteht man Dispersionslacke.
(D) Lösemittelfreie Lacke und Lackfarben werden für Autodecklacke eingesetzt.
(E) Unter den lösemittelfreien Lacken und Lackfarben versteht man nur die UP-Harz-Lacke und -Lackfarben.

16.
Welche Bindemittel neigen bei Bewitterung zum Kreiden?
(A) Epoxidharze
(B) Chlorkautschuk
(C) Polyurethanharze
(D) Acrylharze
(E) Nitrozellulose

***17.**
Welches der folgenden Bindemittel gilt als besonders laugenbeständig? [3.1-10]
(A) Alkydharz
(B) Epoxidharz
(C) Epoxidharzester
(D) Polyvinylacetat
(E) Polyvinylpropionat

***18.**
Welches der folgenden Bindemittel gilt als besonders säurebeständig? [3.1-10]

(A) Alkydharz
(B) Polyurethanharz
(C) Epoxidharzester
(D) Polyvinylacetat
(E) Polyvinylpropionat

3.1.1 Kalke und Kalkfarben

1.
Welche Mindesteinsumpfdauer ist für noch nicht abgelöschte Luftkalke vorgeschrieben?

(A) 5 Stunden
(B) 8 Stunden
(C) 12 Stunden
(D) 24 Stunden
(E) 36 Stunden

***2.**
Welche Unterschiede bestehen zwischen den Luftkalken und den hydraulischen Kalken? [3.1.1-1]

(A) Luftkalke erhärten nur an der Luft durch Wasserbindung.
(B) Hydraulische Kalke erreichen nicht die Festigkeit der Luftkalke.
(C) Hydraulische Kalke enthalten die sog. Hydraulefaktoren und binden deshalb bei der Erhärtung neben Kohlendioxid auch Wasser.
(D) Hydraulische Kalke erhärten schneller als die Luftkalke.
(E) Hydraulische Kalke sind im Gegensatz zu Luftkalken nicht für Fassadenputze geeignet.

3.
Welche der folgenden Aussagen über die Luftkalke ist richtig?

(A) Luftkalke sind nach dem Ablöschen nicht lagerfähig.
(B) Das Ablöschen der Luftkalke ist eine exotherme Reaktion.
(C) Luftkalke müssen vom Verarbeiter immer erst abgelöscht werden.
(D) Luftkalke sind gegen Säuren sehr beständig.
(E) Für Fassadenputze werden fast ausschließlich Luftkalke verwendet.

4.
Wie erhärten die Luftkalke? [3.1.1-7]

(A) durch Sauerstoffaufnahme
(B) durch Wasserbindung
(C) hydraulisch
(D) durch Carbonatisierung
(E) physikalisch

***5.**
Welche Kalksorten gehören zu den Luftkalken? [3.1.1-13]

(A) Weißkalk
(B) Dolomitkalk
(C) Wasserkalk
(D) hydraulischer Kalk
(E) Romankalk

***6.**
Welche der folgenden Kalksorten müssen vor dem Verarbeiten erst abgelöscht werden?

(A) Weißfeinkalk
(B) Weißkalkhydrat
(C) Dolomitfeinkalk
(D) hydraulischer Kalk
(E) hochhydraulischer Kalk

***7.**
Aus welchem Grunde setzt man Kalkfarbe bis zu 0,5 % Leinölfirnis zu? [3.1.1-5]

(A) Der mit Leinölfirnis versetzte Kalk kann mehr Pigmente binden.
(B) Der mit Leinölfirnis versetzte Kalk ist wischbeständiger.
(C) Der mit Leinölfirnis versetzte Kalk ist wetterbeständiger.
(D) Der mit Leinölfirnis versetzte Kalk läßt sich leichter verstreichen.
(E) Der mit Leinölfirnis versetzte Kalk wird etwas fetter, dadurch lassen sich die nachfolgenden Kalkanstriche leichter ansatzfrei verstreichen.

8.
Warum sind mit Kalk nur helle, pastelle Farbtöne möglich?

(A) Das Bindemittel Kalk hat eine zu starke Eigenfarbe.
(B) Das Bindemittel Kalk ist alkalisch und bleicht alle Pigmente aus.
(C) Das Bindemittel Kalk kann nur max. 5 % Pigmente binden.
(D) Das Bindemittel Kalk wischt zu stark.
(E) Das Bindemittel Kalk ist nicht lichtbeständig.

9.
Für welche Untergründe eignet sich eine Kalkfarbe? [3.1.1-8]

(A) für Kalkputze
(B) für Gipsputze
(C) für Beton
(D) für mit Dispersionsfarben gestrichene Putze
(E) für mit Siliconharzfarben gestrichene Putze

10.

Kalkfarben gelten heute an der Fassade als problematisch. Welche der nachfolgenden Begründungen trifft zu? [3.1.1-10]

(A) Die Carbonatisierung der Kalkfarben ist nur bei entsprechender Luftfeuchtigkeit möglich. Bei der wechselnden Witterung in unseren Bereichen ist die relative Luftfeuchtigkeit zu unterschiedlich.

(B) Durch die Umweltverschmutzung enthält die Luft zu wenig Schwefeldioxid.

(C) Der Kohlendioxidanteil in der Luft hat in den letzten Jahren ständig zugenommen. Calziumcarbonat wird aber von der Kohlensäure wieder gelöst.

(D) Durch die Umweltverschmutzung wandelt sich der Luftkalk in Gips um.

(E) Kalk ist auch in carbonatisierter Form zu stark wasserlöslich.

***11.**

Welche der folgenden Aussagen trifft auf das Calziumbicarbonat zu?

(A) Calziumbicarbonat entsteht durch die Einwirkung von schwefelsaurer Luft auf den durchgehärteten Kalkputz.

(B) Calziumbicarbonat ist für die Bildung der Calcitkristalle verantwortlich.

(C) Calziumbicarbonat bildet sich bei der Erhärtung der Luftkalke durch Kohlendioxidaufnahme und Wasserbindung.

(D) Calziumbicarbonat entsteht bei der Erhärtung des Kalkes durch die Einwirkung der latent hydraulischen Stoffe.

(E) Das Calziumbicarbonat zeigt sich als Ausblühung.

3.1.2 Zemente und Zementfarben

1.
Wodurch unterscheidet sich der Hochofenzement vom Portlandzement?

(A) Portlandzement ist billiger.

(B) Portlandzement enthält latent hydraulische Stoffe.

(C) Portlandzement bildet bei der Erhärtung mehr Calziumhydroxid als Hochofenzement.

(D) Portlandzement ist chemikalienbeständiger als Hochofenzement.

(E) Portlandzement ist im Gegensatz zum Hochofenzement nicht für den Hochbau geeignet.

2.
Welche der folgenden Aussagen trifft auf den Portlandzement zu?

(A) Portlandzement wird aus Portlandzementklinker unter Zusatz von Luftkalk hergestellt.

(B) Portlandzement ist nur mit langsamer Anfangserhärtung (L) lieferbar.

(C) Portlandzement ist besonders beständig gegen chemische Angriffe.

(D) Portlandzement muß nach 28 Tagen eine bestimmte Druckfestigkeit aufweisen.

(E) Portlandzement enthält nach der Erhärtung kein freies Calziumhydroxid.

3.
Welche der folgenden Aussagen trifft auf Eisenportlandzement zu?

(A) Eisenportlandzement enthält max. 35 % Hüttensand.

(B) Eisenportlandzement enthält bis zu 85 % latent hydraulische Stoffe.

(C) Eisenportlandzement enthält Traß.

(D) Eisenportlandzement ist besonders für den Hochbau geeignet.

(E) Eisenportlandzement ist gegenüber Säuren empfindlicher als Portlandzement.

***4.**
Warum ist Eisenportlandzement für Stahlbeton im Hochbau ungeeignet?

(A) Eisenportlandzement erreicht nicht die Festigkeit der anderen Zemente.

(B) Eisenportlandzement ist stark wasserlöslich.

(C) Eisenportlandzement enthält mehr Calziumhydroxid (Kalklauge) als die anderen Zemente und ist deshalb zu stark alkalisch.

(D) Eisenportlandzement bindet bei der Erhärtung Kalkziumhydroxid und enthält deshalb nach der Erhärtung zu wenig Alkalität; so kommt es schnell zu Korrosionsschäden am Stahl.

(E) Eisenportlandzement verursacht die chemische Verseifung der schützenden Beschichtungen.

5.
Welcher Zement eignet sich für den Stahlhochbau?

(A) Portlandzement

(B) Eisenportlandzement

(C) Hochofenzement

(D) Traßzement

(E) alle von A bis D aufgeführten Zementarten

6.
Wie erhärten Zementfarben? [3.1.2-2]

(A) durch Sauerstoffaufnahme

(B) durch Verdunsten des Anmachwassers

(C) durch chemische Wasserbindung

(D) hydraulisch

(E) oxidativ

7.
Welche Eigenschaften zeigen Zementfarbenanstriche? [3.1.2-5]

(A) stark alkalisch

(B) filmbildend

(C) leicht zu verarbeiten
(D) auch im angerührten Zustand gut lagerfähig
(E) wetterbeständig

8.
Für welche Untergründe eignen sich Zementfarben? [3.1.2-4]
(A) für Putze der Mörtelgruppe P I
(B) für Putze der Mörtelgruppe P II
(C) für Putze der Mörtelgruppe P III
(D) für Putze der Mörtelgruppe P IV
(E) für Putze der Mörtelgruppe P V

3.1.3 Wasserglas und Silicatfarben

1.
Welcher der folgenden Stoffe ist in einer Silicatfarbe <u>nicht</u> enthalten? [3.1.3-1]
(A) Fixativ
(B) Ätzflüssigkeit
(C) Farbpulver
(D) verkieselungsfördernde Zusätze
(E) Kaliwasserglas

***2.**
Welche Aussagen treffen auf die Verkieselung der Silicatfarben zu? [3.1.3-2]
(A) Die Verkieselung ist eine chemische Erhärtung durch Wasserbindung.
(B) Die Verkieselung ist ein physikalischer Vorgang.
(C) Die Verkieselung beruht auf der Bildung von Calziumsilicaten und Siliziumdioxid.
(D) Die Verkieselung entspricht einer Versteinerung durch chemische Reaktion des Wasserglases mit Kohlendioxid.
(E) Die Verkieselung wirkt sich negativ auf die Haftung der Silicatfarbe aus.

3.
Welche der folgenden Aussagen über die Silicatfarben ist richtig?

(A) Sie enthalten immer eine geringe Menge Kunststoffdispersion.
(B) Sie sind für alle mineralischen Untergründe geeignet.
(C) Ihre Verarbeitung auf alten Dispersionsfarben ist problemlos möglich, wenn diese gut haften.
(D) Sie sind im angerührten Zustand nur begrenzt lagerfähig.
(E) Sie werden streichfertig geliefert.

4.
Welche Aussage trifft auf die Silicatfarben zu?

(A) Sie verkieseln auf jedem Untergrund.
(B) Sie scheiden bei der Erhärtung wasserlösliche Pottasche aus.
(C) Sie sind auch für Gipsuntergründe geeignet.
(D) Sie lassen kein CO_2 durch.
(E) Sie werden durch schwefelsaure Luft in Gips umgewandelt.

5.
Welche Eigenschaften haben Silicatfarbenanstriche? [3.1.3-5]

(A) Sie sind reversibel.
(B) Sie lassen sich problemlos ansatzfrei verarbeiten.
(C) Sie sind alkalisch.
(D) Sie zeigen nach der Erhärtung hydrophobe Wirkung.
(E) Sie sind sehr wasserdampfdurchlässig.

6.
Welche der nachfolgenden Aussagen treffen auf die Dispersionssilicatfarben zu? [3.1.3-3]

(A) Sie sind leichter zu verarbeiten als die reinen Silicatfarben.
(B) Sie dürfen auch auf alten Dispersionsfarbenanstrichen verstrichen werden.

(C) Sie werden erst auf der Baustelle aus den Grundkomponenten angerührt.

(D) Sie enthalten nach DIN max. 5 Gew.-% organische Anteile.

(E) Sie müssen nach DIN wasserabweisend sein.

7.
Wie hoch darf der organische Anteil in den Dispersionssilicatfarben max. sein? [3.1.3-3]

(A) 5 Gew.-%, bezogen auf das Bindemittel.

(B) 5 Gew.-%, bezogen auf den Festkörper der Dispersionssilicatfarbe.

(C) 5 Vol.-%, bezogen auf das Bindemittel.

(D) 5 Vol.-%, bezogen auf den Festkörper der Dispersionssilicatfarbe.

(E) 5 Gew.-% Dispersion.

3.1.4 Leime, Kleister und Kasein

1.
Welches Ansatzverhältnis ist für Normalkleister zum Tapezieren normaler Tapeten richtig? [3.1.4-1]

(A) 1 : 20

(B) 1 : 25

(C) 1 : 40

(D) 1 : 60

(E) 1 : 80

2.
Welches Ansatzverhältnis ist für Spezialkleister meist zweckmäßig? [3.1.4-1]

(A) 1 : 20

(B) 1 : 25

(C) 1 : 40

(D) 1 : 60

(E) 1 : 80

3.
Wodurch unterscheiden sich Spezialkleister und Normalkleister? [3.1.4-1]

(A) Normalkleister ist nicht alkalibeständig.
(B) Spezialkleister bindet bei der Erhärtung Sauerstoff.
(C) Spezialkleister ist nicht reversibel.
(D) Spezialkleister wird mit weniger Wasser angesetzt.
(E) Spezialkleister enthält im Gegensatz zum Normalkleister Zusätze von Kunststoffdispersion.

4.
Welche der nachfolgenden Aussagen trifft auf die Gelatine zu? [3.1.4-4]

(A) Gelatine ist ein Stärkeleim.
(B) Gelatine ist ein pflanzlicher Eiweißstoff.
(C) Gelatine wird aus Knochen gewonnen.
(D) Gelatine wird als Bindemittel für Hinterglasvergoldungen eingesetzt.
(E) Gelatine ist irreversibel.

***5.**
Welche der folgenden Aussagen trifft auf Glutin zu?

(A) Glutin ist ein tierischer Eiweißstoff.
(B) Glutin trocknet physikalisch und oxidativ.
(C) Glutin ist das Bindemittel im Kasein.
(D) Glutin wird als Klebemittel für starke Tapeten verwendet.
(E) Glutin wirkt fungizid.

***6.**
Wofür setzt man heute noch Knochenleime ein? [3.1.4-4]

(A) für Leimfarben
(B) für Kleister
(C) für matte Hinterglasvergoldungen
(D) für glänzende Hinterglasvergoldungen
(E) für den Aufbau des Kreidegrundes für Polimentvergoldungen

7.
Woraus wird Kasein gewonnen? (3.1.4-5]

(A) aus Häuten
(B) aus Knochen
(C) aus Quark
(D) aus Zellulose
(E) aus Stärke

***8.**
Welche der nachfolgenden Stoffe eignen sich als Aufschlußmittel für das wasserunlösliche Kasein? [3.1.4-5]

(A) Salzsäure
(B) Ethylalkohol
(C) gelöschter Kalk
(D) Natronlauge
(E) Nitroverdünnung

9.
In welchem Mischungsverhältnis werden Kalk und Kasein bei der Herstellung von Kalkkasein gemischt?

(A) 1 Teil Kalk und 2 Teile Kasein
(B) 1 Teil Kalk und 3 Teile Kasein
(C) 1 Teil Kalk und 5 Teile Kasein
(D) 3 Teil Kalk und 1 Teile Kasein
(E) 5 Teil Kalk und 1 Teile Kasein

3.1.5 Dispersionen, Dispersionsfarben und Dispersionslacke

1.
Welche der folgenden Aussagen treffen auf die Dispersionswerkstoffe zu?

(A) Sie enthalten als Bindemittel Polymerisatharze.

(B) Sie enthalten als Bindemittel Emulsionen.

(C) Sie enthalten als Bindemittel Suspensionen.

(D) Sie enthalten als Bindemittel stets homodisperse Dispersionen.

(E) Sie enthalten immer Weichmacher.

2.
Welche der folgenden Aussagen ist richtig?

(A) Dispersionsfarben sind immer alkalibeständig.

(B) Dispersionsfarben enthalten immer Weichmacher.

(C) Dispersionsfarben lassen keinen Wasserdampf durch.

(D) Dispersionsfarben enthalten immer homopolymere Bindemittel.

(E) Dispersionsfarben trocknen physikalisch durch den kalten Fluß.

***3.**
Welches der folgenden Dispersionsbindemittel gehört <u>nicht</u> zu den homopolymeren? [3.1.5-2]

(A) Polyvinylacetat

(B) Polyvinylpropionat

(C) Polymethacrylat

(D) Polyetylacrylat

(E) Polybutadien-Styrol

***4.**
Wie werden copolymere Dispersionen hergestellt? [3.1.5-3]

(A) durch physikalisches Vermischen homopolymerer Dispersionen
(B) durch chemisches Mischen homopolymerer Dispersionen
(C) durch Zugabe von Weichmachern
(D) durch Zugabe von Lösemitteln
(E) durch gemeinsame Polymerisation unterschiedlicher Monomere

***5.**
Welches der folgenden Dispersionsbindemittel ist gegenüber Laugen am empfindlichsten? [3.1.5-6]

(A) Polyvinylacetat
(B) Polyvinylpropionat
(C) Polymethacrylat
(D) Polyethylacrylat
(E) Polybutadien-Styrol

***6.**
Kreuzen Sie die richtigen Aussagen an!

(A) Bei copolymeren Dispersionen kann man häufig auf den Weichmacheranteil verzichten.
(B) Die MFT ist für Dispersionsfarben nur wichtig, wenn keine Weichmacher eingesetzt werden.
(C) Der kalte Fluß ist ein überwiegend chemischer Vorgang.
(D) Die Beschichtungsfilme der Dispersionsfarben sind thermoplastisch.
(E) Dispersionsfarben-Beschichtungen sind immer alkalibeständig.

7.
Welche Aussage ist richtig?

(A) Dispersionsfarben ergeben einen dichten Film, der aber wegen seines Quellvermögens wasserdampfdurchlässig ist.

(B) Dispersionsfarben-Beschichtungen sind nicht wasserquellbar, Wasser kann aber wegen der offenporigen Ausstattung durch die Beschichtung diffundieren.

(C) Der Diffusionswiderstandsfaktor der Dispersionsfarben liegt immer unter 300.

(D) Die PVK der Dispersions-Fassadenfarben liegt unter 10 %.

(E) Dispersionsbindemittel sind immer verseifbar.

8.
Welche Aufgaben haben die organischen Lösemittel in Dispersionsfarben?

(A) Sie fördern die Filmbildung.

(B) Sie lösen die Oberfläche der Kunststoffteilchen an.

(C) Sie wirken nach der Trocknung der Dispersionsfarben als Weichmacher.

(D) Sie üben auf die Dispersionsfarben eine verseifende Wirkung aus.

(E) Sie führen zur Entmischung in der Dispersionsfarbe.

***9.**
Wie wird bei den lösemittelfreien Dispersionsfarben der kalte Fluß ermöglicht?

(A) durch erhöhten Wasserzusatz

(B) durch den Zusatz von Zelluloseether

(C) durch den Zusatz von nichtflüchtigen Weichmachern

(D) durch Co-Polymerisation und Härtung der obersten Anstrichschicht durch UV-Strahlen

(E) durch den Einsatz von homopolymeren Dispersionen

10.
Was versteht man unter der MFT der Dispersionsfarben? [3.1.5-8]

(A) die Mindesttemperatur, bei der der Dispersionsfarbenfilm in den glasartigen Zustand übergeht

(B) die Mindesttemperatur, bei der der kalte Fluß noch stattfinden kann

(C) die Mindesttemperatur, bei der die Dispersionsfarbe gefriert

(D) die Mindesttemperatur, bei der die Kunststoffteilchen noch verkleben können

(E) die Mindesttemperatur, bei der die Kältebruchtemperatur erreicht ist.

11.
Welche Zusätze der Dispersionsfarben erhöhen die Wasserquellbarkeit? [3.1.5-5]

(A) Weichmacher

(B) Entschäumungsmittel

(C) Zelluloseether

(D) Schutzkolloide

(E) Filmbildungshilfsstoffe

***12.**
Welche der nachfolgenden Angaben zur PVK der Dispersionswerkstoffe ist richtig? [3.1.5-13]

(A) PVK der Dispersionslackfarben = 40 %

(B) PVK der Dispersionsfarben für außen = 12 bis 25 %

(C) PVK der Dispersionsholzschutzlasuren = 40 %

(D) PVK der Dispersionsfarben für innen = 50 bis 80 %

(E) PVK der Dispersionsfarben für innen = 70 bis 100 %

***13.**
In welchem Bereich liegt die PVK der Dispersions-Fassadenfarben? [3.1.5-13]

(A) 12 bis 18 %

(B) 18 bis 35 %

(C) 35 bis 50 %

(D) 50 bis 60 %

(E) 50 bis 80 %

14.
In welchen Güteklassen werden die Dispersionsfarben hergestellt? [3.1.5-11]

(A) in wisch-, wasch- und scheuerbeständigen Qualitäten

(B) in wasch- und scheuerbeständigen Qualitäten

(C) in wasch-, scheuer- und wetterbeständigen Qualitäten

(D) in wasser-, scheuer- und reinigungsbeständigen Qualitäten

(E) in alkalibeständigen und nicht alkalibeständigen Qualitäten

***15.**
Wie werden die Güteklassen wasch- und scheuerbeständig geprüft? [3.1.5-12]

(A) mit Wasser und Schwamm

(B) mit Wasser und einer Handbürste

(C) mit einem genormten Scheuerprüfgerät

(D) durch Berieselung in einem Bewitterungsgerät

(E) durch trockenen Abrieb mit einer Bürste

16.
Woraus besteht das Bindemittel der Dispersionslacke?

(A) aus einer Emulsion

(B) aus feinen, in einer wäßrigen Lösung verteilten Kunststoffteilchen

(C) aus in organischen Lösemitteln gelösten Polymerisatharzen

(D) aus wasserverdünnbaren Seifen

(E) aus anorganischen Suspensionen

17.
Welche Aussagen treffen auf die heizölbeständigen Dispersionsfarben zu?

(A) Die Auftragsmenge für einen heizölbeständigen Dispersionsfarben-anstrich hängt vom Deckvermögen der Dispersionsfarbe ab.

(B) Für heizölbeständige Dispersionsfarben kann nur Styrol-Butadien als Bindemittel verwendet werden.

(C) Heizölbeständige Dispersionsfarben müssen absolut unverseifbar sein.

(D) Heizölbeständige Dispersionsfarben müssen vom Institut für Bautechnik Berlin geprüft sein und mit einem Prüfzeichen und einer Prüfnummer versehen sein.

(E) Heizölbeständige Dispersionsfarben müssen alle sich bildenden Risse dauerhaft überbrücken können.

18.
Für welche Dispersionswerkstoffe muß ein Prüfzeichen des Instituts für Bautechnik Berlin vorliegen?

(A) für flammhemmende Dispersionsfarben

(B) für heizölbeständige Dispersionsfarben

(C) für fungizide Dispersionsfarben

(D) für Dispersionsfassadenfarben

(E) für Dispersionslacke

3.1.6 Siliconharze und Siliconharzfarben

1.
Aus welchem Grunde setzt man Siliconharzfarben bei der Herstellung eine größere Menge Kunststoffdispersion zu? [3.1.6-1]

(A) zur Hydrophobierung

(B) um das Deckvermögen zu steigern

(C) um die Elastizität der Siliconharzfarben-Beschichtung zu steigern

(D) um die Wasserdampfdurchlässigkeit der Siliconharzfarben-Beschichtung zu steigern

(E) um die CO_2-Durchlässigkeit der Siliconharzfarbenbeschichtung zu steigern

2.
Welche der folgenden Eigenschaften zeichnen Beschichtungen mit Siliconharz-Fassadenfarben aus?

(A) besonders hydrophil

(B) sehr wasserdampfdurchlässig

(C) sehr wasserdurchlässig

(D) hygroskopisch

(E) hydrophob

3.
Welche Eigenschaften haben die Siliconharzfarben-Beschichtungen? [3.1.6-3]

(A) Sie sind nicht überstreichbar.

(B) Sie haben einen niedrigen Wasserdampfwiderstand.

(C) Sie verhindern Ausblühungen zuverlässig.

(D) Sie verkieseln mit dem Untergrund.

(E) Sie sind besonders kreidungsbeständig.

4.
Welche der nachfolgenden Aussagen trifft auf die Siliconharzfarben zu? [3.1.6-1]

(A) Sie enthalten als Bindemittel Siliconharz und einen Dispersionsanteil.
(B) Sie enthalten als Bindemittel nur Siliconharz.
(C) Sie enthalten max. 5 Gew.-% Dispersion.
(D) Sie werden mit organischen Lösemitteln verdünnt.
(E) Sie sind alkalisch.

3.1.7 Alkydharze und Alkydharzlacke

***1.**
Welche der nachfolgenden Zusammensetzungen entspricht einem herkömmlichen Alkydharzlack? [3.1.7-1]

(A) zweiwertige Säure + zweiwertiger Alkohol + gesättigte Fettsäure
(B) Phthalsäure + zweiwertiger Alkohol + gesättigte Fettsäure
(C) Phthalsäure + dreiwertiger Alkohol + Glyzerin
(D) Phthalsäure + dreiwertiger Alkohol + ungesättigte Fettsäuren
(E) Phthalsäure + dreiwertiger Alkohol + Mineralsäure

***2.**
Wodurch unterscheiden sich kurzölige Alkydharze von mittel- und langöligen? [3.1.7-3]

(A) Kurzölige Alkydharze enthalten 60 % Fettsäuren mit kurzen Molekülketten.
(B) Kurzölige Alkydharze enthalten mind. 50 % Fettsäuren, die bewirken, daß die Harze in kürzester Zeit durchhärten.
(C) Kurzölige Alkydharze enthalten weniger als 40 % Fettsäuren und können deshalb nicht durch Sauerstoffaufnahme durchhärten.
(D) Kurzölige Alkydharze sind wegen ihrer speziellen, im Molekül gebundenen Fettsäuren besonders wetterbeständig.
(E) Kurzölige Alkydharze sind absolut laugenbeständig.

3.
Wie hoch ist der Ölanteil von mittelöligen Alkydharzlacken und -lackfarben? [3.1.7-3]

(A) unter 40 %

(B) 40 bis 60 %

(C) 60 bis 70 %

(D) 70 bis 80 %

(E) 80 bis 100 %

4.
Welche Eigenschaften der Alkydharzlacke werden <u>nicht</u> vom Fettsäureanteil beeinflußt? [3.1.7-5 und 3.1.7-6]

(A) die Elastizität der Lackfilme

(B) die Erhärtung der Lacke

(C) die Vergilbungsneigung

(D) die thixotrope Einstellung der Lacke

(E) die Alkalibeständigkeit

***5.**
Welche der folgenden Aussagen sind richtig?

(A) Durch Modifikation mit Polyaminen entstehen thixotrope Alkydharze.

(B) Kurzölige Alkydharze erhärten durch Oxidation und Polymerisation.

(C) Die zugesetzten Oxime sollen die Erhärtung der Alkydharze beschleunigen.

(D) Als Mattierungsmittel werden für Alkydharzlacke Silicate, Kieselsäure, Polyethylen und Polypropylen eingesetzt.

(E) Zum Verdünnen der Alkydharzlacke sollte man immer Terpentinöl verwenden.

6.
Wie erhärten langölige Alkydharzlacke? [3.1.7-4]

(A) nur durch Verdunsten der Lösemittel

(B) oxidativ

(C) durch Polyaddition mit Sauerstoff

(D) durch Polykondensation

(E) durch chemische Reaktion mit den Lösemitteln

7.
Welche Eigenschaft haben Alkydharzlacke?

(A) Sie sind sehr laugenbeständig.
(B) Sie sind immer thixotrop.
(C) Sie werden von Laugen verseift.
(D) Sie kreiden im Freien.
(E) Sie sind bis zu 573 K (300 °C) hitzebeständig.

***8.**
Welcher Anteil in den Alkydharzlacken ist für die Vergilbungsneigung verantwortlich? [3.1.7-5]

(A) die Phthalsäure
(B) die ungesättigten Fettsäuren
(C) der dreiwertige Alkohol
(D) die Dricarbonsäure
(E) die Isocyanate

***9.**
Welche Wirkung zeigt die Modifikation der Alkydharze mit Polyurethan?

(A) Die mechanische Belastbarkeit der damit hergestellten Beschichtung wird gesteigert.
(B) Die chemische Belastbarkeit der damit hergestellten Beschichtung wird gesteigert.
(C) Die Vergilbungsbeständigkeit wird verbessert.
(D) Die oxidative Durchhärtung wird verzögert.
(E) Die Einbrenntemperatur wird gesenkt.

***10.**
Welche Alkydharzlacke eignen sich am besten für Heizkörperbeschichtungen? [3.1.7-8]

(A) leinölhaltige Alkydharzlackfarben
(B) linolensäurefreie Alkydharzlackfarben
(C) polyurethanmodifizierte Alkydharzlackfarben
(D) siliconharzmodifizierte Alkydharzlackfarben
(E) Alkydharzlacke mit einem Ölanteil von über 70 %

3.1.8 Acrylharze und Acrylharzlacke

1.
Welche Eigenschaften haben die 1-K-Acrylharze?

(A) Sie sind thermoplastisch.
(B) Sie sind sehr lösemittelbeständig.
(C) Sie sind reversibel.
(D) Sie sind oxidativ härtend.
(E) Sie sind verseifbar.

2.
Welcher der nachfolgend aufgeführten Härter ist für 2-K-Acrylharzlacke geeignet? [3.1.8-4]

(A) Peroxid
(B) Polyamid
(C) Polyisocyanat
(D) Säurehärter
(E) Polyamide

3.
Welche negative Eigenschaft haben isocyanathaltige 2-K-Acrylharzlacke? [3.1.8-5]

(A) Sie sind empfindlich gegen Luftfeuchtigkeit.
(B) Sie sind empfindlich gegen UV-Strahlen.
(C) Sie erhärten nur sehr langsam.
(D) Sie sind nicht für Kunststoffuntergründe geeignet
(E) Sie verlieren schnell an Glanz.

***4.**
Auf welche Weise erhärten isocyanatfreie 2-K-Acrylharzlacke?

(A) Man verwendet als Härter Amine.
(B) Als Härter fungiert Luftfeuchtigkeit.
(C) Die Bindemittel erhärten ohne Härterzusatz oxidativ.
(D) Die Acrylharze vernetzen mit Vinylketonen, mit Säuren wird die Vernetzungsgeschwindigkeit beeinflußt.
(E) Als Härter werden Peroxide eingesetzt.

5.
Welche der folgenden Aussagen trifft auf die thermoplastischen Acrylharzlacke zu?

(A) Sie sind immer Zweikomponenten-Werkstoffe.
(B) Sie erhärten nur bei Einbrenntemperaturen.
(C) Sie sind sehr lösemittelempfindlich.
(D) Sie sind sehr elastisch und lassen sich deshalb besonders gut schleifen.
(E) Sie sind besonders glanzbeständig.

3.1.9 Polyurethanharze und Polyurethanharzlacke

1.
Welche Eigenschaft haben die Polyurethanharz-Beschichtungen?

(A) Sie sind mechanisch hoch belastbar.
(B) Sie neigen im Freien zum Kreiden.
(C) Sie sind nicht wetterbeständig.
(D) Sie lassen sich mit Laugen abbeizen.
(E) Sie sind nur bis zu 363 K (90° C) hitzebeständig.

2.
Welche der folgenden Aussagen sind richtig? [3.1.9-3]

(A) Die Topfzeit der 2-K-PUR-Lacke beträgt etwa einen Tag.
(B) PUR-Lacke werden auch lösemittelfrei hergestellt.
(C) PUR-Lacke verlaufen besonders schön.
(D) PUR-Lack-Beschichtungen werden von Säuren zerstört.
(E) PUR-Lacke werden mit Spezialverdünnungen verdünnt, die häufig Testbenzin enthalten.

3.
Wie erhärten Polyurethanharzlacke?

(A) oxidativ durch Sauerstoffaufnahme
(B) physikalisch durch Verdunsten der Lösemittel
(C) chemisch durch Polymerisation
(D) chemisch durch Reaktion mit dem Polyisocyanat des Härters
(E) chemisch durch Polyaddition

4.
Welche Eigenschaften zeigen Polurethanharz-Beschichtungen?

(A) Polyurethanharz-Beschichtungen werden leicht verseift.
(B) Polyurethanharz-Beschichtungen sind absolut säurebeständig.
(C) Polyurethanharz-Beschichtungen haften auf allen Untergründen.
(D) Polyurethanharz-Beschichtungen sind reversibel.
(E) Polyurethanharz-Beschichtungen sind sehr lösemittelbeständig.

5.
Welche der folgenden Aussagen treffen zu?

(A) Polyurethanharzlacke gibt es nur als 2-K-Werkstoffe.
(B) Der für Polyurethanharzlacke eingesetzte Härter ist sehr feuchtigkeitsempfindlich.
(C) Polyurethanharzlacke sind unbeschränkt lagerfähig.
(D) Die Topfzeit der Polyurethanharzlacke beträgt ca. 3 Tage.
(E) Polyurethanharzlacke gibt es auch feuchtigkeitshärtend.

3.1.10 Epoxidharze und Epoxidharzlacke

1.
Welche Härter sind grundsätzlich für Epoxidharzlacke geeignet? [3.1.10-1]

(A) Peroxide und Polyisoyanate
(B) Metalloxide

(C) Polyisocyanate, Polyamine und Polyamide

(D) Peroxide und Kobaltsikkative

(E) Sikkative

2.
Welche nachteiligen Eigenschaften zeigen Epoxidharz-Beschichtungen? [3.1.19-4]

(A) Sie sind nicht laugenbeständig.

(B) Sie neigen im Freien zum Kreiden.

(C) Sie werden bereits von verdünnten Säuren zerstört.

(D) Sie sind gegenüber Fettsäuren nicht beständig.

(E) Sie sind mechanischer Belastung kaum gewachsen.

***3.**
Welche der folgenden Aussagen treffen auf Epoxidharzesterlacke zu? [3.1.10-6 und 3.1.10-7]

(A) Sie können mit Abbeizlaugen verseift werden.

(B) Sie sind sehr alkalibeständig.

(C) Sie benötigen zum Erhärten einen Härterzusatz.

(D) Sie erhärten durch Sauerstoffaufnahme.

(E) Sie sind sehr kreidungsbeständig.

3.1.11 Ungesättigte Polyester und UP-Lacke

1.
Welche Härter werden für einen UP-Spritzspachtel eingesetzt? [3.1.11-1]

(A) Polyisocyanate

(B) Polyamine

(C) Polyamide

(D) Säurehärter

(E) Peroxide

2.
Wie erhärten UP-Spachtel? [3.1.11-2]
(A) durch Aufnahme von Kohlensäure aus der Luft
(B) durch Polymerisation, ausgelöst von den Peroxiden des Härters
(C) durch Sauerstoffaufnahme, also oxidativ
(D) durch Polyaddition des Bindemittels mit dem Polyisocyanat des Härters
(E) durch Polykondensation des Bindemittels mit dem Polyisocyanat des Härters

3.
Welche Eigenschaften zeigen UP-Werkstoffe?
(A) Sie haben einen hohen Festkörperanteil.
(B) Sie füllen gut.
(C) Sie sind immer hygroskopisch.
(D) Sie sind reversibel.
(E) Sie können mit Testbenzin verdünnt werden.

4.
Welche Besonderheit zeigen UP-Werkstoffe?
(A) Es sind Einkomponenten-Werkstoffe.
(B) Das Lösemittel Styrol verbindet sich chemisch mit dem UP-Harz.
(C) Der verwendete Isocyanathärter ist sehr feuchtigkeitsempfindlich.
(D) Die Topfzeit beträgt ca. eine Woche.
(E) Das Bindemittel enthält bis zu 50 % Weichmacher.

3.1.12 Chlorkautschuklackfarben

1.
Welche der folgenden Aussagen treffen auf die Chlorkautschuklacke zu?
(A) Chlorkautschuklacke sind 2-K-Werkstoffe.
(B) Chlorkautschuklacke enthalten eine große Menge Weichmacher.

(C) Chlorkautschuklacke können mit Testbenzin verdünnt werden.

(D) Chlorkautschuklacke lassen sich gut verspritzen.

(E) Chlorkautschuklacke trocknen physikalisch.

2.
Welche Eigenschaften zeigen Beschichtungen mit Chlorkautschuklackfarben?

(A) Sie sind sehr kreidungsbeständig.

(B) Sie sind alkalibeständig.

(C) Sie spalten bei Temperaturen von über 363 K (90 °C) Salzsäure ab.

(D) Sie werden von Laugen verseift.

(E) Sie sind sehr lösemittelbeständig.

3.
Für welche Aufgabe ist Chlorkautschuklackfarbe nicht geeignet?

(A) für hitzebeständige Beschichtungen

(B) zur Beschichtung alkalischer Untergründe

(C) für chemikalienbeständige Beschichtungen

(D) für Unterwasserbeschichtungen

(E) für säurebeständige Beschichtungen

4.
Für welche Beschichtungsaufgabe eignet sich eine Chlorkautschuklackfarbe?

(A) für die Beschichtung von Holztüren im Spritzverfahren

(B) für die Beschichtung von Aluminiumfenstern

(C) für die Beschichtung der Metallteile in einer Metzgerei

(D) für die Beschichtung eines Beton-Schwimmbeckens

(E) für die Beschichtung eines Heizkessels

3.1.13 Zellulosenitrat und Nitrolacke

1.
Wie trocknen Nitrozelluloselacke?
(A) durch Verdunsten der Lösemittel
(B) durch Aufnahme von Sauerstoff
(C) durch Aufnahme von Kohlendioxid
(D) durch Polymerisation
(E) durch Polyaddition

2.
Welche Eigenschaften haben Nitrolacke?
(A) Nitrolacke trocknen nur langsam durch.
(B) Nitrolacke sind reversibel.
(C) Nitrolacke haben einen hohen Festkörperanteil.
(D) Nitrolacke sind sehr lösemittelbeständig.
(E) Nitrolacke ergeben besonders elastische Beschichtungen.

3.
Für welche Beschichtungen eignen sich Nitrolacke?
(A) für Korrosionsschutz-Beschichtungen
(B) für Parkett-Fußböden
(C) für Fensteranstriche
(D) für Holzanstriche innen und außen
(E) für Holzlackierungen innen

4.
Welche der folgenden Aussagen trifft auf die Zaponlacke zu?
(A) Sie erhärten durch Sauerstoffaufnahme.
(B) Sie werden meist als Absperrlacke eingesetzt.
(C) Sie werden mit Spiritus verdünnt.
(D) Sie werden als dünne Überzugslacke für Kupfer und Messing eingesetzt.
(E) Sie haben einen hohen Festkörpergehalt.

3.1.14 Polymerisatharze und Polymerisatharzlacke

1.
Was versteht man unter Polymerisatharzen? [3.1.13-1]

(A) Harze, die durch Polymerisation hergestellt werden

(B) Harze, die durch Polymerisation erhärten

(C) Harze, die zur Beschichtung von Polymerisat-Kunststoffen eingesetzt werden

(D) alle Harze, die künstlich hergestellt werden

(E) alle Harze, die als Einkomponenten-Werkstoffe verwendet werden.

2.
Welche der folgenden Bindemittel gehören zu den Polymerisatharzen? [3.1.13-2]

(A) Siliconharz

(B) Alkydharz

(C) Acrylharz

(D) PVC-Harz

(E) Epoxidharz

3.
Welche Aussagen treffen auf die Polymerisatharzlacke zu? [3.1.13-3]

(A) Sie sind immer 2-K-Werkstoffe.

(B) Sie trocknen meist physikalisch durch Verdunsten der Lösemittel.

(C) Sie ergeben meist thermoplastische Beschichtungen.

(D) Sie ergeben besonders lösemittelbeständige Beschichtungen.

(E) Sie ergeben Beschichtungen, die sich immer mit Abbeizlaugen entfernen lassen.

3.2 Löse- und Verdünnungsmittel

1.
Welcher Unterschied besteht zwischen Lösemitteln und Verdünnungsmitteln? [3.2-1]

(A) Lösemittel sind immer organisch, Verdünnungsmittel können auch anorganisch sein.

(B) Lösemittel können nicht als Verdünnungsmittel eingesetzt werden.

(C) Lösemittel lösen chemisch, Verdünnungsmittel verdünnen physikalisch.

(D) Lösemittel können feste Bindemittel lösen, Verdünnungen können flüssige Bindemittel weiter verdünnen.

(E) Lösemittel verdunsten bei der Erhärtung der Bindemittel, Verdünnungsmittel nicht.

2.
Was bewirken die Lösemittel beim Lösen eines Bindemittels? [3.2-2]

(A) Das Lösemittel löst die chemischen Bindungen der Bindemittelmoleküle.

(B) Das Lösemittel löst die zwischenmolekularen Bindungen chemisch auf.

(C) Das Lösemittel baut chemische Bindungen zwischen sich und dem Bindemittel auf.

(D) Das Lösemittel zersetzt die Bindemittelmoleküle.

(E) Das Lösemittel löst die zwischenmolekularen Bindungen im Bindemittel physikalisch und baut neue Bindungen zwischen Löse- und Bindemittel auf.

3.
Warum kann man mit sog. Universalverdünnungen sehr unterschiedliche Bindemittel verdünnen? [3.2-4]

(A) Die Universalverdünnungen enthalten die stärksten Lösemittel, so daß alle vorkommenden Bindemittel verdünnt werden können.

(B) Die Universalverdünnungen enthalten Lösemittel mit sehr unterschiedlichen, zwischenmolekularen Kräften, so daß jeweils andere darin enthaltene Lösemittel wirksam werden können.

(C) Die Universalverdünnungen enthalten Nitro, Nitroverdünnung ist für viele Bindemittel geeignet.

(D) Die Universalverdünnungen sind absolut wasserfrei, dadurch haben sie ein besonders hohes Lösevermögen.

(E) Die Universalverdünnungen eignen sich nur für chemisch sehr ähnliche Bindemittel.

4.
Welchen Nachteil haben sog. Universalverdünnungen?

(A) Universalverdünnungen verdunsten grundsätzlich zu langsam.

(B) Universalverdünnungen zeigen für viele Anwendungen zu starkes Lösevermögen.

(C) Das Lackmaterial kann nicht entsprechend dem Beschichtungsverfahren, z.B. Spritzen oder Streichen, eingestellt werden.

(D) Universalverdünnungen verursachen immer Glanzflecken.

(E) Universalverdünnungen sind nicht farblos.

5.
Welche der nachfolgenden Aussagen trifft auf die Verdunstungszahl der Lösemittel zu? [3.2-5]

(A) Die Verdunstungszahl hängt von der herrschenden Temperatur ab.

(B) Die Verdunstungszahl hat für den Einsatz der Lösemittel keine Bedeutung.

(C) Die Verdunstungszahl zeigt das Lösevermögen der Lösemittel an.

(D) Die Verdunstungszahl gibt an, um wievielmal langsamer ein Lösemittel im Vergleich zu Diethylether verdunstet.

(E) Die Lösemittel werden entsprechend ihrer Verdunstungszahl in Gefahrenklassen eingeteilt.

***6.**
Welche Verdunstungszahl hat Diethylether? [3.2-6]

(A) 1

(B) 2,1

(C) 7,8

(D) 38

(E) 60

7.
Wodurch unterscheidet sich die Spritzverdünnung eines Alkydharzlackes von der Streichverdünnung für den gleichen Lack? [3.2-9]

(A) Die Spritzverdünnung weist ein höheres Lösevermögen auf.

(B) Die Spritzverdünnung verdunstet langsamer.

(C) Die Spritzverdünnung verdunstet schneller.

(D) Die Spritzverdünnung weist immer einen niedrigeren Flammpunkt auf.

(E) Die Spritzverdünnung gehört immer einer niedrigeren Gefahrenklasse an.

8.
Welcher der folgenden Werkstoffe sollte mit dem Bindemittel verdünnt werden? [3.2-18]

(A) Kalkfarben

(B) Zementfarben

(C) Silicatfarben

(D) Dispersionsfarben

(E) Kaseinfarben

9.
Warum sollte man Silicatfarben nicht mit Wasser, sondern mit Fixativ verdünnen? [3.2-18]

(A) Silicatfarben sind nicht wasserlöslich.

(B) Silicatfarben würden mit dem Wasser chemisch reagieren.

(C) Durch das Verdünnen mit Wasser würde die Silicatfarbe zu stark ausmagern.

(D) Würde man Silicatfarben mit Wasser verdünnen, würde der folgende Anstrich zu stark angesaugt, starke Ansätze wären die Folge.

(E) Mit Fixativ wird ein größerer Verdünnungseffekt erreicht als mit Wasser.

10.
Welche Nachteile hat Wasser als Lösemittel?

(A) Der Siedepunkt des Wassers liegt im Vergleich zu organischen Lösemitteln zu niedrig.

(B) Wasser hat eine große Oberflächenspannung, so können sich Benetzungsschwierigkeiten ergeben.

(C) Wasser hat die Verdunstungszahl 80 und verdunstet deshalb nur langsam.

(D) Mit Wasser verdunsten Bindemittelteile, die zum Teil giftiger sind, als es die organischen Lösemittel wären.

(E) Wasser ist anorganisch, so können keine organischen Bindemittel verdünnt werden.

***11.**
Welche der folgenden Aussagen trifft auf Terpentinöl zu?

(A) Es ist ein aromatisches Lösemittel.

(B) Es gehört zur Gruppe der Terpenkohlenwasserstoffe.

(C) Es ist auch als Terpentinersatz im Handel.

(D) Es wird aus Erdöl gewonnen.

(E) Es sollte für alle Kunstharzlacke eingesetzt werden.

***12.**
Wie heißt die beste Terpentinölsorte? [3.2-14]

(A) Balsamterpentinöl

(B) Wurzelterpentinöl

(C) Sulfatterpentinöl

(D) Goldterpentinöl

(E) Kiefernterpentinöl

***13.**
Wie ist die gesundheitsschädliche Belastung durch das häufig in Naturharzlacken eingesetzte Terpentinöl einzuschätzen?

(A) Terpentinöl ist ein natürliches Lösemittel und deshalb ungefährlich.

(B) Terpentinöl hat einen angenehmen Geruch und ist deshalb ungefährlich.

(C) Terpentinöl ist in der MAK-Liste gefährlicher eingestuft als Testbenzin.

(D) Terpentinöl könnte man problemlos verwenden, wenn man das Delta-3-Carren daraus entfernen würde.

(E) Terpentinöl ist ungefährlich, wenn es ohne chemische Reaktionen hergestellt wird.

14.
Für welche Bindemittel eignet sich Terpentinöl als Lösemittel? [3.2-13]

(A) für Öllacke

(B) für einfache Alkydharzlacke

(C) für Nitrolacke

(D) für Acrylharzlacke

(E) für Polyurethanharzlacke

***15.**
Welche Lösemittel sind im sog. Terpentinersatz enthalten? [3.2-21]

(A) Testbenzin

(B) eine Mischung aus Testbenzin, Alkoholen und Aromaten

(C) Nitroverdünnung

(D) Essigsäureester

(E) Azeton

***16.**
Welche der folgenden Aussagen trifft auf Testbenzin zu?
(A) Es besteht aus einem Gemisch von unterschiedlichon Kohlenwasserstoffen.
(B) Es wird durch Destillation aus Kiefernholz gewonnen.
(C) Es ist chemisch gesehen ein Ester.
(D) Es ist häufig in Abbeizmitteln enthalten.
(E) Es gehört zu den aromatischen Kohlenwasserstoffen.

***17.**
Welche Lösemittel gehören zu den aliphatischen Kohlenwasserstoffen?
(A) Testbenzin
(B) Styrol
(C) Toluol
(D) Xylol
(E) Terpentinöl

***18.**
Welche Lösemittel gehören zu den Aromaten? [3.2-23]
(A) Azeton
(B) Toluol
(C) Testbenzin
(D) Terpentinöl
(E) Styrol

***19.**
Welche der folgenden Aussagen trifft auf die Chlorkohlenwasserstoffe zu?
(A) Sie haben nur geringes Lösevermögen.
(B) Sie haben einen niedrigen Flammpunkt.
(C) Sie gehören der Gefahrenklasse A an.
(D) Sie sollten wegen der damit verbundenen Gesundheitsgefährdung so sparsam wie möglich verwendet werden.
(E) Sie sind in allen Lacken und Lackfarben enthalten.

***20.**
Welches Lösemittel kann die sog. Kunstharzverdünnung <u>nicht</u> enthalten? [3.2-26]

(A) Nitro
(B) Testbenzin
(C) Aromate
(D) Ester
(E) Ether

21.
Für welche Lacke und Lackfarben eignet sich die sog. Kunstharzverdünnung? [3.2-27]

(A) für alle künstlich hergestellten Lacke und Lackfarben
(B) für Alkydharzlacke und -lackfarben
(C) für alle Acrylharzlacke und -lackfarben
(D) für Nitrolacke und -lackfarben
(E) für Polyurethanharzlacke und -lackfarben

***22.**
Welche Lösemittel sind in einer Spezialverdünnung für Epoxidharzlacke enthalten? [3.2-30]

(A) Testbenzin
(B) Nitroverdünnung
(C) Nitrouniversalverdünnung
(D) Ketone
(E) Ester

***23.**
Zu welcher Lösemittelgruppe gehört das gesundheitsschädliche Methanol?

(A) zu den Estern
(B) zu den Aromaten
(C) zu den Xylolen
(D) zu den Alkoholen
(E) zu den Terpenkohlenwasserstoffen

***24.**
Welche der folgenden Aussagen trifft auf die Nitroverdünnung zu? [3.2-28]

(A) Sie hat einen hohen Flammpunkt.
(B) Sie gehört in die Gefahrenklasse B.
(C) Sie besteht aus Nitromolekülen.
(D) Sie ist ein physikalisches Gemisch unterschiedlicher Lösemittel.
(E) Sie ist mit Wasser mischbar.

25.
Welcher Stoff ist im Spiritus enthalten?

(A) Ethanol
(B) Azeton
(C) Xylol
(D) Testbenzin
(E) Styrol

***26.**
Wodurch unterscheidet sich das Lösemittel Styrol von anderen Lösemitteln, wenn es in ungesättigten Polyesterharzlacken eingesetzt wird?

(A) Das Lösemittel verdunstet bei der Erhärtung.
(B) Das Lösemittel verträgt sich nicht mit dem UP-Harz.
(C) Das Lösemittel wird bei der Erhärtung chemisch gebunden.
(D) Das Lösemittel ist wasserverträglich.
(E) Das Lösemittel hat keinen Flammpunkt.

27.
Warum sollte man für ein Lackmaterial immer das vom Hersteller des Lackes angegebene Verdünnungsmittel einsetzen? [3.2-20]

(A) Diese Verdünnungen sind billiger.

(B) Diese Verdünnungen erhalten die optimalen Eigenschaften des Lackmaterials.

(C) Diese Verdünnungen lösen stärker.

(D) Diese Verdünnungen können problemlos in größeren Mengen zugesetzt werden.

(E) Diese Verdünnungen sind nicht so umweltschädlich.

3.3 Pigmente

1.
Wodurch unterscheiden sich die Pigmente von den Farbstoffen? [3.3-1]

(A) Pigmente sind farbkräftiger als die Farbstoffe.

(B) Pigmente sind unlöslich, Farbstoffe lösen sich.

(C) Pigmente sind immer lichtbeständiger als die Farbstoffe.

(D) Pigmente dienen zur Herstellung der Farbstoffe.

(E) Pigmente sind immer chemikalienbeständig, Farbstoffe nicht.

2.
Welche der nachfolgenden Aussagen treffen auf die Teilchengröße der Pigmente zu?

(A) Die Teilchengröße beeinflußt das Deckvermögen eines Beschichtungsstoffes.

(B) Die Teilchengröße beeinflußt die Ölzahl der Pigmente.

(C) Die Teilchengröße wirkt sich nur auf die UV-Beständigkeit des Beschichtungsstoffes aus.

(D) Die Teilchengröße liegt immer unter 0,4 µm.

(E) Die Teilchengröße ist ohne Bedeutung, da sich das Pigment beim Einrühren in das Bindemittel auflöst.

***3.**
Welche Eigenschaften haben mikronisierte Pigmente? [3.3-3]

(A) hohe Deckkraft

(B) lasierende Wirkung

(C) gute UV-Schutz-Wirkung

(D) besonders hohes Färbevermögen

(E) besonders gute Korrosionsschutzwirkung

4.
Warum sind mikronisierte Pigmente für Holzschutzlasuren besonders geeignet? [3.3-3]

(A) Mikronisierte Pigmente mit einer Teilchengröße unter 0,4 µm lasieren nur.

(B) Mikronisierte Pigmente lassen die längerwelligen, sichtbaren Lichtwellen durch, reflektieren aber die energiereichen UV-Strahlen.

(C) Mikronisierte Pigmente decken wegen ihrer kleinen Teilchen besonders gut.

(D) Durch die Mikronisierung werden die Pigmente lichtbeständiger.

(E) Mikronisierte Pigmente bilden mit den Fettsäuren öliger Bindemittel beständige Seifen.

5.
Was versteht man unter dem Deckvermögen der Pigmente? [3.3-4]

(A) das Färbevermögen der Pigmente

(B) die Fähigkeit, den Farbton eines Beschichtungsstoffes in Richtung des eigenen Farbtones zu verändern

(C) die Fähigkeit, Farbtonunterschiede zwischen Beschichtungsstoff und Untergrund zu überdecken

(D) die Fähigkeit, Thixotropie zu bewirken, um durch hohe Schichtdicken eine gute Deckkraft zu erreichen

(E) die Fähigkeit, eine gute Füllkraft zu haben

6.
Wovon hängt das Deckvermögen eines Beschichtungsstoffes <u>nicht</u> ab? [3.3-5]

(A) von der Teilchengröße und Form der Pigmente

(B) von der PVK

(C) von der Schichtdicke der Beschichtung

(D) vom Lichtbrechungsvermögen der Pigmente und der Bindemittel

(E) vom Färbevermögen der Pigmente

***7.**
Was versteht man unter der Ölzahl der Pigmente? [3.3-6]

(A) eine Maßzahl für den Bindemittelbedarf der Pigmente

(B) eine Maßzahl für den Ölanteil der Pigmente

(C) eine Maßzahl für die Benetzbarkeit der Pigmente

(D) eine Maßzahl für das Deckvermögen der Pigmente

(E) eine Maßzahl für das Färbevermögen der Pigmente

***8.**
Wie kann sich eine hohe Ölzahl der Pigmente auf die Eigenschaften der Beschichtungsstoffe auswirken? [3.3-7]

(A) Pigmente mit hoher Ölzahl können die Viskosität eines Beschichtungsstoffes erhöhen.

(B) Pigmente mit hoher Ölzahl beschleunigen meist die Erhärtung der Beschichtungsstoffe.

(C) Pigmente mit hoher Ölzahl erhöhen meist die mechanische Widerstandsfähigkeit der Beschichtungen.

(D) Pigmente mit hoher Ölzahl reduzieren die Neigung der Beschichtungen zum Quellen.

(E) Pigmente mit hoher Ölzahl erleichtern die Verstreichbarkeit der Beschichtungsstoffe.

9.
Was bedeutet die Abkürzung PVK? [3.3-8]

(A) Sie gibt den Pigmentanteil im Vergleich zum flüssigen Beschichtungsstoff an.

(B) Sie gibt den Pigmentanteil im Vergleich zu den nichtflüchtigen Bestandteilen eines Beschichtungsstoffes an.

(C) Sie gibt den Pigmentanteil im Vergleich zum Bindemittelanteil an.

(D) Sie gibt den Pigmentanteil ohne Füllstoffanteil an.

(E) Sie gibt den Pigmentanteil in Gewichtsanteilen an.

***10.**
Welche Eigenschaften eines Beschichtungsstoffes verbessern sich mit zunehmender PVK bis zur KPVK? [3.3-9]

(A) das Deckvermögen

(B) der Glanzgrad

(C) die Kohäsion

(D) das Dehnvermögen

(E) die Wasserdampfdurchlässigkeit

***11.**
Was versteht man unter der Abkürzung KPVK? [3.3-10]

(A) die kritische Pigmentvolumenkonzentration in Gewichtsanteilen

(B) die kritische Pigmentvolumenkonzentration in Masseanteilen

(C) die kritische Pigmentvolumenkonzentration in Prozent

(D) die kritische Pigmentvolumenkonzentration, bezogen auf die Gesamtmenge des flüssigen Beschichtungsstoffes

(E) die kritische Pigmentvolumenkonzentration, bezogen auf die Ölzahl der Pigmente

***12.**
Welche Eigenschaften eines Beschichtungsstoffes ändern sich bei Erreichen der KPVK abrupt? [3.3-11]

(A) das Deckvermögen

(B) der Glanzgrad

(C) das Dehnvermögen

(D) die Wasserdampfdurchlässigkeit

(E) der Matteffekt

***13.**
Welche Pigmente sind <u>nicht</u> alkalibeständig? [3.3-12]

(A) Kalkspat
(B) Leichtspat
(C) Chromgelb
(D) Zinkgelb
(E) Ocker

14.
Welche Wirkung zeigen nichtwasserglasbeständige Pigmente, wenn sie in Silicatfarben eingerührt werden? [3.3-13]

(A) Sie können sich verfärben.
(B) Sie können zum Eindicken der Silicatfarbe führen.
(C) Sie verhindern die chemische Erhärtung.
(D) Sie mindern durch chemische Reaktionen die Viskosität
(E) Sie verursachen eine Thixotropie.

15.
Welche Pigmente sind für Silicatfarben <u>nicht</u> geeignet? [3.3-13]

(A) Kalkspat
(B) Schwerspat
(C) Leichtspat
(D) Chromgelb
(E) Eisenoxidrot

***16.**
In welchen Sorten wird Zinkweiß hergestellt? [3.3-14]

(A) als Silbersiegel, Grünsiegel und Rotsiegel
(B) als bleireiche und bleiarme Sorten
(C) als Weißsiegel, Grünsiegel und Rotsiegel
(D) als wetterbeständige und nichtwetterbeständige Sorten
(E) als Elkadur und Sachtodur

***17.**
Wie können Sie bei einem Weißpigment erkennen, daß es sich um Zinkweiß handelt? [3.3-15]

(A) Zinkweiß wird beim Erhitzen gelb, beim Abkühlen geht diese Verfärbung wieder zurück.

(B) Zinkweiß ist in allen Säuren und Laugen unlöslich.

(C) Zinkweiß färbt sich durch Schwefeleinwirkung braunschwarz.

(D) Zinkweiß löst sich in Essigsäure auf.

(E) Zinkweiß löst sich nur in erhitzter Schwefelsäure.

***18.**
Wie können Sie das Pigment Zinkweiß vom Pigment Zinkoxid unterscheiden? [3.3-16]

(A) Zinkweiß färbt sich bei Schwefeleinwirkung braunschwarz.

(B) Zinkoxid färbt sich bei Schwefeleinwirkung braunschwarz.

(C) Zinkoxid gibt beim Kontakt mit Salzsäure Schwefelwasserstoff frei.

(D) Zinkoxid hat ein schlechteres Deckvermögen.

(E) Zinkoxid ist nicht wetterbeständig.

***19.**
Titandioxid wird in den beiden Sorten Rutil und Anatas hergestellt. Wodurch unterscheiden sich die beiden Sorten? [3.3-18]

(A) nur in der Deckkraft

(B) nur in der Lichtbeständigkeit

(C) nur in der Wetterbeständigkeit

(D) in der Deckkraft und in der Wetterbeständigkeit

(E) Rutil ist ein aktives Pigment, Anatas nicht.

***20.**
Welche der folgenden Aussagen trifft auf Titandioxid zu?

(A) Titandioxid ist das am besten deckende Weißpigment.

(B) Titandioxid ist in jeder Form wetterbeständig.

(C) Titandioxid färbt sich bei 393 K (120 °C) gelb und ist deshalb nicht hitzebeständig.

(D) Titandioxid ist nicht alkalibeständig.

(E) Titandioxid wird bevorzugt als Füllstoff eingesetzt.

***21.**
Bei der Pigmentanalyse wird ein Weißpigment in konzentrierter Schwefelsäure gekocht. Wenn man nach dem Abkühlen einige Tropfen Wasserstoffperoxid zusetzt, kann man eine orange Färbung feststellen. Um welches Weißpigment handelt es sich? [3.3-19]

(A) um Zinkweiß

(B) um Bleiweiß

(C) um Schwerspat

(D) um Titandioxid

(E) um Schwerspat

***22.**
Wodurch unterscheidet sich Titanweiß von Titandioxid? [3.3-20]

(A) Titanweiß enthält neben Titandioxid noch bis zu 80 % Verschnittmittel.

(B) Titanweiß deckt besser als Titandioxid.

(C) Titanweiß ist kreidungsbeständig, Tiandioxid nicht.

(D) Titanweiß ist unverschnitten, Titandioxid enthält Verschnittmittel.

(E) Titanweiß enthält Bleianteile und gehört deshalb zu den aktiven Pigmenten.

***23.**
Kreuzen Sie die richtige Aussage an! [3.3-14 und 3.3-20]

(A) Die Zinkweißsorte Rotsiegel deckt besser als die Sorten Grün- und Weißsiegel.

(B) Titandioxid ist eine Mischung aus Titanweiß und Verschnittmitteln.

(C) Lithopone wird durch gemeinsames Verdampfen von Zink und Blei hergestellt.

(D) Lithopone ist nicht wetterbeständig.

(E) Lithopone hat von allen Weißpigmenten die höchste Lichtbrechungszahl.

***24.**
Welches Element muß ein Pigment enthalten, wenn es sich bei der Analyse mit Schwefelsäure schwarz färbt? [3.3-21]

(A) Blei

(B) Titan

(C) Barium

(D) Zink

(E) Quecksilber

***25.**
Wie kann man Lithopone von anderen Weißpigmenten unterscheiden? [3.3-22]

(A) Übergießt man Lithopone mit verdünnter Salzsäure, bildet sich Schwefelwasserstoff.

(B) Lithopone ist in allen Säuren und Laugen unlöslich.

(C) Lithopone färbt sich durch Schwefeleinwirkung braun bis schwarz.

(D) Lithopone löst sich nur in konzentrierter Schwefelsäure.

(E) Lithopone verfärbt sich beim Kontakt mit Laugen.

***26.**
Begründen Sie, warum sich Bleimennige trotz der Giftigkeit bislang als Korrosionsschutzpigment behaupten konnte!

(A) Bleimennige zeichnet sich durch einen besonders günstigen Preis aus.

(B) Da Bleimennige besonders gut deckt, ist dieses Pigment wirtschaftlich.

(C) Bleimennige ist basisch und kann mit Fettsäuren sehr beständige Bleiseifen bilden.

(D) Bleimennige kann saure, korrosionsfördernde Einflüsse passivieren.

(E) Bleimennige läßt sich von allen Korrosionsschutzpigmenten am leichtesten verarbeiten.

***27.**
Welche besondere Eigenschaft haben Zinkstaubpigmente? [3.3-25]

(A) Sie passivieren saure Einflüsse.

(B) Sie erzeugen aufgrund ihrer Schuppenform einen physikalischen Schutz.

(C) Sie bilden in allen Bindemitteln beständige Metallseifen.

(D) Sie passivieren saure Einflüsse.

(E) Sie können auf blankem Stahl einen kathodischen Korrosionsschutz bewirken.

28.
Welche der folgenden Aussagen treffen auf die aktiven Pigmente zu? [3.3-26]

(A) Sie können in allen Bindemitteln wirksam werden.

(B) Sie neigen im Freien immer zum Kreiden.

(C) Sie können nur in öligen Bindemitteln aktiv werden.

(D) Sie können saure Produkte passivieren.

(E) Sie können einen elektrochemischen Korrosionsschutz bewirken.

29.
Welche der folgenden Pigmente gehören zu den aktiven? [3.3-26]

(A) Titandioxid
(B) Bariumsulfat
(C) Bleimennige
(D) Eisenglimmer
(E) Zinkoxid

30.
Was versteht man unter inaktiven Pigmenten?

(A) kalte Farbtöne
(B) Pigmente, die sich im Anstrichstoff nicht verändern
(C) Pigmente, die sich nicht mit Leinöl vertragen
(D) Pigmente, die nicht wetterbeständig sind
(E) Pigmente, die sich nicht mit Säuren vertragen

31.
Welche der folgenden Pigmente gehören zu den Mineralpigmenten?

(A) Titandioxid
(B) Kassler Braun
(C) Indigo
(D) Krapplack
(E) Chromgelb

32.
Welche Eigenschaften zeigen Teerpigmente im Vergleich zu Mineralpigmenten? [3.3-27]

(A) Teerpigmente decken meist schlechter.
(B) Teerpigmente haben meistens ein besseres Färbevermögen.
(C) Teerpigmente sind alkalibeständiger.
(D) Teerpigmente sind säurebeständiger.
(E) Teerpigmente lösen sich immer in Lösemitteln auf.

33.
Welche der folgenden Pigmente gehören zu den Teerpigmenten?

(A) Krapplack
(B) echtes Indigo
(C) Hansagelb
(D) Siegelorange
(E) Berliner Blau

3.4 Additive

1.
Welche Aufgaben erfüllen Additive in den Beschichtungen? [3.4-1]

(A) Sie sollen bestimmte Farbtöne erzeugen.
(B) Sie sollen die Beschichtungsstoffe verdünnen.
(C) Sie sollen bestimmte Eigenschaften verbessern.
(D) Sie sollen unerwünschte Eigenschaften mindern.
(E) Sie sollen immer chemische Eigenschaften einleiten und beschleunigen.

2.
Welche Additive werden bei der Herstellung der Dispersionsfarben <u>nicht</u> benötigt? [3.4-2]

(A) UV-Absorber
(B) Konservierungsmittel
(C) Netzmittel
(D) Verdickungsmittel
(E) Mattierungsmittel

***3.**
Welche der folgenden Aussagen treffen auf die Netzmittel in Dispersionen zu? [3.4-8]

(A) Als Netzmittel werden Tenside eingesetzt.
(B) Netzmittel sind grenzflächenaktive Stoffe.

(C) Netzmittel werden auch als Blasenverhütungsmittel eingesetzt.

(D) Anionaktive Netzmittel sind elektroneutral.

(E) Netzmittel wirken hydrophob.

***4.**
Kreuzen Sie die richtigen Aussagen zu den Tensiden an! [3.4-8]

(A) Tenside sind grenzflächenaktive Stoffe.

(B) Tenside fördern in wäßrigen Bindemitteln die Schaumbildung.

(C) Tenside wirken korrosionsschützend.

(D) Tenside werden nur in lösemittelhaltigen Beschichtungsstoffen eingesetzt.

(E) Tenside werden in oxidativ erhärtenden Beschichtungsstoffen als Trockenstoffe eingesetzt.

5.
Wie läßt sich die Bodensatzbildung bei den Beschichtungsstoffen verhindern bzw. vermindern?

(A) durch möglichst gute Dispergierung der Pigmente

(B) durch den Zusatz von Netzmitteln

(C) durch Senkung der Viskosität

(D) durch Aufhebung der Thixotropie

(E) durch Sedimentation

***6.**
Welche Aussage trifft auf die Schutzkolloide in den Dispersionsfarben zu?

(A) Die Schutzkolloide werden als Filmbildungshilfsstoffe eingesetzt.

(B) Schutzkolloide sind pilzwidrig.

(C) Schutzkolloide sind anorganische Substanzen.

(D) Schutzkolloide werden als Weichmacher zugesetzt.

(E) Die bei der Herstellung der Dispersionsfarben zugesetzten Schutzkolloide erhöhen im Dispersionsfarbenfilm die Wasserquellbarkeit.

7.
Wie wirken Verdickungsmittel?

(A) Sie verursachen immer eine Thixotropie.

(B) Sie vermindern die Entmischung eines Beschichtungsstoffes.

(C) Sie vermindern die Viskosität eine Beschichtungsstoffes.

(D) Sie vermindern die Sedimentationsneigung im Beschichtungsstoff.

(E) Sie verbessern immer die Benetzung der Pigmente.

8.
Was versteht man unter Sikkativen? [3.4-6]

(A) Sikkative sind das Bindemittel der Siliconharzfarben.

(B) Sikkative sind UV-Absorber.

(C) Sikkative sind Trocknungsbeschleuniger für Alkydharze.

(D) Sikkative sind Hautverhütungsmittel.

(E) Sikkative sind starke Lösemittel.

***9.**
Welche Aussagen treffen auf die Sikkative zu? [3.4-6]

(A) Sikkative sind Metallseifen.

(B) Sikkative haben bei ihrer Verwendung keine negativen Eigenschaften.

(C) Sikkative wirken als Inhibitoren.

(D) Sikkative sind Katalysatoren.

(E) Sikkative fördern immer eine gleichmäßige Durchhärtung der Alkydharzlacke.

***10.**
Welche der folgenden Aussagen sind richtig?

(A) Hautverhütungsmittel werden bei oxidativ erhärtenden Lacken benötigt.
(B) Phenole haben als Hautverhütungsmittel keine Nachteile.
(C) Aromatische Amine sind als Hautverhütungsmittel nicht geeignet.
(D) Oxime sind als Hautverhütungsmittel besonders günstig.
(E) Hautverhütungsmittel beschleunigen die Trocknung der Lacke und Lackfarben.

***11.**
Wie wirken Oxime?

(A) Sie wirken als Verdickungsmittel.
(B) Sie beschleunigen bei oxidativ erhärtenden Lacken und Lackfarben die chemische Erhärtung.
(C) Sie verhindern die Blasen- und Schaumbildung.
(D) Sie wirken bei oxidativ erhärtenden Lacken und Lackfarben als Hautverhütungsmittel.
(E) Sie werden bei ungesättigten Polyesterharzlacken als Katalysatoren eingesetzt.

***12.**
Welcher der folgenden Stoffe wird Alkydharzlacken bei der Herstellung als Mattierungsmittel zugesetzt? [3.4-9]

(A) Oxime
(B) Sikkative
(C) Phenole
(D) Metallseifen
(E) Silicate

13.
Wie wirken UV-Absorber in Klarlacken und Holzlasuren? [3.4-7]

(A) Sie reflektieren alle UV-Strahlen.
(B) Sie wandeln die in die Beschichtung eindringenden UV-Strahlen in Wärme um.
(C) Sie verschlucken die UV-Strahlen und geben sie an den Untergrund weiter.
(D) Sie lassen die UV-Strahlen bis auf den Untergrund durch.
(E) Sie wandeln die UV-Strahlen in sichtbares Licht um.

14.
Welche der folgenden Aussagen treffen auf die Weichmacher zu? [3.4-3]

(A) Sie werden chemisch in das Bindemittelmolekül eingebaut.
(B) Sie werden meist im Verhältnis 1:1 mit dem Bindemittel vermischt.
(C) Sie können die Glasübergangstemperatur der Dispersionsfarben senken.
(D) Sie sind für alle Dispersionsfarben erforderlich.
(E) Sie werden z.T. zur Herstellung elastischer Kunststoffe benötigt.

3.5 Spezielle Werkstoffe

3.5.1 Absperrmittel

1.
Auf welche Weise wirken Absperrsalze? [3.5.1-2]

(A) Die Salze wandeln die wasserlöslichen Stoffe in wasserunlösliche um.
(B) Die Salze bilden in den Poren eine sperrende Schicht.
(C) Die Salze kristallisieren zu wasserunlöslichen Salzen aus.

(D) Die Salze sind wasserunlöslich und sperren so die wasserlöslichen Stoffe ab.

(E) Die Salze reagieren chemisch mit den wasserlöslichen Stoffen und binden sie so.

2.
Auf welche Weise wirken Fluate? [3.5.1-3]

(A) chemisch durch Verbindung mit den alkalischen Untergründen

(B) physikalisch durch Verstopfen der Poren

(C) physikalisch durch Absperren und Festigen des Untergrundes

(D) physikalisch durch Erzeugung einer größeren Adhäsion

(E) physikalisch durch Erzeugung einer größeren Kohäsion

***3.**
Welche der folgenden Aussagen sind richtig? [3.5.1-3]

(A) Zinkfluat ist besonders zum Absperren von Wasserflecken geeignet.

(B) Als Fluate werden meist die Salze der Kieselflußwasserstoffsäure verwendet.

(C) Beim Fluatieren alkalischer Untergründe bildet sich ein nahezu wasserunlösliches Salz.

(D) Beim Fluatieren bildet sich ein wasserlösliches Salz. Deshalb muß gründlich mit Wasser nachgewaschen werden.

(E) Fluate zeigen immer nachhaltig fungizide Wirkung.

***4.**
Welche der folgenden Aussagen treffen auf die Fluate zu?

(A) Fluate sind für alle Untergründe geeignet.

(B) Fluate sind zum Neutralisieren alkalischer Untergründe geeignet.

(C) Fluate eignen sich besonders zum Absperren von Wasserflecken auf Gips.

(D) Fluate können eine fungizide Wirkung zeigen.

(E) Fluate dürfen nur im Innenraum eingesetzt werden.

3.5.2 Imprägniermittel

1.
Welches Imprägniermittel zeigt die stärkste hydrophobe Wirkung?

(A) Siliconharz

(B) Fluat

(C) Kaliwasserglas

(D) lösemittelhaltiges Putzgrundiermittel

(E) wasserverdünnbares Putzgrundiermittel

2.
Welche Eigenschaften zeigen Silane und Siloxane, wenn sie als Imprägniermittel eingesetzt werden? [3.5.2-1]

(A) Sie trocknen rein physikalisch.

(B) Sie reagieren mit Feuchtigkeit im Untergrund zu Siliconharzen.

(C) Sie können immer mit Wasser verdünnt werden.

(D) Sie sind alkaliempfindlich.

(E) Sie trocknen absolut farblos auf.

3.
Warum verzichtet man heute weitgehend auf den Einsatz von Silanen als Imprägniermittel?

(A) Silane sind nicht ausreichend hydrophob.

(B) Silane sind zu teuer.

(C) Silane sind nicht besonders alterungsbeständig, so hält die Imprägnierwirkung nicht lange an.

(D) Silane sind zu flüchtig, so geht bei der Verarbeitung bereits viel Werkstoff verloren.

(E) Silane sind nicht alkalibeständig, deshalb kann man sie nicht dauerhaft auf alkalischen Untergründen einsetzen.

***4.**
Welche Vorteile haben Siloxane als Imprägniermittel? [3.5.2-1]

(A) Sie können immer mit Wasser verdünnt werden.

(B) Sie sind alkalibeständig

(C) Sie sind auch für schlechter saugende Untergründe geeignet.

(D) Sie trocknen ausschließlich durch Verdunsten der Losemittel und sind deshalb sofort wirksam.

(E) Sie sind auch für total nasse Untergünde geeignet.

3.5.3 Holzschutzmittel

1.
Welche Prüfzeichen sollte ein Holzschutzmittel für Fenster aufweisen? [3.5.3-1]

(A) S,Iv,W,P

(B) Ib,E,P

(C) Ib,S,W

(D) S,W,P

(E) Iv,E,W

2.
Welche der folgenden Aussagen trifft auf die vom Maler eingesetzten Holzschutzmittel zu?

(A) Sie enthalten keine gesundheitsschädlichen Stoffe.

(B) Sie enhalten Pentachlorphenol (PCP).

(C) Sie sind alle insektenbekämpfend.

(D) Sie sind nicht für maßhaltiges Holz geeignet.

(E) Sie wirken in der Regel nur insektenvorbeugend.

3.
Welche der folgenden Aussagen sind richtig?

(A) Holzschutzmittel können auch bindemittelfrei sein.

(B) Holzimprägnierungen am Fenster werden vorwiegend vom Maler aufgebracht.

(C) Holzimprägnierungen sind immer schichtbildend.

(D) Holzimprägnierungen haben immer insektenbekämpfende Eigenschaften.

(E) Holzimprägnierungen können als Holzschutzmittel zugelassen sein.

4.
Wozu werden Holzschutzmittel auf Teerölbasis eingesetzt? [3.5.3-6]

(A) nur für Innenanstriche
(B) für außen ohne Deckanstriche
(C) nur für Tiefschutzgrundierungen
(D) für Grundierungen unter Deckanstrichen
(E) nur für Dachstühle

5.
Warum sind Holzschutzsalze für die Arbeit des Malers weniger geeignet? [3.5.3-1]

(A) Holzschutzsalze sind nicht für maßhaltiges Holz geeignet.
(B) Holzschutzsalze sind grundsätzlich nur für innen geeignet.
(C) Holzschutzsalze sind grundsätzlich giftiger als ölige Holzschutzmittel.
(D) Holzschutzsalze wirken nur gegen Pilzbefall.
(E) Holzschutzsalze zeigen geringere Wirkung als ölige Holzschutzmittel.

3.5.4 Holzbeizen

1.
Welche Stoffe eignen sich als Bleichmittel für gerbstoffreiche Hölzer?

(A) Zitronensäure
(B) Oxalsäure
(C) nur Kleesalz
(D) nur Wasserstoffperoxid
(E) Salmiak

2.
Welche der folgenden Aussagen treffen auf die Farbstoffbeizen zu? [3.5.4-1]

(A) Sie bestehen in der Regel aus Vor- und Nachbeize.
(B) Sie färben das Holz auf physikalischem Wege.

(C) Sie wirken chemisch.

(D) Sie erzeugen ein negatives Beizbild, d.h. die dunklen Jahresringe sind nach dem Beizen heller.

(E) Sie werden auch als Entwicklerbeizen bezeichnet.

3.
Was versteht man unter Doppelbeizen? [3.5.4-2]

(A) Farbstoffbeizen, denn sie müssen für ein gleichmäßiges Beizbild zweimal aufgetragen werden.

(B) Holzlasuren, denn sie müssen mindestens zweimal gestrichen werden.

(C) Chemische Beizen, denn sie bestehen in der Regel aus Vor- und Nachbeize.

(D) Kombinationsbeizen, denn sie bestehen aus chemischen Beizen und Farbstoffbeizen, wirken also doppelt.

(E) Vom Maler selbst aus Bindemittel und wenig Pigment angesetzte Beizen, da sie nur schlecht decken und deshalb mindestens zweimal aufgetragen werden müssen.

***4.**
Welche der folgenden Aussagen trifft auf die Entwicklerbeizen zu? [3.5.4-3]

(A) Entwicklerbeizen sind Farbstoffbeizen, die erst kurz vor der Verarbeitung angesetzt (entwickelt) werden müssen.

(B) Entwicklerbeizen sind Beizen, die ihren Farbton erst nach dem Auftragen durch intensive UV-Einstrahlung entwickeln.

(C) Entwickerbeizen sind Kombinationsbeizen, durch Vermischen von Vor- und Nachbeize entwickelt sich der Farbton.

(D) Entwicklerbeizen sind chemische Beizen, der Farbton entsteht durch chemische Reaktionen im Holz.

(E) Entwicklerbeizen erzeugen ein negatives Holzbild, d.h. die ursprünglich helleren Holzpartien entwickeln sich beim Beizen dunkler.

3.5.5 Holzlasuren

1.
Wodurch unterscheiden sich die Imprägnierlasuren von den Dickschichtlasuren?

(A) durch die Art der enthaltenen Lasurpigmente
(B) durch den höheren Festkörperanteil der Dickschichtlasuren
(C) durch die Art der enthaltenen Lösemittel
(D) durch die Art der enthaltenen Bindemittel
(E) durch die Art der Trocknung

2.
Welche der folgenden Aussagen treffen auf die Imprägnierlasuren zu?

(A) Sie haben einen Festkörpergehalt von max. 20 %.
(B) Sie enthalten als Bindemittel gelöste Alkydharze.
(C) Sie sind immer wasserverdünnbar.
(D) Sie eignen sich besonders für Fensteranstriche.
(E) Sie können fungizid eingestellt sein.

3.
Wie hoch ist der Festkörperanteil bei den Dickschichtlasuren?

(A) unter 15 %
(B) 15 bis 35 %
(C) 35 bis 50 %
(D) 50 bis 70 %
(E) 70 bis 80 %

4.
Welche Bestandteile der Lasuren bewirken den UV-Schutz des Holzes?

(A) das Bindemittel
(B) die mikronisierten Pigmente
(C) die fungiziden Zusätze
(D) die Thixotropiermittel
(E) das Lösemittel

5.
Welche der folgenden Aussagen treffen auf die Dickschichtlasuren zu?

(A) Sie enthalten als Bindemittel Acrylharze.
(B) Sie werden auch als Lacklasuren bezeichnet.
(C) Sie sind in der Regel inzektizid und fungizid eingestellt.
(D) Sie eignen sich besonders für Fensteranstriche.
(E) Sie können immer mit Wasser verdünnt werden.

3.5.6 Brandschutzwerkstoffe

1.
Welche der folgenden Aussagen trifft auf die Brandschutzwerkstoffe nicht zu?

(A) Sie sind heute meist Dämmschichtbildner.
(B) Sie sind für innen und außen gleichermaßen geeignet.
(C) Sie sollen auf Holz aus dem normal entflammbaren Baustoff B 2 einen schwer entflammbaren Baustoff B 1 machen.
(D) Sie müssen vom Institut für Bautechnik Berlin geprüft sein und ein Prüfzeichen dieses Institutes aufweisen.
(E) Sie sind für Stahluntergründe besonders wichtig.

***2.**
Für Brandschutzbeschichtungen werden gerne Dispersionswerkstoffe eingesetzt. Wie entsteht hier die brandschützende Wirkung?

(A) Die Beschichtung ist unbrennbar und schützt so den Untergrund.

(B) Die Beschichtung spaltet im Brandfall CO_2 ab. Dieses tritt aus der Beschichtung aus, umhüllt den Untergrund und hält so die Flammen fern.

(C) Die Beschichtung enthält Salze, die im Brandfall vergasen und die Beschichtung zum Aufschäumen bringen.

(D) Die Beschichtung muß dick gestrichen werden und darf sich im Brandfall nicht verändern, so daß sie vor der Hitze isoliert.

(E) Die Beschichtung verbrennt und entzieht dadurch dem Feuer viel Energie.

3.5.7 Dichtstoffe

1.
Welche Dichtstoffe gehören zu den elastischen Dichtstoffen? [3.5.5-2]

(A) Acryldichtstoff

(B) bituminöser Dichtstoff

(C) Butylkitt

(D) Silicondichtstoff

(E) Polyurethandichtstoff

2.
Welcher Dichtstoff wird zu den erhärtenden gezählt? [3.5.5-2]

(A) Leinölkitt

(B) Acryldichtstoff

(C) Butylkitt

(D) Polyurethandichtstoff

(E) Polysulfide

3.
Wie erhärten Acrylat-Dichtstoffe?

(A) chemisch
(B) physikalisch
(C) oxidativ
(D) durch Polyaddition
(E) durch Polymerisation

4.
Welche der folgenden Aussagen treffen auf die Silicondichtstoffe zu?

(A) Sie gehören zu den elastischen Dichtstoffen
(B) Sie sind nicht alterungsbeständig.
(C) Sie trocknen physikalisch durch Verdunsten der Lösemittel.
(D) Sie sollten nicht überstrichen werden.
(E) Sie dürfen für Fenster nicht eingesetzt werden.

5.
Was versteht man unter anstrichverträglichen Dichtstoffen? [3.5.5-3]

(A) Die Dichtstoffe können problemlos mit jedem Beschichtungsstoff überstrichen werden.
(B) Die Dichtstoffe können problemlos mit jedem organischen Beschichtungsstoff überstrichen werden.
(C) Die Dichtstoffe können problemlos mit bestimmten Beschichtungsstoffen überstrichen werden.
(D) Die Dichtstoffe beeinflussen angrenzende Beschichtungen nicht negativ.
(E) Die Dichtstoffe geben keine Weichmacher in die angrenzende Beschichtung ab.

3.5.8 Abbeizmittel

1.
Wie wirken Abbeizlaugen? [3.5.6-1]

(A) Sie verseifen den Anstrichfilm.
(B) Sie verbinden sich chemisch mit den Pigmenten.
(C) Sie machen das Pigment wasserlöslich.
(D) Sie lösen den Anstrichfilm physikalisch und ziehen ihn auf.
(E) Die enthaltenen Säuren zerstören das Bindemittel.

2.
Welche Beschichtungen können mit Abbeizlaugen entfernt werden? [3.5.6-1]

(A) Alkydharzlacke
(B) Polyurethanharzlacke
(C) Epoxidharzlacke
(D) alle Dispersionslackfarben
(E) alle Lacke

3.
Welche Stoffe in Abbeizfluiden verursachen die Abbeizwirkung? [3.5.6-2]

(A) starke Lösemittel
(B) starke Laugen
(C) starke Säuren
(D) saure Salze
(E) Salmiakgeist

4.
Wie wirken Abbeizfluide? [3.5.6-2]

(A) Sie verseifen den Anstrichfilm.
(B) Sie verbinden sich chemisch mit dem Bindemittel.
(C) Sie machen das Pigment wasserlöslich.
(D) Sie lösen den Anstrichfilm physikalisch und ziehen ihn auf.
(E) Die enthaltenen Säuren zerstören das Bindemittel.

3.5.9 Blattmetalle

1.
Welche Blattgoldsorten sind für eine Außenvergoldung ohne Überzug geeignet? [3.5.7-1]

(A) Blattgold mit 14 bis 16 Karat
(B) Blattgold mit 16 bis 18 Karat
(C) Blattgold mit 18 bis 23 Karat
(D) Blattgold mit 23 bis 24 Karat
(E) Blattgold mit 24 bis 28 Karat

2.
Was versteht man unter Transfergold? [3.3.7-2]

(A) Blattgold, lose in Seidenpapierheftchen eingelegt
(B) Blattgold mit besonders großer Dicke
(C) Goldimmitation aus Messing (Kompositionsgold)
(D) Blattgold ist auf Seidenpapier gepreßt
(E) pulverförmiges Gold zum Schreiben von wertvollen Urkunden

3.
Welche Blattmetallsorten brauchen außen nicht vor Korrosion geschützt zu werden? [3.5.7-3]

(A) Blattsiber
(B) Blattaluminium
(C) Kompositionsgold
(D) Blattgold mit weniger als 23 Karat
(E) Blattgold mit mehr als 23 Karat

3.5.10 Reparaturmörtel für die Betonsanierung

1.
Welche der folgenden Eigenschaften sollte ein Reparaturmörtel für die Betonsanierung haben? [3.5.8-1]

(A) niedrigen CO_2-Widerstand
(B) gute Haftung
(C) hohes E-Modul
(D) geringes Schindmaß
(E) hohen Temperaturausdehnungskoeffizienten

2.
Welche Bindemittel werden für Reparaturmörtel für die Betonsanierung eingesetzt? [3.5.8-2]

(A) Epoxidharz
(B) Polyurethanharz
(C) kunststoffvergüteter Zement
(D) Alkydharz
(E) Chlorkautschuk

3.5.11 Gips

1.
Wie erhärtet Gips? [3.5.9-1]

(A) durch Verdunsten des Anmachwassers
(B) durch chemische Reaktion mit dem Anmachwasser
(C) durch Sauerstoffaufnahme
(D) durch Polymerisation
(E) durch Polyaddition

2.
Mit welchen Zusätzen kann man die Erhärtung der Baugipse verzögern?

(A) mit Zelluloseleim
(B) mit Wasserglas
(C) mit Dispersion
(D) mit Alaun
(E) mit warmen Wasser

3.
Warum wird Gips <u>nicht</u> zu den hydraulischen Bindemitteln gerechnet?

(A) Gips erhärtet nicht durch Wasserbindung.
(B) Gips würde nicht unter Wasser erhärten.
(C) Gips ist auch nach der Erhärtung wasserlöslich.
(D) Gips erhärtet durch Verdunsten des Anmachwassers.
(E) Gips ist kein Bindemittel.

***4.**
Welche der nachfolgenden Aussagen trifft auf Gips zu?

(A) Gips ist alkalisch.
(B) Gips ist wasserfreies Calziumsulfat.
(C) Gips ist vollkommen wasserunlöslich.
(D) Gips ist wasserglasbeständig.
(E) Gips ist hygroskopisch.

5.
Welche der folgenden Gipssorten sind in der DIN 1168 Baugipse genormt? [3.5.9-3]

(A) Stuckgips
(B) Marmorgips
(C) Estrichgips
(D) Anhydrit
(E) Putzgips

3.5.12 Wärmedämmplatten

1.
Welche der folgenden Aussagen treffen auf Polystyrolhartschaum zu?

(A) Er ist sehr beständig gegen UV-Strahlen.

(B) Er reagiert sehr empfindlich auf organische Lösemittel.

(C) Er hat eine niedrige Wärmeleitzahl.

(D) Er ist für Wärmeschutzmaßnahmen uneingeschränkt einsetzbar.

(E) Er kann nur im Innenraum eingesetzt werden.

2.
Welche Vorteile haben Mineralfaser-Wärmedämmplatten gegenüber den Polystyrol-Hartschaum-Wärmedämmplatten?

(A) Mineralfaserplatten bringen bei gleicher Dicke eine bessere Wärmedämmung.

(B) Mineralfaserplatten sind nicht brennbar.

(C) Mineralfaserplatten lassen Wasserdampf besser durchdiffundieren.

(D) Mineralfaserplatten sind billiger.

(E) Mineralfaserplatten sind hydrophob ausgestattet.

3.5.13 Rostumwandler

1.
Welchen Stoffen verdanken die Rostumwandler ihre Wirkung?

(A) Salzsäure

(B) Phosphorsäure

(C) Tannin

(D) Fischöle

(E) Penetriermittel

2.
Welche Nachteile haben phosphorsaure Rostumwandler?

(A) Rost wird in Eisentannat umgewandelt.

(B) Rostumwandler unterwandern den Rost.

(C) Saure Rückstände führen zu Beschichtungsschäden.

(D) Eine auf den vorhandenen Rost abgestimmte Dosierung ist nicht möglich.

(E) Das sich bildende Eisenphosphat platzt immer vom Stahl ab.

3.6 Hilfsmittel

3.6.1 Schleifmittel

1.
Welche Schleifmittel werden heute vorwiegend bei Schleifpapieren eingesetzt? [3.6.1-1]

(A) Bimsmehl und Flint

(B) Karbokorund und Schmirgel

(C) Glassplitter und Quarzsand

(D) Aluminiumoxid und Siliziumkarbid

(E) Granit und Apatit

2.
Welches Schleifmittel eignet sich am besten zum Aufrauhen und Schleifen von Zink- und Aluminiumuntergründen? [3.6.1-1]

(A) Trockenschleifpapier

(B) Naßschleifpapier

(C) Kunststoffschleifvlies

(D) Schleifleinen

(E) Stahlwolle

3.
Welche Aufgabe erfüllt die Schleifflüssigkeit beim Naßschleifen?

(A) Verunreinigungen sollen gelöst werden.

(B) Die Schleifflüssigkeit dient als Gleitmittel.

(C) Es läßt sich mit dem Schleifvorgang immer ein schmückender Effekt erreichen.

(D) Die Adhäsionskraft der folgenden Beschichtung erhöht sich.

(E) Beim Einsatz von elektrischen Schleifmaschinen reduziert sich die Unfallgefahr.

4.
Mit welchem Schleifmittel wird der Effekt der Schleiflackierung erzeugt?

(A) mit Schleifpapier der Körnung P 500

(B) mit Schleifpaste und Watte

(C) mit Bimssteinmehl und dem Schleifmodler

(D) mit der Schwabelscheibe

(E) mit der Bandschleifmaschine

3.6.2 Strahlmittel

1.
Welches Strahlmittel darf zum Abstrahlen von Stahl im Handwerk <u>nicht</u> mehr eingesetzt werden? [3.6.2-2]

(A) Hochofenschlacke

(B) Quarzsand

(C) Stahldrahtkorn

(D) Aluminiumoxid

(E) Gußschrot

2.
Welches Strahlmittel wird heute vorwiegend zum Abstrahlen von Stahl als Ersatz für Quarzsand eingesetzt? [3.6.2-1]

(A) Schmelzkammerschlacke

(B) Glaspulver

(C) Kunststoffgranulat

(D) Siliziumdioxid

(E) nur Korund

3.6.3 Abklebebänder

1.
Welche Eigenschaften müssen Abdeckbänder aufweisen? [3.6.3-1]

(A) Sie müssen immer hitzebeständig sein.

(B) Sie müssen sich immer rückstandsfrei entfernen lassen.

(C) Sie müssen chemikalienbeständig sein.

(D) Sie müssen aus Kunststoff sein.

(E) Sie dürfen sich vom Beschichtungsstoff nicht anlösen lassen.

2.
Bis zu welchen Temperaturen können hitzebeständige Abdeckbänder problemlos eingesetzt werden? [3.6.3-3]

(A) bis zu 313 K (40 C)

(B) bis zu 333 K (60 °C)

(C) bis zu 353 K (80 °C)

(D) bis zu 373 K (100 °C)

(E) bis zu 393 K (120 °C)

3.6.4 Indikatoren

1.
Welche Indikatoren können zur Erkennung von Laugen eingesetzt werden?

(A) blaues Lackmuspapier
(B) Methylorange
(C) ein Flüssigindikator, dessen Farbton sich beim pH-Wert 5 verändert
(D) Phenolphthalein
(E) Universalindikatorpapier

2.
Mit welchen Indikatoren kann man Säuren erkennen?

(A) mit rotem Lackmuspapier
(B) mit blauem Lackmuspaier
(C) mit Universalindikatorpapier
(D) mit Phenolphthalein
(E) mit roter Lackmuslösung

3.
Mit welchem Hilfsmittel kann man den pH-Wert einer Lösung ermitteln?

(A) mit rotem Lackmuspapier
(B) mit blauem Lackmuspapier
(C) mit dem Universalindikatorpapier
(D) mit Phenolphthalein
(E) mit Methylorange

4.
Für welche Prüfungen kann Phenolphthalein sinnvoll eingesetzt werden?

(A) zur Ermittlung des pH-Wertes
(B) zur Ermittlung der Alkalität
(C) zur Ermittlung der Carbonatisierungstiefe bei Beton
(D) zur Erkennung der Säuren
(E) zur Prüfung der Säurestärke

5.
Für welche Prüfungen kann Kupfersulfat sinnvoll eingesetzt werden?

(A) zur Ermittlung der Walzhaut auf Stahl
(B) zur Ermittlung von Poren bei einer Beschichtung auf Stahl
(C) zur Ermittlung von Poren bei einer Beschichtung auf Zink
(D) zur Ermittlung der Alkalität
(E) zur Ermittlung der Carbonatisierungstiefe bei Beton

3.7 Tapeten

1.
Welcher Unterschied besteht zwischen Tapeten und Belägen?

(A) Tapeten haben immer eine Papierunterlage.
(B) Tapeten sind immer lichtbeständiger.
(C) Tapeten sind immer wasserbeständiger.
(D) Tapeten haben immer einen Kunststoffüberzug.
(E) Tapeten quellen weniger stark als Beläge.

2.
Was bedeutet das folgende Symbol bei den Tapeten? [3.7-2]

(A) Vorsicht, bei diesen Tapeten sind leicht Blasen möglich.
(B) Der Untergrund muß bei diesen Tapeten absolut glatt sein.
(C) Der Untergrund muß bei diesen Tapeten nicht glatt zu sein.
(D) Die Tapeten sind dubliert.
(E) Die Tapeten sind gaufriert.

3.
Welche Qualitätsgruppe der Tapeten wird mit dem folgenden Symbol angegeben? [3.7-2]

(A) wasserbeständig
(B) waschbeständig
(C) hochwaschbeständig
(D) scheuerbeständig
(E) hochscheuerbeständig

4.
Welche Lichtbeständigkeit wird mit dem folgenden Symbol angegeben? [3.7-2]

(A) geringe Lichtbeständigkeit
(B) ausreichende Lichtbeständigkeit
(C) gute Lichtbeständigkeit
(D) sehr gute Lichtbeständigkeit
(E) ausgezeichnete Lichtbeständigkeit

***5.**
Welche Lichtbeständigkeit erreichen Tapeten, die als ausreichend lichtbeständig gekennzeichnet sind? [3.7-6]
(A) Lichtbeständigkeitswert mind. 2
(B) Lichtbeständigkeitswert mind. 3
(C) Lichtbeständigkeitswert mind. 4
(D) Lichtbeständigkeitswert mind. 5
(E) Lichtbeständigkeitswert mind. 6

6.
Welches der folgenden Symbole kennzeichnet eine sehr gut lichtbeständige Tapete?

A) 

B) 

C) 

D) 

E) 

7.
Eine Tapete ist mit dem folgenden Symbol gekennzeichnet. Welche Eigenschaft wird mit diesem Symbol angezeigt? [3.7-2]

(A) wasserbeständig zur Zeit der Verarbeitung
(B) auf Dauer wasserbeständig
(C) waschbeständig
(D) hochwaschbeständig
(E) reinigungsbeständig

8.
Welche Eigenschaft der Tapeten wird mit dem folgenden Symbol charakterisiert?

(A) wasserbeständig
(B) waschbeständig
(C) hoch waschbeständig
(D) scheuerbeständig
(E) reinigungsbeständig

9.
Welche Qualitätsgruppe der Tapeten wird mit dem folgenden Symbol angegeben? [3.7-2]

(A) wasserbeständig
(B) waschbeständig
(C) hochwaschbeständig
(D) scheuerbeständig
(E) hochscheuerbeständig

10.
Ein Kunde wünscht eine scheuerbeständige Tapete. Welches Symbol muß die Tapete aufweisen? [3.7-2]

A) 

C) 

E) 

B) 

D) 

11.
Welche der folgenden Tapetenarten zeigt die geringste Lichtbeständigkeit? [3.7-7]

(A) Naturelltapeten
(B) Fondtapeten
(C) Kunststofftapeten
(D) Metalltapeten
(E) Gewebetapeten

12.
Warum sind Naturelltapeten nicht lichtbeständig? [3.7-7]

(A) Naturelltapeten sind nur teilweise bedruckt.
(B) Naturelltapeten werden aus Recyclingpapier hergestellt.
(C) Naturelltapeten werden aus nichtgebleichtem Papier hergestellt.
(D) Naturelltapeten werden aus Zellulose ohne Kunststoffzusatz hergestellt.
(E) Naturelltapeten werden ganzflächig mit nichtlichtbeständigen Druckfarben beschichtet.

13.
Was versteht man unter dem Rapport der Tapeten?

(A) die Anzahl der Tapetenrollen
(B) die Breite der Tapeten
(C) die Dicke der Tapeten
(D) die Naht der Tapeten
(E) die Länge des Musters

14.
Welche der folgenden Tapetenarten sind in der Regel spaltbar ausgestattet?

(A) Kunststofftapeten
(B) Metalltapeten
(C) Naturelltapeten
(D) billige Fondtapeten
(E) Rauhfasertapeten

15.
Was versteht man unter einer Fondtapete? [3.7-7]

(A) Das ist eine Tapete, bei der ohne vorhergehenden, ganzflächigen Farbauftrag das Muster aufgedruckt wurde.
(B) Bei dieser Tapete wurde vor dem eigentlichen Musterauftrag eine ganzflächige Beschichtung vorgenommen.
(C) Diese Tapete wurde durch Verkleben von zwei Papierbahnen hergestellt und ist deshalb spaltbar.
(D) Bei dieser Tapete wurde ein Textilgewebe auf einer Papierbahn verklebt.
(E) Bei dieser Tapete wurde auf der Papierbahn als letzter Druckgang eine Kunststoffschicht aufgetragen.

16.
Welche Tapeten dürfen <u>nicht</u> auf alkalische Untergründe tapeziert werden, weil hier die Alkalität Flecken verursachen würde? [3.7-8]

(A) Naturelltapeten
(B) Kunststofftapeten
(C) Metalltapeten
(D) Bronzedrucktapeten
(E) Fondtapeten

17.
Was versteht man unter gaufrierten Tapeten?

(A) besonders lichtbeständige Tapeten
(B) besonders wasserbeständige Tapeten
(C) Tapeten mit einer Untergrundprägung
(D) Fotodrucktapeten
(E) Kunststofftapeten

18.
Welche Aussage ist richtig? [3.7-7]

(A) Naturelltapeten bestehen aus Naturwerkstoffen, z.B. Gräsern.
(B) Naturelltapeten sind Imitationen von Naturwerkstoffen.
(C) Naturelltapeten werden mit Dispersionsklebern verklebt.
(D) Naturelltapeten sind immer scheuerbeständig.
(E) Naturelltapeten sind nur zum Teil bedruckt und daher nicht lichtbeständig.

19.
Zu welcher Tapetengruppe gehören die Kettfadentapeten? [3.7-9]

(A) zu den Naturelltapeten
(B) zu den dublierten Tapeten
(C) zu den Kunststofftapeten
(D) zu den Metalltapeten
(E) zu den Textiltapeten

20.
Zu welcher Tapetengruppe gehören die Vinyltapeten?

(A) zu den Textiltapeten
(B) zu den Kunststofftapeten
(C) zu den Metalltapeten
(D) zu den Velourstapeten
(E) zu den Belägen

21.
Welches Metall wird zur Herstellung von Metalltapeten verwendet?

(A) Stahlfolie
(B) Aluminiumfolie
(C) Messingfolie
(D) Kupferfolie
(E) pulverisiertes Messing (Bronze)

22.
Welche der folgenden Angaben trifft auf die Naturwerkstofftapeten zu?

(A) Sie sind in sehr unterschiedlichen Maßen auf dem Markt.
(B) Sie werden vorzugsweise in Deutschland hergestellt.
(C) Sie sind immer mit Mustern aus der Natur bedruckt.
(D) Sie werden auch als Naturelltapeten bezeichnet.
(E) Sie gehören zu den nichtlichtbeständigen Tapeten.

23.
Welche Maße hat die sog. Europarolle der Tapeten?
[3.7-12]

(A) 0,50 m x 10,00 m
(B) 0,53 m x 10,05 m
(C) 0,56 m x 33,00 m
(D) 0,75 m x 100,00 m
(E) 0,90 m x 6,10 m

24.
Welches der folgenden Rollenmaße trifft auf die Normalrollen der Rauhfasertapeten zu?

(A) 0,53 m x 10,05 m
(B) 0,53 m x 15,00 m
(C) 0,53 m x 30,00 m
(D) 0,53 m x 33,50 m
(E) 0,53 m x 36,00 m

4 Arbeitsverfahren

4.1 Arbeitsverfahren auf mineralischen Untergründen

1.
Welche Wirkung zeigt eine Hydrophobierung?
(A) Der Untergrund wird neutralisiert.
(B) Der Untergrund wird gefestigt.
(C) Der Untergrund wird saugfähiger.
(D) Der Untergrund wird wasserabweisend.
(E) Der Untergrund wird fungizid eingestellt.

2.
Was soll bei einer Grundbeschichtung auf mineralischen Untergründen durch die Naß-in-Naß-Technik bewirkt werden?
(A) Eine größere Eindringtiefe soll erreicht werden.
(B) Sinterschichten sollen beseitigt werden.
(C) Ansätze in der Schlußbeschichtung sollen vermieden werden.
(D) Die Schichtdicke der Beschichtung soll erhöht werden.
(E) Der gesamte Putz soll durchgehärtet werden.

*3.
Welche der folgenden Aussagen sind richtig?
(A) Die Elektroosmose wird mit Hilfe von Gleichstrom zur Mauerwerksentfeuchtung genutzt.
(B) Die Elektroosmose kann zur Mauerwerksdurchfeuchtung führen.
(C) Die Elektroosmose wird von Salzen verursacht.
(D) Die Elektroosmose führt immer zu Schäden.
(E) Die Elektroosmose funktioniert nur durch Anlegen einer Wechselstromspannung.

4.1.1 Beschichtungen auf Außenputzen

1.
Wie sollte man Sinterschichten auf Putzen beseitigen?
(A) Man behandelt sie mit Salmiakgeist.
(B) Man festigt sie mit Tiefgrund.
(C) Man spachtelt sie mit Armierungsspachtel.
(D) Man entfernt sie mechanisch durch Abschleifen.
(E) Man entfernt sie mit 1:4 verdünntem Fluat.

2.
Wie sollte man von Moosen und Algen befallene Fassadenputze reinigen? [4.1.1-5]
(A) durch Absäuern mit Salzsäure
(B) durch Abbürsten und/oder Dampfstrahlen
(C) durch Abschleifen und Abkehren
(D) mit einer Netzmittelwäsche
(E) durch Ablaugen mit Natronlauge

3.
Wie sollten Salzausblühungen von einem Putz entfernt werden?
(A) durch Sandstrahlen
(A) durch Abwaschen mit klarem Wasser
(C) durch Behandeln mit fungiziden Mitteln
(D) durch trockenes Abbürsten
(E) nur durch Fluatieren

4.
Welches der folgenden Arbeitsverfahren eignet sich am besten für eine Fassade, die Ausblühungen zeigt?
(A) Ausblühungen mit viel Wasser gründlich abwaschen, danach die Fassade mit Dispersionsfarbe streichen.
(B) Ausblühungen mit Fluaten neutralisieren, gründlich nachwaschen und die Fassade mit Dispersionsfarbe streichen.

(C) Ausblühungen trocken abbürsten, die Fassade mit alkalibeständigem Beschichtungsstoff streichen.

(D) Ausblühungen trocken abbürsten, mit Isolierlack absperren und die Fassade mit Silicatfarbe streichen.

(E) Ausblühungen trocken abbürsten, mit Doppelsalz absperren , Fassade mit Siliconharzfarbe streichen.

***5.**
Warum dürfen Dispersionsfassadenfarben <u>nicht</u> auf Putze der Mörtelgruppe P Ia gestrichen werden? [4.1.1-3]

(A) Die Dispersionsfarben lassen zuviel Wasser durch.

(B) Die Dispersionsfarben haften auf diesen Untergründen zu schlecht.

(C) Die Dispersionsfarben lassen zuwenig CO_2 durch.

(D) Diese Putze werden unter den Dispersionsfarben mürbe.

(E) Diese Putze sind zu stark alkalisch.

6.
Für welchen Untergrund eignen sich Dispersionssilicatfarben ohne besondere Vorbehandlung?

(A) für stark kreidende Kalkfarbenanstriche

(B) für einen mürben Putz der Mörtelgruppe P I

(C) für einen schadensfreien Dispersionsfarbenanstrich

(D) für einen schadensfreien Putz der Mörtelgruppe P II

(E) für einen noch nassen Putz der Mörtelgruppe P II

7.
Welche Aussage trifft auf die Verarbeitung von Fluaten zu?

(A) Fluat ist für Gipsputze geeignet.

(B) Fluat kann nicht im Streichverfahren aufgetragen werden.

(C) Fluat hinterläßt auf Keramikfliesen und Glas Ätzflecken.

(D) Fluat ist nicht für Kalkputze geeignet.

(E) Fluat muß schnell verarbeitet werden, weil es sonst hart wird.

8.
Die Prüfung eines mit Fluat behandelten Putzes zeigt den pH-Wert 5. Was sagt dieser Wert über den Untergrund aus?

(A) Er ist schwach alkalisch.

(B) Er ist neutral.

(C) Er ist durch Fluatrückstände schwach sauer.

(D) Er ist für eine Beschichtung zu feucht.

(E) Er zeigt eine Sinterschicht.

9.
Kalkfarben gelten heute an der Fassade als problematisch. Welche der nachfolgenden Begründungen trifft zu?

(A) Die Carbonatisierung der Kalkfarben ist nur bei entsprechender Luftfeuchtigkeit möglich. Bei der wechselnden Witterung in unseren Bereichen ist die rel. Luftfeuchtigkeit zu unterschiedlich.

(B) Durch die Umweltverschmutzung enthält die Luft zu wenig Schwefeldioxid.

(C) Der Kohlendioxidanteil in der Luft hat in den letzten Jahren ständig zugenommen. Calziumcarbonat wird aber von der Kohlensäure wieder gelöst.

(D) Durch die Umweltverschmutzung wandelt sich der Luftkalk in Gips um.

(E) Klimabedingt enthält die Luft bei uns zuviel Feuchtigkeit.

10.
Für welchen Untergrund sind Silicatfarben geeignet?

(A) für ungestrichene Putze der Mörtelgruppe P IV

(B) für ungestrichene Putze der Mörtelgruppe P II

(C) für mit Dispersionsfarbe gestrichene Putze der Mörtelgruppe P IIa

(D) für mit Siliconharzen imprägnierte Betonflächen

(E) für mit Siliconharzfarbe gestrichene Putze der Mörtelgruppe P II

11.
Eine mit Dispersionsfarbe beschichtete Fassade soll eine neue Beschichtung erhalten. Der Altanstrich schält sich großflächig ab. Der Putz der Mörtelgruppe P II zeigt ausreichende Festigkeit. Welche Vorarbeiten sind erforderlich?

(A) Nach dem Abstoßen der schadhaften Stellen wird die gesamte Fassade mit Putzgrundiermittel gefestigt.

(B) Nach dem Abstoßen der schadhaften Stellen werden nur diese Stellen mit Putzgrundiermittel gefestigt.

(C) Nach dem Abstoßen der schadhaften Stellen werden nur diese Stellen mit verdünnter Fassadenfarbe grundiert.

(D) Die gesamte Fassade muß mit Abbeizlauge abgebeizt werden.

(E) Die gesamte Fassade muß mit Abbeizfluid abgebeizt werden.

12.
Warum dürfen Dispersionsfarben nicht bei Temperaturen unter 278 K (+5 °C) verarbeitet werden?

(A) Die Dispersionsfarben gefrieren bereits bei 277 K (+4 °C).

(B) Die Dispersionsfarben würden zum Trocknen zu lange brauchen.

(C) Die Dispersionsfarben können bei tiefen Temperaturen nicht mit demUntergrund verkieseln.

(D) Der kalte Fluß kann unter diesen Temperaturen nicht mehr stattfinden, somit ist die Trocknung gestört.

(E) Die chemische Erhärtung der Dispersionsfarben würde bei diesen Temperaturen nicht mehr stattfinden.

13.
Welcher Beschichtungsstoff kann sich unter günstigen Bedingungen chemisch mit einem Kalkputz verbinden?

(A) Dispersionsfarbe

(B) Silicatfarbe

(C) Siliconharzfarbe

(D) lösemittelhaltige Fassadenfarbe

(E) Polymerisatharzfarbe

14.
Welche der folgenden Aussagen zur Anstricharmierung ist richtig?

(A) Anstricharmierungen sollen die im Rißbereich auftretenden Kräfte auf eine größere Fläche verteilen.

(B) Für Anstricharmierungen sollten wegen der größeren Dehnfähigkeit möglichst Glasvliese und -gewebe eingesetzt werden.

(C) Für Anstricharmierungen sollten die eingesetzten Gewebe wegen der größeren Festigkeit aus verknoteten Fäden bestehen.

(D) Bei Anstricharmierungen ist immer mit Geweben zu arbeiten.

(E) Anstricharmierungen funktionieren nur bei Haarrissen zuverlässig.

4.1.2 Beschichtungen auf Innenputzen

1.
Wie sollte man man einen gipshaltigen Füllstoff verarbeitungsfähig machen?

(A) Füllstoff in Anmachwasser geben und vermengen.

(B) Wasser auf pulverförmigen Füllstoff geben und vermengen.

(C) Leimwasser auf pulverförmigen Füllstoff gießen und vermengen.

(D) Füllstoff in Dispersionsfarbe geben und vermengen.

(E) Dispersionsfarbe auf pulverförmigen Füllstoff gießen und vermengen

2.
Eine stark verräucherte, mit Dispersionsfarbe gestrichene Decke in einem Gastzimmer soll gestrichen werden. Mit welchem Beschichtungsstoff läßt sich am ehesten eine gleichmäßig weiße Fläche erzielen? [4.1.2-5]

(A) mit einer waschbeständigen Dipersionsfarbe

(B) mit einer Leimfarbe

(C) mit einer Dispersionsfassadenfarbe
(D) mit einer lösemittelhaltigen Innenwandfarbe
(E) mit einer Dispersionssilikatfarbe

3.
Auf welchem Untergrund sind Fluate wirkungslos?

(A) auf reinem Kalkputz
(B) auf hydraulischem Kalkputz
(C) auf Zementputz
(D) auf Gipsputz
(E) auf Wasserkalkputz

4.
Welche Regel gilt beim Kalkanstrich?

(A) Der Putz muß für den Kalkanstrich neutralisiert werden.
(B) Der Putz wird vor dem Anstrich mit Putzgrundiermitteln gefestigt.
(C) Kalkfarben werden mit der Streichbürste dünn aufgetragen.
(D) Kalkanstriche sollten möglichst bei Temperaturen über 298 K (25°C) gestrichen werden.
(E) Durch den Zusatz von Zellulosekleister verbessert sich die Qualität des Kalkes.

5.
Welche Werkstoffe verursachen auf Glas und Keramik bleibende Flecken?

(A) Fluate
(B) Dispersionsfarben
(C) lösemittelhaltige Innenwandfarben
(D) Silicatfarben
(E) Siliconharzfarben

6.
Wie lassen sich Wasserflecken an der Decke gleichmäßig absperren? [4.1.2-4]

(A) Sie müssen möglichst unverdünnt mit waschbeständiger Dispersionsfarbe überarbeitet werden.

(B) Sie müssen mit Dispersionsfassadenfarbe abgesperrt werden.

(C) Sie müssen mit wasserverdünnbarem Putzgrundiermittel abgesperrt werden.

(D) Sie müssen mit lösemittelhaltigem Putzgrundiermittel abgesperrt werden.

(E) Sie müssen mit lösemittelhaltigem Absperrlack deckend überstrichen werden.

7.
Mit welchen Beschichtungsstoffen lassen sich auf einer Zimmerdecke mit zahlreichen ausgetrockneten Wasserflecken ohne Absperren der Flecken gleichmäßig deckende Beschichtungen erreichen?

(A) mit Leimfarben

(B) mit waschbeständigen Dispersionsfarben

(C) mit scheuerbeständigen Dispersionsfarben nach DIN 53 778

(D) mit Dispersionsfassadenfarben

(E) mit lösemittelhaltigen Wandfarben

4.1.3 Beschichtungen auf Beton und Betonsanierung

1.
Wie können sich Trennmittelrückstände auf der Betonoberfläche auf die folgenden Beschichtungen auswirken?

(A) Die Beschichtungen können ihre Haftung verlieren.

(B) Die Beschichtungen können sich verfärben.

(C) Die Beschichtungen werden verseift und so wasserlöslich.

(D) Die Beschichtungen verspröden.

(E) Die Beschichtungen erreichen auf den Trennmittelrückständen keine Deckkraft.

2.
Eine Betonfläche zeigt reemulgierbare Schalölrückstände. Welche Vorbehandlung ist vor der Beschichtung erforderlich? [4.1.3-1]

(A) Abwaschen mit organischen Lösemitteln.

(B) Abwaschen mit 1%iger Salzsäure.

(C) Abwaschen mit einer Schaumwäsche (Wasser mit Netzmittel).

(D) Abätzen mit Ätzflüssigkeit (Silicofluorid).

(E) Trocken abbürsten.

3.
Welche Aussagen zur Beschichtung von Beton sind richtig?

(A) Beschichtungen auf Beton sollen sehr diffusionsfähig sein.

(B) Lunker sollten bei der Beschichtung des Betons geschlossen werden.

(C) Die Betonoberfläche muß vor einer Beschichtung immer neutralisiert werden.

(D) Beschichtungen auf Beton müssen alkalibeständig sein.

(E) Beschichtungen auf Beton dienen nur der optischen Verschönerung.

4.
Welche besondere Eigenschaft soll eine Betonbeschichtung speziell an der Fassade aufweisen?

(A) beonders schnelle Trocknung

(B) besondere hohe Ergiebigkeit

(C) mit Wasser verdünnbar

(D) besonders hoher Schutz vor Kohlendioxid- und Schwefeldioxideinflüssen

(E) leichte Verarbeitung

5.
Stahlbeton muß vor sauerer Einwirkung geschützt werden. Mit welchen Beschichtungsstoffen ist dies zuverlässig möglich?

(A) mit Kalkfarben
(B) mit Silicatfarben
(C) mit Siliconharzfarben
(D) mit Dispersionsfarben
(E) mit lösemittelhaltigen Fassadenfarben

***6.**
Welchen CO_2-Widerstand soll eine Beschichtung auf Beton aufweisen?

(A) > 100 m
(B) > 70 m
(C) > 50 m
(D) < 50 m
(E) < 20 m

***7.**
Welchen s_d-Widerstand gegenüber Wasserdampf soll eine Beschichtung auf Beton aufweisen?

(A) < 1 m
(B) < 2 m
(C) > 2 m
(D) > 5 m
(E) > 10 m

8.
Welcher Normreinheitsgrad muß bei der Betonsanierung vor der Grundierung auf dem freigelegten Armierungsstahl entsprechend dem BFS-Merkblatt Nr. 1 erzielt werden?

(A) St 2
(B) St 3
(C) Sa 2
(D) Sa $2^1/_2$
(E) Be

9.
Welche der folgenden Korrosionsschutz-Grundierungen werden für die Stahleinlage des Betons bei den Betonsanierungssystemen angeboten?

(A) Alkydharzbleimennige
(B) Epoxidharzbleimennige
(C) Kunststoffdispersionsbleimennige
(D) Kunststoffdispersionszinkstaubfarbe
(E) Epoxidharzzinkstaubfarbe

10.
Welche Schlämme bzw. Haftbrücken werden bei der Betonsanierung systemabhängig eingesetzt?

(A) wasserverdünnbare Putzgrundiermittel
(B) verdünnte Armierungskleber
(C) dispersionsvergütete Zementschlämme
(D) 2-K-Epoxidharzlösungen
(E) verdünnte Dispersions-Fassadenfarben

***11.**
Welches Bindemittel wird bei der Betonsanierung für Reparaturmörtel auf der Basis von ECC verwendet?

(A) zementhaltige Epoxidharze
(B) Europäische Cemente
(C) Eintopf-Cement-Verbindungen
(D) Eintopf-Cellulose-Verbindungen
(E) Einweg-Cellulose-Cemente

12.
Welche Feinspachtelmassen werden systemabhängig für Betonsanierungssysteme angeboten?

(A) bitumenhaltige Spachtelmassen
(B) ungefüllte Dispersionsspachtelmassen
(C) dispersionsvergütete Zementspachtelmassen
(D) Epoxidharz-Spachtelmassen
(E) Chlorkautschuk-Spachtelmassen

***13.**
Bei einer Betonsanierung zeigen sich auch im Anschluß an eine früher ausgeführte Betonsanierung Ausbrüche. Wie ist hier zu verfahren? [4.1.10-10]

(A) Die bereits früher ausgeführte Betonsanierung ist zu entfernen.

(B) Die bereits früher ausgeführte Betonsanierung ist nur an den Stellen zu entfernen, an denen sie bereits locker ist.

(C) Die bereits früher ausgeführte Betonsanierung muß besonders sorgfältig mit einer Haftschlämme gefestigt werden.

(D) Die bereits früher ausgeführte Betonsanierung muß mit der Stahlbürste sorgfältig abgebürstet und grundiert werden.

(E) Die bereits früher ausgeführte Betonsanierung muß abgeflammt werden. Nicht abplatzende Teile dürfen verbleiben.

14.
Ein Betonboden wurde mit Epoxidharzlackfarben beschichtet. Nach kurzer Zeit platzt die Beschichtung teilweise ab. Welche Ursachen können zutreffen?

(A) Der Epoxidharzlack war nicht alkalibeständig.

(B) Die Raumtemperatur war zu hoch.

(C) Der Boden enthielt zu viel Feuchtigkeit.

(D) Der Boden weist keine ausreichende Oberflächenhärte auf.

(E) Epoxidharzlackfarben sind für solche Aufgaben generell nicht geeignet.

4.1.4 Beschichtungen auf Porenbeton

1.
Welche Beschaffenheit müssen Beschichtungen aufweisen, wenn sie auf Porenbeton eingesetzt werden?

(A) Sie müssen einen niedrigen sd-Wert haben.

(B) Sie dürfen nicht zu hell sein.

(C) Sie müssen alkalibeständig sein.

(D) Sie müssen säurebeständig sein.

(E) Sie dürfen nicht wasserabweisend sein.

2.
Welche Werkstoffe eignen sich zur Beschichtung von Porenbeton?

(A) Silicatfarben

(B) Siliconharzfarben

(C) Kalkfarben

(D) Zementfarben

(E) spezielle Dispersionsfarben

*3.
Welche Menge Dispersionsfarbe muß in der Regel je m^2 auf strukturrauhen Porenbeton-Elementen außen aufgetragen werden?

(A) mind. 300 g/m^2

(B) mind. 500 g/m^2

(C) mind. 1000 g/m^2

(D) mind. 1200 g/m^2

(E) mind. 1800 g/m^2

4.1.5 Beschichtungen auf Faserzementplatten

1.
Welche Behandlung ist für die immer alkalisch reagierenden Faserzementplatten richtig?

(A) Neutralisieren mit Fluaten

(B) Absperren mit Isolierlack

(C) allseitige Beschichtung mit unverseifbaren Werkstoffen

(D) einseitige Beschichtung mit unverseifbaren Werkstoffen

(E) Absperren mit Isoliersalzen

2.
Warum sollten Bauteile aus Faserzement außen allseitig beschichtet werden?

(A) um die Alkalität herabzusetzen

(B) um Schimmelbefall zu verhindern

(C) um ein Austreten von alkalischen Bestandteilen zu verhindern

(D) um das Auflösen der Bauteile durch Regenwasser zu verhindern

(E) um Ausblühungen, Verwerfungen und Feuchtigkeitsschäden zu vermeiden

3.
Bei der Untergundprüfung von neuen Faserzementplatten werden auf der Oberfläche Trennmittel festgestellt. Welche Forderung ergibt sich daraus für die geplante Beschichtung? [4.1.5-1]

(A) Die Platten müssen mit organischen Lösemitteln abgewaschen werden.

(B) Die Platten müssen mit einer Salmiak-Netzmittel-Wäsche gereinigt werden.

(C) Die Platten müssen mit einer Fluat-Netzmittel-Wäsche gereinigt werden.

(D) Die Platten müssen mit einer Phosphorsäurelösung gereinigt werden.

(E) Die Platten müssen ausgetauscht werden, da eine zuverlässige Entfernung der Trennmittel nicht möglich ist.

4.

Ältere, bereits fabrikmäßig beschichtete Faserzementplatten sollen beschichtet werden. Die Untergrundprüfung ergibt keine Mängel. Welche der folgenden Angaben trifft auf die geplante Beschichtung zu?

(A) Nach dem Reinigen ist die Beschichtung problemlos möglich.

(B) Über die vorgesehene Beschichtung kann erst entschieden werden, wenn die Art der Altbeschichtung bekannt ist.

(C) Die Platten sollten mit Dispersionsfarbe gestrichen werden. Dieser Beschichtungsstoff hält auf allen Untergründen.

(D) Der Untergrund sollte mit Salmiak angelaugt werden. Anschließend ist jede organische Beschichtung dauerhaft möglich.

(E) Die Platten sollten mit Silicatfarbe gestrichen werden. Diese Beschichtungsstoffe verkieseln mit dem Untergrund.

5.

Bereits montierte, früher mit Dispersionsfarbe beschichtete Fassadenbekleidungen aus Faserzementplatten sollen erneut beschichtet werden. Schäden sind nicht zu erkennen. Welche der folgenden Aussagen trifft auf die geforderte Beschichtung zu?

(A) Die Platten sollten möglichst dick mit Dispersionsfarbe beschichtet werden. So kann kein Wasser eindringen.

(B) Die Platten müssen mit einer möglichst diffussionsfähigen Dispersionsfarbe oder Siliconharzfarbe beschichtet werden.

(C) Die Platten sollten mit Dispersionslackfarbe regendicht beschichtet werden.

(D) Die Platten können wegen ihrer Alkalität nur mit einer unverseifbaren, lösemittelhaltigen Fassadenfarbe dauerhaft beschichtet werden.

(E) Die Platten können erst nach dem Abbeizen der alten Beschichtungen fachgerecht beschichtet werden.

4.1.6 Beschichtungen auf Ziegeln und Klinkern

1.
Ein unverputztes Ziegelmauerwerk im Außenbereich soll mit einem Schlämmanstrich weiß beschichtet werden. Bei der Untergrundprüfung werden Risse im Fugenverlauf festgestellt. Welche Folge hat das für die Ausführung der Malerarbeiten?

(A) Die Risse in den Fugen werden mit hydraulisch abbindender Spachtelmasse geschlossen.

(B) Die Risse werden nach einer Grundierung mit Putzgrundiermitteln mit Dispersionsspachtelmasse geschlossen.

(C) Die Risse werden mit einer unverdünnten Dispersionsfarbe zugeschlämmt.

(D) Die Risse werden mit einer Armierungsfarbe zugeschlämmt.

(E) Die Fugen müssen vor der Beschichtung bauseits ausgekratzt und neu verfugt werden.

2.
Ein Ziegel-Sichtmauerwerk außen soll eine deckend weiße Beschichtung erhalten. Welcher Arbeitsablauf ist richtig?

(A) Grundanstrich mit Putzgrundiermittel, 2 Anstriche mit Silicatfarbe

(B) Grundanstrich mit Putzgrundiermittel, 2 Anstriche mit Dispersions-Fassadenfarbe

(C) Grundanstrich mit speziellem Putzgrundiermittel, 2 Anstriche mit Dispersionssilicatfarbe

(D) Fluatieren, gründlich nachwaschen, 2 Anstriche mit Silicatfarbe

(E) Grundanstrich mit lösemittelhaltigem Putzgrundiermittel, 2 Anstriche mit Zementfarbe

3.
Ein Klinker-Sichtmauerwerk außen soll mit einer lösemittelhaltigen Siliconharzimprägnierung hydrophobiert werden. Dabei ist festzustellen, daß die Klinker nur schwach, die Fugen aber stark saugen. Wie kann man dieses unterschiedliche Saugvermögen berücksichtigen?

(A) Die Fugen werden erst mit wasserverdünnbarem Putzgrundiermittel vorgestrichen.

(B) Die Fugen werden erst mit Fluat vorgestrichen.

(C) Die Fugen werden mit Absperrlack isoliert.

(D) Das Mauerwerk wird satt mit der Imprägnierung durchgestrichen. Anschließend wäscht man die noch nicht durchgetrocknete Imprägnierung mit Lösemitteln von den Ziegeln in die Fugen.

(E) Die Fugen werden nach der Imprägnierung zusätzlich mit grauer Dispersionsfarbe abgesetzt.

4.1.7 Beschichtungen auf Kalksandsteinmauerwerk

1.
Welche Maßnahme ist zu ergreifen, wenn bei einem deckend zu beschichtenden Kalksandsteinmauerwerk Absprengungen in der Steinoberfläche festzustellen sind?

(A) Die Oberfläche ist zu fluatieren.

(B) Die Oberfläche ist mit Putzgrundiermittel zu festigen.

(C) Das Mauerwerk muß mit besonders wasserabweisender Siliconharzfarbe beschichtet werden.

(D) Das Mauerwerk ist, um evtl. weiteren Absprengungen vorzubeugen, mit Armierungsfarbe zu beschichten.

(E) Da weitere Absprengungen zu erwarten sind, ist ein schriftlicher Vorbehalt erforderlich.

***2.**
Nach welcher Zeit nach Fertigstellung dürfen auf einem Kalksandsteinmauerwerk frühestens farblose Imprägnierungen aufgetragen werden? [4.1.7-2]

(A) nach 1 Woche
(B) nach 2 Wochen
(C) nach 3 Wochen
(D) nach 4 Wochen
(E) nach 6 Wochen

***3.**
Nach welcher Zeit nach Fertigstellung dürfen auf einem Kalksandsteinmauerwerk frühestens deckende Beschichtungen aufgetragen werden (wenn der Beschichtungsstoffhersteller keine andere Wartezeit vorschreibt)? [4.1.7-2]

(A) nach 4 Wochen
(B) nach 3 Monaten
(C) nach 6 Monaten
(D) nach 9 Monaten
(E) nach 1 Jahr

***4.**
Welche Eigenschaft müssen Beschichtungsstoffe aufweisen, wenn sie auf Kalksandsteinmauerwerk im Außenbereich eingesetzt werden sollen? [4.1.7-1]

(A) Sie müssen alkalibeständig sein.
(B) Sie müssen alle evtl. entstehenden Risse überbrücken können.
(C) Sie müssen die Wasserdampfdurchlässigkeit möglichst vollständig unterbinden.
(D) Sie müssen gut füllen, um Unterschiede in den Mauerfugen ausgleichen zu können.
(E) Der s_d-Wert soll > 0,4 m liegen.

***5.**
Welche der folgenden Beschichtungen sollten nicht für Kalksandsteinmauerwerk im Außenbereich eingesetzt werden?

(A) Dispersionssilicatfarben
(B) Acryl-Dispersionsfarben
(C) Siliconharzfarben
(D) PVA-Dispersionsfarben
(E) matte Alkydharzlackfarben

4.1.8 Beschichtungen auf Gipskartonplatten

1.
Bei der Untergrundprüfung von auf Lattenunterkonstruktion verbauten Gipskartonplatten bewegen sich die Platten. Wie muß sich der Maler verhalten, wenn die Platten von einer anderen Firma verlegt wurden?

(A) Der Maler muß die Plattenfugen mit Armierungsspachtel neu verspachteln.
(B) Der Maler muß den sich zeigenden Riß aufkratzen und ein Armierungsvlies einspachteln.
(C) Der Maler muß den sich zeigenden Riß mit einem Armierungsgewebe überbrücken.
(D) Der Maler muß die sich bewegenden Gipskartonplatten zuverlässig auf der Lattenkonstruktion befestigen. Danach muß der Riß armiert werden.
(E) Der Maler muß den Mangel gegenüber seinem Auftraggeber reklamieren.

2.
Gipskartonplatten waren längere Zeit erhöhter Luftfeuchtigkeit ausgesetzt. Dadurch hat sich der Karton gelb verfärbt. Mit welcher Beschichtung läßt sich das Durchschlagen der Gelbfärbung verhindern?

(A) mit Leimfarben
(B) mit waschbeständigen Dispersionsfarben
(C) mit Dispersionsfassadenfarben
(D) mit lösemittelhaltigen Wandfarben
(E) nur mit Absperrlacken

3.
Welche der nachfolgenden Beschichtungen eignet sich am besten für Gipskartonplatten?

(A) Leimfarben
(B) Dispersionsfarben
(C) Kalkfarben
(D) Silicatfarben
(E) Dispersionssilicatfarben

4.1.9 Tapezierarbeiten

1.
Welche Altbeschichtung muß in jedem Fall vor dem Tapezieren entfernt werden?

(A) Lacke
(B) Dispersionsfarben
(C) Leimfarben
(D) Dispersionslacke
(E) Dispersionssilicatfarben

2.
Welche Alt-Wandbekleidung darf bei der Neutapezierung auf dem Untergrund verbleiben?

(A) alle gut haftenden Fondtapeten
(B) alle gut haftenden Stripmakulatur-Tapeten

(C) alle gut haftenden, nicht papierkaschierten, beschichteten Glasgewebebeläge

(D) alle gut haftenden Metalltapeten

(E) alle mit Dispersionklebern verklebten Kunststoffgewebe

3.
Wie läßt sich eine hochwaschbeständige Alttapete am besten von der Wand ablösen?

(A) Mit verdünntem Kleister einstreichen, nach kurzer Zeit läßt sich die Tapete problemlos abziehen.

(B) Mehrfach mit Wasser, dem man etwas Netzmittel zugesetzt hat, einstreichen, einwirken lassen und Tapeten dann abziehen.

(C) Mehrfach mit Wasser und Tapetenablöser einstreichen, einwirken lassen und dann die Tapeten abziehen.

(D) Die oberste Tapetenschicht mit Hilfe einer Spachtel abziehen, dann die verbleibenden Reste gut mit Wasser einweichen und abziehen.

(E) Alttapete mit der Stachelwalze perforieren, anschließend mehrmals mit Wasser und Tapetenablöser einstreichen, Tapeten nach einer Einweichzeit abziehen.

4.
Welche besondere Vorbehandlung ist auf neuen Gipskartonplatten vor dem Tapezieren immer erforderlich?

(A) ein Makulaturanstrich zur Egalisierung des Saugvermögens

(B) eine ganzflächige Spachtelung zur Glättung des Untergrundes

(C) ein Grundanstrich, um die Tapete später wieder ablösen zu können

(D) eine Makulaturtapete, um einen einheitlich hellen Untergrund zu schaffen

(E) ein Polystyrol-Hartschaum-Unterlagsstoff, um die Wärmedämmung zu erhöhen

5.
Wann muß zur Untergrundvorbereitung Streichmakulatur eingesetzt werden?

(A) bei allen Fondtapeten

(B) bei allen Grastapeten

(C) bei allen Metalltapeten

(D) bei allen Kunststofftapeten

(E) bei allen dünneren Tapeten, wenn keine andere Tapetenunterlage gefordert ist

6.
Welcher Klebstoff ist für Makulaturtapeten zu verwenden? [4.1.9-4]

(A) nur Normalkleister

(B) immer Spezialkleister

(C) immer Tapeziergerätekleister

(D) nur Spezialkleister mit Dispersionszusatz

(E) immer der Klebstoff, der auch für die folgende Tapete erforderlich ist

7.
Auf Untertapeten aus Polystrolhartschaum muß vor dem weiteren Tapezieren eine haftvermittelnde Zwischenbeschichtung aufgetragen werden. Womit kann eine solche Haftbrücke hergestellt werden?

(A) mit allen streichfähigen Beschichtungsstoffen

(B) mit allen streichfähigen Dispersionswerkstoffen

(C) mit allen streichfähigen Dispersionsklebern

(D) mit streichfähigen, gefüllten Dispersionsklebern

(E) mit Streichmakulatur

8.
Für welche Tapeten dürfen zum Glätten des Untergrundes keine Dispersionsspachtelmassen eingesetzt werden? [4.1.9-10]

(A) für alle Grastapeten
(B) für alle Textiltapeten
(C) für alle Velourtapeten
(D) für alle Metalltapeten
(E) für alle Kunststofftapeten

9.
Welches Arbeitsverfahren ist erforderlich, wenn eine Tapete mit dem folgenden Symbol gekennzeichnet ist?

(A) Die Tapete ist trocken abzuziehen.
(B) Die Tapete ist trocken mit der Spachtelabzustoßen.
(C) Die Tapete ist spaltbar abzuziehen.
(D) Die Tapete ist naß zu entfernen.
(E) Die Tapete darf nur auf gespachtelte Wände tapeziert werden.

10.
Welchen Verarbeitungshinweis liefert das folgende Tapetensymbol?

(A) Der Klebstoff ist auf der Wandbekleidung aufzutragen.
(B) Der Klebstoff ist auf den zu tapezierenden Untergrund aufzutragen.
(C) Die Wandbekleidung ist vorgekleistert.
(D) Die Wände sind vor dem Tapezieren abzukehren.
(E) Die Wände sind vor dem Tapezieren abzuwaschen.

11.
Welche Angabe macht das folgende Tapetensymbol zum Verarbeiten der Tapete?

(A) Die Tapete kann ansatzfrei tapeziert werden.
(B) Die Tapete ist mit geradem Ansatz zu tapezieren.
(C) Die Tapete ist mit versetztem Ansatz zu tapezieren.
(D) Die Tapete muß gestürzt geklebt werden.
(E) Die Tapete darf nur in Längsrichtung angedrückt werden.

12.
Mit welchem Klebstoff sind Rauhfasertapeten zu tapezieren? [4.1.9-7]
(A) mit Normalkleister im Ansatzverhältnis 1:60
(B) mit Normalkleister im Ansatzverhältnis 1:40
(C) mit Spezialkleister im Ansatzverhältnis 1:40
(D) mit Spezialkleister im Ansatzverhältnis 1:20
(E) mit einer Mischung aus Spezialkleister und Dispersionskleber

13.
Warum dürfen Rauhfasertapeten erst nach der vollständigen Trocknung beschichtet werden?
(A) Vorhandene Kleisterflecken ergeben sonst Glanzflecken.
(B) Die Struktur der Rauhfasertapete verflacht.
(C) Spannungen beim Trockenprozeß führen zum Ablösen der Rauhfasertapete.
(D) Spannungen beim Trockenprozeß führen zum Abzeichnen der Nähte.
(E) Beim Überarbeiten der noch feuchten Rauhfasertapete wird die Tapetenoberfläche angegriffen.

14.
Wie müssen Glasgewebe tapeziert werden?
(A) in waschbeständige Dispersionsfarbe einbetten

(B) mit Spezialkleister im Ansatzverhältnis 1:20
(C) mit ungefülltem Dispersionskleber
(D) mit einer Mischung aus Spezialkleister und Dispersionskleber
(E) mit gefülltem Dispersionskleber

15.
Welche der folgenden Arbeiten ist vor dem Tapezieren der Graswandbekleidungen erforderlich?
(A) Die zugeschnittenen Bahnen müssen ausschattiert werden.
(B) Die zugeschnittenen Bahnen müssen in Wasser eingeweicht werden.
(C) Die zugeschnittenen Bahnen müssen zweimal eingekleistert werden.
(D) Ca. 2 cm breite Ränder müssen abgeschnitten werden.
(E) Der Klebstoff ist auf die Wände aufzutragen.

16.
Mit welchem Klebstoff werden Grastapeten tapeziert?
(A) mit Normalkleister
(B) mit Spezialkleister
(C) mit ungefülltem Dispersionskleber
(D) mit gefülltem Dispersionskleber
(E) mit spachtelfähigem Dispersionskleber, der auf die Wand augetragen wird

17.
Bei welcher Wandbekleidung ist besonders auf eine symmetrische Wandaufteilung zu achten?
(A) bei allen Metalltapeten
(B) bei allen Velourtapeten
(C) bei allen Kunststofftapeten
(D) bei allen Grastapeten
(E) bei allen Naturelltapeten

18.
Welche Vorarbeit ist vor der eigentlichen Verklebung der Metalltapeten erforderlich, wenn die Tapete auf einen Neuputz der Mörtelgruppe P IIa tapeziert werden soll?

(A) Der Putz muß mit Fluat neutralisiert werden.

(B) Der Putz muß mit Streichmakulatur vorbehandelt werden.

(C) Der Putz muß mit waschbeständiger Dispersionsfarbe vorgestrichen werden.

(D) Der Putz muß mit Dispersionsspachtelmasse gespachtelt werden.

(E) Der Putz muß mit einer Untertapete abgesperrt werden.

19.
Bei welcher Tapetenart dürfen keine Nahtroller eingesetzt werden?

(A) bei geschäumten Kunststofftapeten

(B) bei Grastapeten

(C) bei Prägetapeten

(D) bei Makulaturtapeten

(E) bei Wandbildtapeten

20.
Welche Wandbeläge müssen mit ungefülltem Dispersionskleber verarbeitet werden?

(A) Velourtapeten

(B) alle Metalltapeten

(C) Vinylwandbekleidungen auf Gewebeträger

(D) Glasgewebe

(E) Textiltapeten

21.
Mit welchem Klebstoff sind Wandbildtapeten in der Regel zu tapezieren?

(A) mit Normalkleister im Ansatzverhältnis 1:60

(B) mit Normalkleister im Ansatzverhältnis 1:40

(C) mit Spezialkleister im Ansatzverhältnis 1:40

(D) mit Spezialkleister im Ansatzverhältnis 1:20

(E) mit Dispersionskleber

22.
Welche der folgenden Faktoren fördern die Blasenbildung bei einem tapezierten Wandbelag mit Papierrückseite? [4.1.9-6]

(A) starkes Heizen
(B) Zugluft
(C) langes Weichen der Tapeten
(D) die Verwendung von Spezialkleister
(E) die Verwendung einer Rolle zum Andrücken der Tapeten

4.1.10 Wärmedämmung

1.
In einem Badezimmer zeigen sich nur am Fenstersturz Schimmelpilze. Worauf sind diese zurückzuführen?

(A) auf mangelnde Reinigung
(B) auf die Verwendung von Badezusätzen
(C) auf konstruktionsbedingte Wärmebrücken
(D) auf die ungeeignete Beschichtung
(E) auf die Unverträglichkeit der Beschichtung mit dem Untergrund

2.
Welche der nachfolgenden Aussagen ist richtig?

(A) Die Tauwasserbildung auf der Oberfläche von Baustoffen läßt sich auch durch eine optimale Wärmedämmung nicht verhindern.
(B) Die Tauwasserbildung auf der Oberfläche von Baustoffen ist in ungeheizten Räumen nicht möglich, weil hier die relative Luftfeuchtigkeit zu niedrig ist.
(C) Die Tauwasserbildung auf der Oberfläche von Baustoffen läßt sich durch eine gute Raumlüftung immer vermeiden.
(D) Die Tauwasserbildung auf der Oberfläche von Baustoffen ist häufig die Ursache für Schimmelpilze.
(E) Die Tauwasserbildung ist nur bei Minustemperaturen möglich.

***3.**
Bei welchen der folgenden Schäden könnte eine Berechnung nach Glaser sinnvoll sein?

(A) Auf der Wandoberfläche fällt Tauwasser aus.

(B) Aus dem Erdreich steigt in der Wand Feuchtigkeit auf.

(C) An der Fassade sind Ausblühungen sichtbar.

(D) An der Fassade blättert der Anstrich ab.

(E) An der Innenseite der Außenwand zeigt sich Pilzbefall.

4.
Was versteht man unter dem k-Wert? [4.1.11-1]

(A) die Diffusion eines Baustoffes

(B) den Diffusionswiderstand eines Baustoffes

(C) das Deckvermögen einer Beschichtung

(D) die Wärmedurchgangszahl eines Bauteils

(E) die wasserabweisende Wirkung einer Beschichtung

***5.**
Welche Aussage trifft für die Wärmedurchgangszahl (k-Wert) zu? [4.1.11-1]

(A) Der k-Wert gibt die Dicke des Dämmaterials an.

(B) Der k-Wert ist die Abkürzung für Dämmaterialien.

(C) Je kleiner der k-Wert ist, desto schlechter ist die Wärmedämmung.

(D) Je kleiner der k-Wert ist, desto besser ist die Wärmedämmung.

(E) Der k-Wert gibt den täglichen Wärmeverlust in einer Wohnung an.

***6.**
Welcher k-Wert darf nach DIN 4108, Wärmeschutz im Hochbau, bei einem Wohnhaus nicht überschritten werden? [4.1.11-3]

(A) 0,50 W/m^2K

(B) 1,21 W/m^2K

(C) 1,39 W/m^2K

(D) 1,49 W/m^2K
(E) 1,89 W/m^2K

***7.**
Welcher k-Wert wird heute mit einem Vollwärmeschutzsystem angestrebt? [4.1.11-3]

(A) unter 0,25 W/m^2K
(B) unter 0,50 W/m^2K
(C) unter 1,00 W/m^2K
(D) unter 1,50 W/m^2K
(E) unter 2,00 W/m^2K

***8.**
Welcher Unterschied besteht zwischen dem k-Wert und dem Wärmedämmwert? [4.1.11-2]

(A) Der k-Wert gibt den Wärmeverlust an, der Wärmedämmwert ist der Wärmedurchlaßwiderstand.
(B) Der k-Wert ist der Wärmedämmwert, es gibt keinen Unterschied.
(C) Der k-Wert hängt von der Wanddicke ab, der Wärmedämmwert ist eine Stoffkonstante.
(D) Der k-Wert ist temperaturabhängig, der Wärmedämmwert nicht.
(E) Der k-Wert ist der Temperaturverlauf in der Wand, der Wärmedämmwert gibt den Wärmeverlust durch die Wand an.

9.
Welchen Vorteil hat die außenseitige Wärmedämmung im Vergleich zu der innenseitigen? [4.1.11-9]

(A) Die Räume heizen sich bei außenseitiger Wärmedämmung schneller auf.
(B) Die Außenwände wirken als Wärmespeicher.
(C) Der Taupunkt wird nach innen verschoben.
(D) Die Wände sind vor größeren Temperaturschwankungen geschützt.
(E) Die Außendämmung ist immer billiger als die Innendämmung.

10.
Welche Vorteile hat eine innenseitige Wärmedämmung? [4.1.11-10]

(A) Die Wände wirken als Wärmespeicher.

(B) Die Räume lassen sich schneller aufheizen.

(C) Bei der innenseitigen Wärmedämmung bildet sich in den Wänden kein Tauwasser.

(D) Im Innenraum läßt sich mit dünneren Wärmedämmplatten eine höhere Wärmedämmung erreichen als außen mit dickeren Platten.

(E) Nur bei der innenseitigen Wärmedämmung lassen sich Wärmebrücken vermeiden.

11.
Welchen Nachteil hat eine innenseitige Wärmedämmung im Vergleich zu der Wärmedämmung an der Fassade? [4.1.11-11]

(A) Eine innenseitige Wärmedämmung ist immer teurer als eine Wärmedämmung an der Fassade.

(B) Der Taupunkt wird nach außen verschoben, dadurch sind Frostschäden möglich..

(C) Der Taupunkt wird nach innen verschoben, dadurch wird das Mauerwerk feuchter.

(D) Im Innenraum dürfen keine Polystyrol-Hartschaumplatten eingesetzt werden.

(E) Innenputze weisen nicht die zum Verkleben der Dämmplatten erforderliche Putzhärte auf.

***12.**
Welche Eigenschaft müssen Polystyrol-Hartschaumplatten aufweisen, wenn sie für eine Wärmedämmung an der Fassade eines viergeschossigen Hauses eingesetzt werden sollen?

(A) Sie müssen nichtbrennbar sein.

(B) Sie müssen schwer entflammbar sein.

(C) Sie müssen abgelagert sein.

(D) Sie müssen Stufenfalze aufweisen.

(E) Sie müssen mind. 6 cm dick sein.

***13.**
Welche Wärmedämmplatten dürfen für Wohnhäuser mit mehr als 8 Stockwerken eingesetzt werden?

(A) Polystyrol-Hartschaumplatten B1

(B) Polyurethan-Hartschaumplatten

(C) Polyurethan-Weichschaumplatten

(D) Mineralfaserplatten

(E) PVC-Hartschaumplatten B2

14.
Welche Aufgaben hat die Armierung auf den Wärmedämmplatten?

(A) Sie soll die Wärmedämmung erhöhen.

(B) Sie soll die Wärmedämmplatten vor Feuchtigkeit schützen.

(C) Sie soll eine mögliche Bewegung zwischen den Dämmplatten ausgleichen.

(D) Sie soll die druckempfindliche Oberfläche der Dämmplatten verstärken.

(E) Sie soll Ausblühungen aus dem Untergrund verhindern.

15.
Wovon hängt es ab, ob die Wärmedämmplatten verdübelt werden müssen? [4.1.11-13]

(A) Es hängt von der Art der Wärmedämmplatten ab.

(B) Es hängt vom Untergrund ab.

(C) Es hängt nur von der Dicke der Dämmplatten ab.

(D) Es hängt vom Armierungssystem der Wärmedämmung ab.

(E) Die zweckentsprechende Montage der Wärmedämmplatten ist in der DIN 4108 vorgeschrieben.

***16.**
Das IfBt (Institut für Bautechnik) hat für die Standsicherheit von Wärmedämm-Mineralfaser-Verbundsystemen Anforderungen an die Standsicherheit formuliert. Bis zu welcher Gebäudehöhe wird vom Institut kein Nachweis für die Standsicherheit gefordert?

(A) für Gebäude mit Höhen < 5 m bzw. Wohngebäude mit einem Vollgeschoß

(B) für Gebäude mit Höhen < 8 m bzw. Wohngebäude bis zu 2 Wohngeschossen

(C) für Gebäude mit Höhen < 12 m bzw. Wohngebäude bis zu 3 Wohngeschossen

(D) für Gebäude mit Höhen < 16 m bzw. Wohngebäude bis zu 4 Wohngeschossen

(E) für Gebäude mit Höhen < 20 m bzw. Wohngebäude bis zu 5 Wohngeschossen

***17.**
Bis zu welcher Gebäudehöhe reicht entsprechend der IfBt-Regelung für die Standsicherheit der Mineralfaser-Wärmedämmung ein vereinfachter Nachweis ohne Berechnungen aus?

(A) für Gebäude mit Höhen von 8 bis 20 m

(B) für Gebäude mit Höhen von 12 bis 20 m

(C) für Gebäude mit Höhen von 15 bis 25 m

(D) für Gebäude mit Höhen von 15 bis 30 m

(C) für Gebäude mit Höhen von 20 bis 30 m

***18.**
Ab welcher Gebäudehöhe ist entsprechend der IfBt-Regel für die Standsicherheit von mit Mineralfasern ausgeführten Wärmedämmungen ein rechnerischer Nachweis erforderlich?

(A) für Gebäude mit Höhen > 8 m

(B) für Gebäude mit Höhen > 12 m

(C) für Gebäude mit Höhen > 15 m

(D) für Gebäude mit Höhen > 20 m

(E) für Gebäude mit Höhen > 30 m

***19.**
Welcher Untergrund muß für die Verankerung der Mineralfaser-Wärmedämmung gegeben sein, damit entsprechend der IfBt-Regel für ein Gebäude mit der Höhe von 12,50 m der geforderte vereinfachte Nachweis erbracht werden kann?

(A) Die Wände müssen aus Beton oder Mauerwerk nach DIN 1053 bestehen.

(B) Die Wände müssen mit einem Putz der Mörtelgruppe P Ic verputzt sein.

(C) Die Wände müssen mit einem Putz der Mörtelgruppe P II verputzt sein.

(D) Die Wände müssen mit einem Putz der Mörtelgruppe P III verputzt sein.

(E) Der Putz der Wände darf noch nicht beschichtet sein.

***20.**
Welche Faktoren muß der rechnerische Nachweis für die Standsicherheit einer Mineralfaser-Wärmedämmung entsprechend der IfBt-Regel enthalten, wenn das Gebäude 28,70 m hoch ist?

(A) Ein Gutachten über das Putzsystem und ein Nachweis über die erforderliche Dübelanzahl reichen aus.

(B) Ein Gutachten über das Putzsystem, über die Bauteilversuche und ein Nachweis über die erforderliche Dübelanzahl sind gefordert.

(C) Ein Gutachten über das Brandverhalten der Wärmedämmplatten und die Oberflächenhärte der vorhandenen Fassadenputze sind gefordert.

(D) Ein Gutachten über den k-Wert, über die verwendeten Dübel und ein Sachkundenachweis des ausführenden Malerbetriebes sind gefordert.

(E) Ein Gutachten über das Mauerwerk, den vorhandenen Putz und die vorhandene Beschichtung reicht aus.

***21.**
Welche Dübelanzahl muß bei einer Wärmedämmung mit Mineralfaserplatten im Randbereich eines Gebäudes mit einer Gebäudehöhe von 15,50 m ohne rechnerischen Standsicherheitsnachweis je m² eingesetzt werden, wenn unter dem Gewebe gedübelt wird?

(A) mind. 4 Dübel
(B) mind. 6 Dübel
(C) mind. 8 Dübel
(D) mind. 10 Dübel
(E) mind. 12 Dübel

***22.**
Die IfBt-Regelung unterscheidet die für eine Dübelung einer Wärmedämmung je m² erforderliche Dübelanzahl danach, ob es sich um die Fläche oder den Randbereich handelt. Die Randzonenbreite richtet sich dabei nach der Gebäudebreite. In welchem Bereich liegt die Randzone entsprechend der IfBt-Regelung insgesamt?

(A) zwischen 1,00 m und 1,50 m
(B) zwischen 1,00 m und 2,00 m
(C) zwischen 1,00 m und 2,50 m
(D) zwischen 0,50 m und 1,50 m
(E) zwischen 0,50 m und 2,50 m

***23.**
Die Ermittlung der Randzone einer Wärmedämmung richtet sich nach der schmalen Gebäudebreite. Welche Berechnungsformel ist hier entsprechend der IfBt-Regel anzuwenden?

(A) Die Randzone ist 1/4 der Breite, mind. aber 1,00 m, max. 2,00 m.
(B) Die Randzone ist 1/8 der Breite, mind. aber 1,00 m, max. 2,00 m.
(C) Die Randzone ist 1/10 der Breite, mind. aber 1,50 m.
(D) Die Randzone ist 1/12 der Breite, mind. aber 2,00 m.
(E) Die Randzone ist 1/20 der Breite, mind. aber 1,50 m.

4.2 Arbeitsverfahren auf Metalluntergründen

4.2.1 Beschichtungen auf Eisen und Stahl

1.
Mit welchen Werkstoffen kann man Öle und Fette vor der Beschichtung einer Stahlfläche zuverlässig entfernen?

(A) mit organischen Lösemitteln
(B) mit organischen Säuren
(C) mit Wasser, dem etwas Netzmittel zugesetzt wurde
(D) mit Kaltreiniger
(E) mit verdünnter Salzsäure

*2.
Warum müssen Walzhaut und Zunder vor der Beschichtung des Stahl gründlich entfernt werden?

(A) Walzhaut und Zunder haben einen anderen Temperaturausdehnungskoeffizenten als Stahl, dadurch platzen Walzhaut und Zunder nach einiger Zeit ab.
(B) Walzhaut und Zunder werden von den starken Lösemitteln der Beschichtungsstoffe angelöst.
(C) Walzhaut und Zunder haften von Anfang an nur schlecht auf dem Stahl.
(D) Zwischen Walzhaut bzw. Zunder und Stahl besteht ein galvanischer Spannungsunterschied.
(E) Walzhaut und Zunder sind gegenüber der herrschenden Luftverschmutzung zu empfindlich und rosten schnell.

3.
Mit welchen Arbeitsverfahren lassen sich gut haftende Walzhaut und Zunder zuverlässig entfernen? [4.2.1-1]

(A) Handentrostung mit der Drahtbürste
(B) Handentrostung mit Schleifpapier
(C) Handentrostung mit dem Rutscher
(D) Abstrahlen mit Schmelzkammerschlacke
(E) Flammstrahlen

4.
Welches Reinigungsverfahren für verrostete Stahlflächen gehört zu den mechanischen Verfahren?

(A) Abbrennen alter Beschichtungen
(B) Flammstrahlen
(C) Abwaschen mit Dampfstrahl
(D) Abbeizen
(E) Strahlen

5.
Für eine Stahlkonstruktion ist eine Grundierung mit Zinkstaubfarben vorgesehen. Welches Entrostungsverfahren ist dazu erforderlich?

(A) Eine gründliche Handentrostung reicht aus.
(B) Die Entrostung mit dem Winkelschleifer und einem Stahldrahteinsatz ist dazu am besten geeignet.
(C) Der Untergrund muß im Strahlverfahren von jeglichem Rost und von alten Beschichtungen gereinigt werden.
(D) Für Zinkstaubfarben ist unbedingt das Flammstrahlen erforderlich.
(E) Nur mit dem chemischen Beizen läßt sich der erforderliche Reinheitsgrad erreichen.

6.
Mit welchem Beschichtungsstoff läßt sich auf Stahl ein kathodischer Korrosionsschutz erreichen?

(A) mit Alkydharz-Bleimennige
(B) mit Epoxidharz-Bleimennige
(C) mit Chlorkautschuk-Bleimennige
(D) mit jeder Zinkstaubfarbe
(E) mit Zinkstaubfarbe, wenn der Zinkstaubanteil mind. 92 % beträgt

7.
Mit welchen Bindemitteln läßt sich bei einer stark mechanisch belasteten Stahlkonstruktion ein guter Korrosionsschutz erreichen?

(A) mit Nitrozellulose

(B) mit Polyurethanharzen

(C) mit Epoxidharzen

(D) mit Dispersionsbindemitteln

(E) nur mit Polymerisatharzen

8.
Welche der folgenden Pigmente werden für Deckanstriche auf Stahl eingesetzt?

(A) Zinkstaub

(B) Bleimennige

(C) Aluminiumpigmente

(D) Eisenglimmer

(E) Zinkchromat

9.
Welche Beschichtung ist für ein handentrostetes (Normreinheitsgrad St 3), noch nicht beschichtetes Balkongeländer fachgerecht?

(A) eine Grundbeschichtung mit Alkydharzbleimennige, eine Deckbeschichtung mit Alkydharzlackfarbe

(B) eine Grundbeschichtung mit Alkydharz-Korrosionsschutzfarbe, zwei Deckbeschichtungen mit Alkydharzlackfarbe

(C) zwei Grundbeschichtungen mit Alkydharz-Korrosionsschutzfarbe zwei Deckbeschichtungen mit Alkydharzlackfarbe

(D) eine Grundbeschichtung mit Epoxidharz-Zinkstaubfarbe, eine Deckbeschichtung mit Polyurethanharzlackfarbe

(E) zwei Grundbeschichtungen mit Dispersionslackfarbe, zwei Deckbeschichtungen mit Dispersionslackfarbe

10.
Welches Arbeitsverfahren ist für eine Stahlbeschichtung am besten geeignet, wenn eine starke Chemikalienbelastung zu erwarten ist?

(A) Entrosten Normreinheitsgrad St 2, eine Grundbeschichtung mit Alkydharzbleimennige, 2 Deckbeschichtungen mit Alkydharzlackfarbe

(B) Entrosten Normreinheitsgrad St 3, eine Grundbeschichtung mit Alkydharz-Zinkstaubfarben, 2 Deckbeschichtungen mit Chlorkautschuklackfarbe

(C) Entrosten Normreinheitsgrad Sa 2, eine Grundbeschichtung mit Chlorkautschukbleimennige, 2 Deckbeschichtungen mit Chlorkautschuklackfarbe

(D) Entrosten Normreinheitsgrad Sa 3, eine Grundbeschichtung mit Epoxidharzlackfarbe, eine Schlußbeschichtung mit Epoxidharzlackfarbe

(E) Entrosten Normreinheitsgrad Sa 2 1/2, 2 Grundbeschichtungen mit Epoxidharz-Zinkstaubfarbe, 2 Deckbeschichtungen mit Polyurethanharzlackfarbe

11.
Grundierte Heizkörper sollen beschichtet werden. Welche Nachteile haben hier Dispersionslacke im Vergleich zu Alkydharz-Heizkörperlacken?

(A) Dispersionslacke decken immer schlechter.

(B) Dispersionslacke sind thermoplastisch.

(C) Dispersionslacke lassen sich nicht so gut verarbeiten.

(D) Dispersionslacke vergilben stärker.

(E) Dispersionslacke zeigen an beschädigten Kanten einen geringeren Korrosionsschutz.

12.
Welche Vorteile haben Dispersionslacke für Heizkörperbeschichtungen?

(A) Die Lösemittelbelastung ist geringer.

(B) Die Korrosionsschutzwirkung ist besser.

(C) Die Vergilbungsneigung ist meist geringer.

(D) Das Deckvermögen ist immer besser.

(E) Das Haftvermögen ist immer besser.

*13.
Ein Stahlgeländer wurde beschichtet. Nach einiger Zeit platzt die Beschichtung an den geschweißten Verbindungsstellen ab. Von welcher Ursache ist bei diesem Schaden auszugehen? [4.2.1-10]

(A) Die Beschichtung war für diese Aufgabe nicht elastisch genug.

(B) Die Beschichtung fand von Anfang an keine ausreichende Haftung.

(C) Das Stahlgeländer war mit Fetten und Ölen verunreinigt.

(D) Die Schichtdicke der Beschichtung war zu gering.

(E) Der vom Schweißen entstandene Zunder wurde nicht ausreichend entfernt.

4.2.2 Beschichtungen auf Zink und verzinktem Stahl

1.
Welches Schleifmittel eignet sich am besten zum Aufrauhen und Schleifen von Zink- und Aluminiumuntergründen? [4.2.2-2]

(A) Trockenschleifpapier

(B) Naßschleifpapier

(C) Kunststoffschleifvlies

(D) Schleifleinen

(E) Stahlwolle

2.
Warum darf man zum Schleifen und Reinigen verzinkter Stahlflächen keine Stahlwolle einsetzen?

(A) Der Reinigungseffekt wäre zu gering.

(B) Zurückbleibende Stahlpartikel würden mit dem Zink ein galvanisches Element bilden und das Zink zerstören.

(C) Zurückbleibende Stahlpartikel würden die Haftung der nachfolgenden Beschichtungen behindern.

(D) Durch das Reiben der Stahlwolle auf dem Zink würde sich der Untergrund nachteilig elektrostatisch aufladen.

(E) Die Stahlwolle weist eine größere Härte auf als das Zink, dadurch verkratzt das Zink zu stark.

3.
Wie sollte man ungestrichenes, feuerverzinktes Stahlblech für eine Beschichtung vorbereiten? [4.2.2-2]

(A) Abwaschen mit 10%iger Salzsäure
(B) Abwaschen mit Salmiak-Netzmittelwäsche, Schleifen mit Schleifvlies
(C) Abwaschen mit Lösemitteln
(D) gründlich Anschleifen mit Schleifpapier
(E) gründlich Anschleifen mit Stahlwolle

4.
Welcher Faktor kann <u>nicht</u> für die manchmal schlechte Haftung der Beschichtungen auf verzinktem Stahl verantwortlich gemacht werden? [4.2.2-1]

(A) Neue Zinkflächen sind meist mit Ölen und Fetten verunreinigt.
(B) Zink bildet durch saure Umwelteinwirkungen Korrosionsprodukte aus.
(C) Die Verzinkung platzt häufig vom Stahl ab.
(D) Zink bildet mit den Fettsäuren der Alkydharzlacke haftungsvermindernde Seifen.
(E) Alkydharzlackfarben verspröden auf Zinkflächen.

5.
Welcher Beschichtungsstoff ist für verzinkten Stahl <u>nicht</u> geeignet? [4.2.2-1]

(A) Alkydharzlackfarbe
(B) Dispersionslackfarbe
(C) Dispersionsfarbe
(D) Öl-Bitumen-Lackfarbe
(E) Polyurethanharzlackfarbe

6.
Welcher Beschichtungsstoff eignet sich (auch unter Berücksichtigung der Wirtschaftlichkeit) besonders gut zur Innenbeschichtung einer verzinkten Dachrinne?

(A) Dispersionsfarbe
(B) Dispersionslackfarbe

(C) Alkydharzlackfarbe
(D) Öl-Bitumen-Kombinationslackfarbe
(E) 2-K-Acrylharzlackfarbe

7.
Die Beschichtung auf einer verzinkten Stahlfläche platzt großflächig ab. Welche der folgenden Ursachen könnte dafür verantwortlich sein? [4.2.2-1]

(A) Der Untergrund wurde mit einer Salmiak-Netzmittelwäsche gereinigt. Mit dieser lassen sich Fette und Öle nicht zuverlässig entfernen.
(B) Der Untergrund wurde mit Kunststoffvlies geschliffen und so nur wenig aufgerauht.
(C) Der Untergrund wurde nach dem Reinigen mit Silicatfarbe gestrichen. Diese haftet nur ungenügend auf dem Zink.
(D) Der Untergrund wurde mit Dispersionsfarbe gestrichen. Diese haftet grundsätzlich zu wenig auf Zink.
(E) Der Untergrund wurde mit Alkydharzlackfarben gestrichen. Diese vespröden auf Zink und platzen ab.

8.
Welche der folgenden Beschichtungen ist für eine Dachrinne aus verzinktem Stahlblech wirtschaftlich und fachgerecht?

(A) Grund- und Schlußbeschichtung mit Dispersionslackfarbe innen und außen
(B) Grund- und Schlußbeschichtung außen mit Dispersionslackfarbe, innen Grund- und Schlußbeschichtung mit Bitumenölkombinationslackfarbe
(C) Grundbeschichtung innen und außen mit Bleimennige, Schlußbeschichtung außen mit Alkydharzlackfarbe, Schlußbeschichtung innen mit Bitumenölkombinationslackfarbe
(D) Grundbeschichtung innen und außen mit Epoxidharzlackfarbe, Schlußbeschichtung innen und außen mit Polyurethanharzlackfarbe
(E) Grund- und Schlußbeschichtung innen und außen mit Epoxidharzlackfarbe

9.
Eine verzinkte Dachrinne wurde zweimal mit einer Dispersionslackfarbe gestrichen. Bei der Schichtdickenmessung mit dem magnetischen Schichtdickenmeßgerät zeigte das Gerät eine Schichtdicke von 112 µm an. Welche der folgenden Aussagen sind hierzu richtig?

(A) Das Meßgerät gibt die erreichte Schichtdicke korrekt an.

(B) Das Gerät scheint defekt zu sein.

(C) Das Ergebnis ist nicht korrekt, da magnetische Schichtdickenmeßgeräte aufgrund des in Dispersionslacken enthaltenen, polar reagierenden Wassers hier nicht verwendet werden dürfen.

(D) In diesem Meßergebnis ist die Zinkschicht enthalten.

(E) Für diese Schichtdickenmessung hätte man die Meßuhr verwenden müssen.

4.2.3 Beschichtungen auf Aluminium

1.
Welches der folgenden Reinigungsmittel darf auf Aluminiumuntergründen <u>nicht</u> eingesetzt werden? [4.2.3-1]

(A) Kaltreiniger

(B) Laugen

(C) phosphorsaure Reiniger

(D) Nitro-Universalreiniger

(E) Testbenzin

2.
Welche der folgenden Aussagen treffen auf die Beschichtung von Aluminium im Außenbereich zu?

(A) Eloxiertes Aluminium kann problemlos mit allen wetterbeständigen Lacken beschichtet werden.

(B) Auf Aluminium sollten keine Spachtelarbeiten ausgeführt werden.

(C) Notwendige Kittarbeiten sollten auf dem Grundanstrich ausgeführt werden.

(D) Für die Beschichtung von Aluminiumuntergründen haben sich Zaponlacke besonders bewährt.
(E) Für die dauerhafte Beschichtung von Aluminium können nur Epoxidharzlacke eingesetzt werden.

3.
Welches der folgenden Beschichtungsysteme ist außen für normal belastete Alumniumuntergründe nicht geeignet?

(A) 2 Anstriche mit Dispersionslackfarbe
(B) 2 Alkydharzlackfarbenanstriche auf einem speziellen Haftgrund
(C) 2 Polyurethanharzlackfarbenanstriche
(D) 3 Anstriche mit thermoplastischer Acrylharzlackfarbe
(E) 3 Anstriche mit Nitrolackfarbe

4.
Welches Beschichtungssystem soll für Aluminium eingesetzt werden, wenn mit andauernder, erhöhter Feuchtigkeitsbelastung zu rechnen ist?

(A) Grundanstrich mit Haftprimer, 3 Anstriche mit Alkydharzlackfarbe
(B) Grundanstrich auf Epoxidharzbasis, 2 Anstriche mit Polyurethanharzlackfarbe
(C) 3 Anstriche mit Dispersionslackfarbe
(D) 3 Anstriche mit thermoplastischem Acrylharzlack
(E) 4 Anstriche mit Zaponlack

5.
Welcher Lack kann zur dauerhaften farblosen Beschichtung von eloxiertem Aluminium im Außenbereich eingesetzt werden? [4.2.3-4]

(A) Alkydharzlack
(B) Nitrolack
(C) Dispersionslack
(D) Epoxidharzlack
(E) 2-K-Acrylharzlack

4.2.4 Beschichtungen auf Kupfer

1.
Welches Schleifmittel eignet sich am besten für Kupferuntergründe? [4.2.4-2]

(A) Trockenschleifpapier
(B) Naßschleifpapier
(C) Stahlwolle
(D) Kunststoffschleifvlies
(E) Glaspapier

2.
Wie sollte man eine Kupferdachrinne, die bereits starken Grünspan zeigt, für eine Beschichtung vorbereiten? [4.2.4-2]

(A) Abwaschen mit Nitroverdünnung, Schleifen mit Schleifvlies
(B) Abwaschen mit Kaltreiniger, Schleifen mit Naßschleifpapier
(C) Abwaschen mit 10%iger Salzsäure in Alkohol, Schleifen mit Schleifvlies
(D) Abwaschen mit Salmiakgeist, Schleifen mit Trockenschleifpapier
(E) Abwaschen mit Methylenchlorid, Schleifen mit Schleifvlies

3.
Welche Lacke sind für Kupferuntergründe im Außenbereich geeignet?

(A) Alkydharzlacke
(B) alle Epoxidharzlacke
(C) alle lösemittelhaltigen Lacke
(D) Polyurethanharzlacke
(E) Acrylharzlacke

***4.**
Warum sollten für Kupferuntergründe im Außenbereich keine Alkydharzlacke eingesetzt werden?

(A) Die Lacke sind nicht ausreichend wetterbeständig.
(B) Das Bindemittel wird von den UV-Strahlen zerstört.
(C) Die Fettsäuren des Bindemittels reagieren mit dem Kupferuntergrund.
(D) Diese Beschichtungsstoffe lassen zuviel Wasser durch.
(E) Alkydharzlacke kreiden im Außenbereich.

***5.**
Warum sollten für Kupfer im Außenbereich keine aminhaltigen Epoxidharzlacke eingesetzt werden?

(A) Die Amine reagieren mit der Luftfeuchtigkeit.
(B) Die Amine reagieren mit dem Kupferuntergrund.
(C) Die Amine sind nicht UV-beständig.
(D) Die Amine verursachen eine Verfärbung der Kupferoberfläche.
(E) Die Amine reagieren mit dem Stammlack des Epoxidharzlackes.

4.3 Arbeitsverfahren auf Holzuntergründen

4.3.1 Arbeitsverfahren auf Holzuntergünden außen

1.
Warum soll Kiefernholz im Außenbereich nicht dunkel gestrichen werden? [4.3.1.1-7]

(A) wegen des möglichen Pilzbefalles
(B) wegen der möglichen Kreidung
(C) wegen der hierdurch erhöhten Feuchtigkeitsaufnahme
(D) wegen der möglichen Vergrauung der Holzoberfläche
(E) wegen der zu erwartenden Harzausscheidungen

2.
Warum darf zum Reinigen einer noch nicht beschichteten Holzverkleidung keine Stahlwolle eingesetzt werden?

(A) Die Reinigungswirkung ist zu gering.

(B) Zurückbleibende Stahlpartikel verursachen schwarze Verfärbungen auf dem Holz.

(C) Beim Reinigen mit Stahlwolle werden gesundheitsschädliche Partikel frei.

(D) Beim Reinigen kann es zu Verletzungen der Hände kommen.

(E) Stahlwolle nimmt die weichen Holzteile weg und erzeugt so beim Holz eine unerwünschte Reliefwirkung.

3.
Bei welchem handwerklichen Auftragsverfahren ist die Eindringtiefe von Holzschutzmitteln am größten?

(A) beim Streichen

(B) beim Spritzen

(C) beim Rollen

(D) beim Sprühen

(E) beim Tauchen

***4.**
Welches Problem kann sich ergeben, wenn tropische Hölzer mit wasserverdünnbaren Beschichtungsstoffen behandelt werden?

(A) Die Haftung dieser Beschichtungsstoffe ist meist zu gering.

(B) Die UV-Schutz-Wirkung dieser Beschichtungsstoffe ist meist zu gering.

(C) Bei einigen tropischen Laubhölzern kann es zu gelblichen Verfärbungen kommen.

(D) Diese Beschichtungsstoffe zeigen zu geringes Deckvermögen.

(E) Der Feuchtigkeitsschutz dieser Werkstoffe ist zu gering, dadurch verziehen sich die Hölzer.

***5.**
Warum soll bei Eichenholz keine Grundierung mit Fungiziden eingesetzt werden?

(A) Eichenholz ist gegen Pilze sehr beständig und braucht keinen zusätzlichen chemischen Schutz.

(B) Die Gerbsäure des Eichenholzes reagiert mit verschiedenen fungiziden Wirkstoffen, dies kann zu Verfärbungen des Holzes führen.

(C) Eichenholz kann auch mit Fungiziden keine pilzwidrigen Eigenschaften erreichen.

(D) Die fungiziden Wirkstoffe würden die Zellulose des Holzes zerstören.

(E) Das Holz ist so hart, daß die Fungizide zu tief in das Holz eindringen können.

6.
Eine zu beschichtende Holzoberfläche ist bereits leicht vergraut. Wie muß dieser Untergrund für die Beschichtung vorbereitet werden?

(A) Die verwitterte Holzschicht muß mit Stahlwolle gründlich abgezogen werden.

(B) Die verwitterte Holzschicht muß trocken vollständig abgeschliffen werden.

(C) Die verwitterte Holzschicht muß naß abgeschliffen werden.

(D) Die verwitterte Holzschicht muß mit Kunststoffschleifvlies gründlich geschliffen werden.

(E) Die verwitterte Holzschicht muß mit Imprägnierlasur gefestigt werden.

7.
Mit welchen Werkstoffen können zementgebundene Holzspanplatten dauerhaft beschichtet werden, wenn die Platten im Außenbereich eingesetzt sind? [4.3.2.1-5]

(A) mit allen Dispersionsfarben oder Dispersionslacken

(B) mit deckenden Alkydharzlackfarben

(C) mit Dickschichtlasuren auf Alkydharzbasis

(D) mit Epoxidharzgrundierung und anschließender Polyurethanharzbeschichtung

(E) mit lösemittelhaltigen Acrylharzlacken

4.3.1.1 Beschichtung auf maßhaltigem Holz außen

1.
Welche Beschaffenheit eines Holzfensters kann zu späteren Beschichtungsschäden führen?

(A) Harzarmut des Holzes

(B) scharfe Profilkanten

(C) Holzfeuchtigkeit unter 12 %

(D) Ablaufneigung über 15°

(E) fehlende Keilverzinkungen

2.
Bei einem älteren zu beschichtenden Fenster sind die Verleimungen offen. Welche Maßnahme ist erforderlich?

(A) Die offenen Verleimungen sind mit Leinölkitt zu schließen.

(B) Die offenen Verleimungen sind mit Alkydharzspachtel zu schließen.

(C) Die offenen Verleimungen sind mit Silicondichtstoff zu schließen.

(D) In die offenen Verleimungen muß soviel Fenstergrundierfarbe gestrichen werden, bis die Verleimung dicht ist.

(E) Die Verleimung muß vor einer Beschichtung fachgerecht erneuert werden.

3.
Welches Beschichtungssystem ist für ein neues Kiefernholzfenster günstig, wenn es deckend gestrichen werden soll und die Fenster unbehandelt sind?

(A) 1 Anstrich mit Imprägnierlasur, 2 Anstriche mit Dispersionslackfarbe

(B) 3 Anstriche mit Dispersionslackfarbe

(C) 1 Anstrich mit Imprägnierlasur, 1 Anstrich mit Ventilationsgrund und 1 Schlußanstrich mit Alkydharzlackfarbe

(D) 1 Anstrich mit Imprägnierlasur, 2 Anstriche mit Fenstervorstreichfarbe auf Alkydharzbasis, 1 Schlußanstrich mit Alkydharzlackfarbe

(E) 4 Anstriche mit Alkydharzlackfarbe

4.
Welches Anstrichsystem ist für ein neues Kiefernholzfenster günstig, wenn es mit Lasuren behandelt werden soll?

(A) 3 Anstriche mit farbloser Imprägnierlasur

(B) 3 Anstriche mit Klarlack

(C) 1 Anstrich mit Imprägnierlasur, 2 Anstriche mit Klarlack

(D) 1 Anstrich mit Klarlack, 3 Anstriche mit Dickschichtlasur

(E) 1 Anstrich mit Imprägnierlasur, 3 Anstriche mit Dickschichtlasur

***5.**
Ein bisher deckend weiß beschichtetes Fenster soll nach dem Abbeizen mit hellen Lasuren beschichtet werden. Welche Anforderungen muß das Fenster für diese Beschichtung erfüllen?

(A) Die Verleimung muß der Beanspruchungsgruppe B 4 entsprechen.

(B) Die Verglasung muß entsprechend der Beanspruchung, mind. aber in der Beanspruchungsgruppe B 3, ausgeführt sein.

(C) Die Ablaufneigung der Holzprofile muß mind. 60 ° betragen.

(D) Die Abrundungen der Holzkanten muß >4 mm sein.

(E) Es darf kein Kiefernholz verwendet sein, da dieses Holz zuviel Harz enthält.

***6.**
Wenn Fenster dunkel oder/und mit Lasuren beschichtet werden sollen, muß die Verglasung mind. in der Beanspruchungsgruppe B 3 ausgeführt sein. Wie kann man erkennen, daß ein Fenster in dieser Beanspruchungsgruppe verglast wurde?

(A) In der Beanspruchungsgruppe B 3 werden die Glashalteleisten außen angebracht.

(B) In der Beanspruchungsgruppe B 3 werden innen und außen plastische Dichtstoffe ohne elastische Versiegelung eingesetzt.

(C) In der Beanspruchungsgruppe B 3 ist außen auf dem plastischen Dichtstoff eine elastische Versiegelung aufgetragen.

(D) In der Beanspruchungsgruppe B 3 ist außen und innen eine elastische Versiegelung erforderlich.

(E) In der Beanspruchungsgruppe B 3 müssen innen und außen Glashalteleisten angebracht werden.

7.
Aus welchem technischen Grund sollten Lasurbeschichtungen für Fenster keine zu dunklen Farbtöne aufweisen? [4.3.1.1-7]

(A) Die Fensterrahmen setzen sich optisch zu wenig von der Glasfläche ab.

(B) UV-Strahlen werden zu wenig reflektiert.

(C) Beschichtung und Untergrund heizen sich bei dunklen Beschichtungen zu stark auf.

(D) Die Holzmaserung ist bei dunklen Lasuren kaum mehr sichtbar.

(E) Dunkle Lasuren lassen zu wenig Wasserdampf durch.

8.
Warum sind farblose Lacke nicht für Fenster geeignet? [4.3.1.1-7]

(A) Das Holz heizt sich unter diesen Lacken zu stark auf.

(B) Diese Lacke lassen zuviel Feuchtigkeit durch.

(C) Diese Lacke schützen nicht ausreichend vor UV-Strahlen.

(D) Unter diesen Lacken vergraut das Holz zu schnell.

(E) Unter diesen Lacken kommt es besonders schnell zu Harzausfluß.

9.
Warum eignen sich für Fensterbeschichtungen allgemein Dickschichtlasuren besser als Imprägnierlasuren? [4.3.1.1-5]

(A) Das Bindemittel der Dickschichtlasuren ist gegen UV-Strahlen beständiger.

(B) Dickschichtlasuren zeigen auch auf leicht verwittertem Holz bessere Haftung.

(C) Dickschichtlasuren lassen allgemein mehr Wasserdampf durch.

(D) Dickschichtlasuren ergeben immer einen elastischeren Film.

(E) Dickschichtlasuren ergeben allgemein dickere Beschichtungen.

4.3.1.2 Beschichtung auf nichtmaßhaltigem Holz außen

1.
Welche der folgenden Aussagen ist bei der anstrichtechnischen Behandlung von nichtmaßhaltigen Holzteilen zu beachten?

(A) Nichtmaßhaltige Holzteile dürfen nur mit Dickschichtlasuren behandelt werden.

(B) Nichtmaßhaltige Bauteile dürfen nicht dunkel gestrichen werden.

(C) Nichtmaßhaltige Bauteile müssen vor ihrer Montage allseitig anstrichtechnisch behandelt werden.

(D) Die Beschichtungen haben auf nichtmaßhaltigen Bauteilen die Aufgabe, bautechnische und holztechnische Mängel zu beseitigen.

(E) Für nichtmaßhaltige Bauteile dürfen keine Dispersionslacke verwendet werden.

2.
Welche Beschichtungssysteme sind bei Holzverkleidungen im Freiluftklima I (normale Klimabeanspruchung) geeignet?

(A) alle für außen angebotenen Beschichtungssysteme

(B) alle farblosen, lasierenden und deckenden, wetterbeständigen Beschichtungssysteme

(C) nur alle mittel bis dunkel lasierenden und alle deckenden, wetterbeständigen Alkydharz-Beschichtungssysteme

(D) nur alle deckenden Beschichtungssysteme auf Alkydharzbasis

(E) nur helle, deckende Beschichtungssysteme auf Alkydharzbasis

3.
Eine vor 10 Jahren letztmals mit Lasuren gestrichene Holzverkleidung soll erneut mit Lasuren gestrichen werden. Warum eignen sich hier Imprägnierlasuren besser als Dickschichtlasuren? [4.3.1.2-2]

(A) Die UV-Schutzwirkung ist bei den Imprägnierlasuren größer.

(B) Die wasserabweisende Wirkung ist bei den Imprägnierlasuren größer.

(C) Die bereits abgewitterte Holzschicht läßt sich mit Imprägnierlasuren besser festigen.

(D) Der Wasserdampfwiderstand ist bei Imprägnierlasuren geringer.

(E) Imprägnierlasuren zeigen stärkere Haftung.

4.
Mit welchem Stoff sollte man eine etwas eingedickte, braune Imprägnierlasur verdünnen?

(A) mit Wasser

(B) mit Testbenzin

(C) mit Kunstharzverdünnung

(D) mit Universalverdünnung

(E) mit farbloser Imprägnierlasur gleichen Fabrikats

4.3.2 Arbeitsverfahren auf Holzuntergründen innen

4.3.2.1 Beschichtungen auf maßhaltigem Holz innen

1.
Ältere Füllungstüren aus Nadelholz wurden in einer Ablaugerei entschichtet. Worauf ist vor der erneuten Beschichtung besonders zu achten?

(A) Die Holzfeuchtigkeit kann zu hoch sein.
(B) Holzinhaltsstoffe können das Lackmaterial verfärben.
(C) Vom Ablaugen können noch Säurereste vorhanden sein.
(D) Die Türen müssen erst mit Holzschutzmitteln grundiert werden.
(E) Die Türen müssen vor dem Grundanstrich zweimal gespachtelt werden.

2.
Bereits früher deckend weiß lackierte Holztüren zeigen starke krakeleeartige Risse (Reißlackeffekt). Welches Arbeitsverfahren ist hier fachgerecht? [4.3.2.1-3]

(A) Schleifen, Spachteln, Vorlackieren und Lackieren
(B) Schleifen, Füllern und Lackieren
(C) Schleifen, Vorlackieren und Lackieren
(D) Schleifen, zweimal Spachteln und zweimal Lackieren
(E) Abbeizen, Grundieren, Abporen, Füllern, Lackieren

3.
Neue, anstrichtechnisch noch nicht behandelte Türblätter mit Limbafurnier sollen deckend weiß lackiert werden. Welche der folgenden Beschichtungsaufbauten ist richtig?

(A) Schleifen, Vorlackieren und Lackieren
(B) Schleifen, Füllern und Lackieren

(C) Schleifen, Grundieren, Spachteln, Vorlackieren und Lackieren
(D) Schleifen, zweimal Spachteln und Lackieren
(E) Abporen, Füllern und Fackieren

4.3.2.2 Beschichtungen auf nichtmaßhaltigem Holz innen

1.
Warum sollte man heute auf den Einsatz von chemischen Holzschutzmitteln im Innenraum verzichten? [4.3.2.2-1]

(A) Holzschutzmittel verändern die Holzoberfläche nachteilig.
(B) Chemische Holzschutzmittel können das Holz nicht zuverlässig schützen.
(C) Im Innenraum sind Schäden durch Holzschädlinge nicht möglich.
(D) Die Vorteile des chemischen Holzschutzes wiegen die Nachteile durch die möglichen Gesundheitsgefahren nicht auf.
(E) Chemische Holzschutzmittel sind für den Innenraum gesetzlich verboten.

2.
Eine Deckenverkleidung aus Kiefernholz in einem Versammlungsraum soll dunkel behandelt werden, dabei soll die Holzstruktur nicht verändert werden. Welche Werkstoffe sollten dazu eingesetzt werden? [4.3.2.2-2]

(A) Imprägnierlasuren
(B) Dickschichtlasuren
(C) Dispersionslasuren
(D) Farbstoffbeizen
(E) chemische Beizen

3.
Die Holzverkleidung an der Decke eines Bades soll beschichtet werden. Welche der folgenden Aussagen ist richtig?

(A) Die Holzverkleidung muß mit chemischen Holzschutzmitteln geschützt werden.

(B) Die Holzverkleidung ist unbedingt mit Klarlack zu beschichten.

(C) Fachgerechte Beschichtungen lassen sich bei solchen Objekten nur mit deckenden Werkstoffen erreichen.

(D) Zur Beschichtung eignen sich Dispersionslasuren besonders.

(E) Die Holzverkleidung sollte bereits vor dem Einbau allseitig beschichtet werden.

4.4 Arbeitsverfahren auf Kunststoffuntergründen

1.
Warum sollen weiße Kunststoffenster nicht dunkel gestrichen werden?

(A) Die Erwärmung kann zum Abplatzen der Beschichtung führen.

(B) Die Erwärmung kann zum Ausbleichen der Beschichtung führen.

(C) Die Erwärmung kann zur Verformung der Fensterprofile führen.

(D) Die Erwärmung kann zur Weichmacherwanderung führen.

(E) Die Erwärmung kann zur Versprödung der Beschichtung führen.

2.
Welche Kunststoffe sind im allgemeinen am problemlosesten zu beschichten?

(A) alle Kunststoffe mit sehr glatter Oberfläche

(B) alle Kunststoffe mit rauher Oberfläche

(C) alle weichen Kunststoffe

(D) alle glasfaserverstärkten Kunststoffe

(E) alle thermoplastischen Kunststoffe

3.
Warum sollte ein Kunststoffteil vor dem Lackieren mit einem Antistatic-Waschmittel gereinigt werden?

(A) damit die Beschichtung nachher nicht abplatzt

(B) damit in der Beschichtung keine Risse entstehen

(C) weil Kunststoffe sonst Staubteilchen besonders anziehen

(D) weil dadurch die Haftung auf den Kunststoffen verbessert wird

(E) um die Weichmacherwanderung zu verhindern

4.
Wie sind GFK-Kunststoffe für eine Beschichtung vorzubehandeln?

(A) reinigen und fein anschleifen

(B) mit verdünnter Salzsäure ansäuern

(C) mit verdünntem Salmiakgeist anlaugen

(D) mit Wasser und Netzmittelzusatz abwaschen

(E) möglichst grob anschleifen

5.
Welcher der folgenden Kunststoffe darf nicht mit lösemittelhaltigen Werkstoffen überarbeitet werden? [4.4-5]

(A) Acrylglas

(B) Polypropylen-Kunststoffe

(C) PVC-Kunststoffe

(D) GFK-Kunststoffe

(E) Polystrol-Hartschaum

6.
Womit sollten Lunkerstellen in GFK-Kunststoffen ausgefüllt werden?

(A) mit einem Spritzspachtel

(B) mit einem dicken Grundierfüller

(C) mit einem UP-Spachtel

(D) mit einem KH-Schnellspachtel

(E) mit einem NC-Spachtel

7.
Wie sind Silicondichtstoff-Versiegelungen am Fenster anstrichtechnisch zu behandeln?

(A) Sie dürfen nicht überstrichen werden.

(B) Sie werden mit dem gleichen Beschichtungsstoff gestrichen wie das übrige Fenster.

(C) Sie müssen erst mit Salmiak gereinigt werden und werden dann mit dem Fenster mitgestrichen.

(D) Sie müssen erst mit Spiritus gereinigt und dann mit dem Fenster mitgestrichen werden.

(E) Sie müssen nach dem Reinigen mit einem Haftprimer gestrichen werden. Anschließend werden sie mit dem Fenster mitgestrichen.

8.
Mit welchen Beschichtungsstoffen läßt sich eine Weichmacherwanderung aus dem Kunststoff am besten verhindern?

(A) mit 1-K-Polymerisatharzlacken

(B) mit Dispersionslacken

(C) mit Alkydharzlacken

(D) mit 2-K-Epoxidharzlacken

(E) mit 2-K-Polyurethanharzlacken

4.5 Brandschutzbeschichtungen

1.
Welche Aufgabe haben Brandschutzbeschichtungen auf Holz?

(A) Sie sollen das Holz völlig unbrennbar machen.

(B) Sie sollen die Entzündung des Holzes und die Brandausbreitung verhindern.

(C) Sie sollen die Flammen eines brennenden Holzes löschen.

(D) Sie sollen durch Aufschäumen der Beschichtung den Brand löschen.

(E) Sie sollen die Schäden durch Löschwasser gering halten.

2.
Welche Aufgabe haben die Dämmschichtbildner bei Holzbauteilen?

(A) Sie sollen aus dem normal entflammbaren Baustoff Holz einen schwer entflammbaren Baustoff machen.
(B) Sie sollen das Holz vor Holzschädlingen schützen.
(C) Sie sollen den Schallschutz des Holzes erhöhen.
(D) Sie sollen den Wärmeschutz des Holzes erhöhen.
(E) Sie sollen das Holz vor Witterungseinflüssen schützen.

3.
Welche der folgenden Aussagen treffen für Brandschutzbeschichtungen auf Stahl zu?

(A) Sie sind in der Regel Dämmschichtbildner.
(B) Sie können immer problemlos innen und außen eingesetzt werden.
(C) Sie enthalten als Wirkstoffe unbrennbare Pigmente.
(D) Sie müssen in der Regel mit einem speziellen Schutzlack beschichtet werden.
(E) Sie enthalten als Bindemittel meist Alkydharze.

4.
Welche Eigenschaft haben Dämmschichtbildner meist?

(A) Sie reagieren empfindlich gegen Feuchtigkeit.
(B) Sie bestehen ausschließlich aus anorganischen Stoffen, da diese nicht brennen.
(C) Sie sind nur für Holz und andere brennbare Untergründe geeignet.
(D) Sie sind mechanisch hoch belastbar.
(E) Sie sind immer wetterbeständig.

***5.**
Welche der folgenden Aussagen treffen auf den U/A-Wert eines Bauteiles zu? [4.5-1 und 4.5-2]

(A) Unter dem U/A-Wert versteht man die Feuerwiderstandsdauer in Minuten bis zum Versagen des Bauteiles.

(B) Der U/A-Wert ist das Verhältnis des Umfanges zur Querschnittfläche eines Stahlbauteiles in Meter.

(C) Der U/A-Wert ist ein Kennwert für den Widerstand eines Bauteiles gegen die Feuereinwirkung.

(D) Der U/A-Wert ist eine Stoffkonstante, die über die Hitzebeständigkeit Auskunft gibt.

(E) Der U/A-Wert ist für eine Brandschutzbeschichtung ohne Bedeutung.

***6.**
Welche Feuerwiderstandsdauer sollen Stahlteile mit einer Brandschutzbeschichtung erreichen?

(A) F 30

(B) F 60

(C) F 90

(D) F 120

(E) F 180

7.
Aus welchen Schichten besteht ein Brandschutzsystem für Stahl? [4.5-3)

(A) aus einer Grundierung und der Dämmschicht

(B) aus drei Beschichtungen Dämmschicht

(C) aus der Grundierung, der Dämmschicht und dem Schutzlack

(D) aus der Grundierung, der Dämmschicht, dem Vorlack und dem Schlußlack auf Alkydharzbasis

(E) aus der Grundierung, der Dämmschicht, einer Spachtelschicht, dem Vorlack und dem Schlußlack

8.
Eine Stahlkonstruktion soll mit einer Brandschutzbeschichtung geschützt werden. Was ist dabei u. a. zu beachten? [4.5-3]

(A) Der Prüfbescheid des verwendeten Dämmschichtbildners muß auf der Baustelle vorliegen.

(B) Die Konstruktion muß nach der Beschichtung dauerhaft gekennzeichnet werden.

(C) Die Konstruktion muß vor der Beschichtung gründlich handentrostet werden.

(D) Die Konstruktion muß mit Alkydharzbleimenige grundiert werden.

(E) Das Dämmschichtmaterial muß zum besseren Schutz des Stahls direkt auf den blanken Stahl gestrichen werden.

4.6 Fahrzeuglackierung

*1.
Was versteht man unter dem Bondern von Fahrzeugteilen bei der industriellen Autolackierung?

(A) Die Teile werden mit verdünnter Salzsäure behandelt.

(B) Die Teile werden mit verdünnter Schwefelsäure bzw. den Salzen der Schwefelsäure behandelt.

(C) Die Teile werden mit Phosphorsäure behandelt.

(D) Die Teile werden mit Natronlauge alkalisiert.

(E) Die Teile werden im Kathaphoreseverfahren grundiert.

2.
Zu welchem Zweck werden die Karosseriebleche bei der industriellen Lackierung phosphatiert?

(A) zum Entrosten

(B) zum Entfetten

(C) zum Entfernen der Walzhaut

(D) zum Aufrauhen des Metalls

(E) zum Korrosionsschutz und zur Verbesserung der Haftung

3.
Wie sind neue Fahrzeugteile mit einer großflächig beschädigten Transportgrundierung für eine Zweischicht-Metalliclackierung vorzubehandeln?

(A) Anschleifen und Aufbau mit Füller und Decklack
(B) Reinigen und Phosphatieren, anschließend Aufbau mit Füller und Decklack
(C) Spachteln mit UP-Spachtel, anschließend Aufbau mit Füller und Decklack
(D) Spachteln mit NC-Spachtel, weiterer Lackaufbau
(E) Transportgrundierung entfernen, Beschichtung neu aufbauen

4.
Mit welchem Werkstoff sind tiefe Beulen auf einem Karosserieteil zu spachteln?

(A) mit EP-Spachtel
(B) mit UP-Spachtel
(C) mit Kopalspachtel
(D) mit KH-Spachtel
(E) mit NC-Spachtel

5.
Was passiert, wenn dem UP-Spachtel zuviel Härter zugegeben wird?

(A) Die Spachtelmasse wird zu spröde.
(B) Die Spachtelmasse härtet nicht mehr aus.
(C) Die gespachtelte Stelle zeichnet sich in der lackierten Fläche ab.
(D) Der Spachtel läßt sich nicht schleifen.
(E) Der Spachtel haftet sehr schlecht.

6.
Welches Entrostungsverfahren sollte in der Fahrzeuglackierung nicht angewendet werden, weil kaum brauchbare Ergebnisse erreicht werden können?

(A) die Handentrostung
(B) das Entrosten mit der Rundschleifmaschine

(C) das Abschleifen mit der Winkelschleifmaschine
(D) die chemische Rostumwandlung
(E) das Abstrahlen mit Schmelzkammerschlacke

7.
Warum muß das zu lackierende Fahrzeug mit Siliconentferner gereinigt werden?

(A) um die Altlackierung anzurauhen
(B) um die alte Lackoberfläche anzuquellen
(C) um einen Haftgrund für die Reparaturlackierung zu schaffen
(D) um Oberflächenstörungen durch Fett und Silicone zu vermeiden
(E) nur um Staub und Schmutz abzuwaschen

8.
Warum sollen Polyesterspachtelmassen (UP) nicht zu dick aufgetragen werden?

(A) weil sich sonst Lunkerstellen bilden
(B) weil sich dicke Schichten schlecht schleifen lassen
(C) weil dicke Schichten nach der Trocknung abplatzen können
(D) weil zuviel Schleifpapier notwendig wird
(E) weil die Durchtrocknung dann nicht so lange dauert

9.
Welches Material eignet sich am besten zur Grundierung von Aluminium?

(A) Washprimer
(B) EP-Grundierfüller
(C) UP-Spritzspachtel
(D) Haftprimer (Sealer)
(E) Zinkchromatgrund

10.
Welcher Grundierfüller eignet sich zur Beschichtung von verzinktem Stahlblech am besten?

(A) Nitrokombifüller
(B) 2-K-Acrylharzfüller
(C) Epoxidharzfüller
(D) Alkydharzfüller
(E) Polyurethanfüller

11.
Auf welche Altlackierung darf nicht unmittelbar mit Spachtelmasse gearbeitet werden? [4.6-1]

(A) auf eine Nitrolackierung
(B) auf eine thermoplastische Lackierung
(C) auf eine Alkydharzlackierung
(D) auf eine Epoxidharzgrundierung
(E) auf eine 2-K-Lackierung

12.
Welchen Vorteil bietet ein farbloser Zwischenprimer?

(A) Er erspart das zeitraubende Anschleifen der alten Lackierung.
(B) Er ersetzt auf blanken Blechteilen die Grundierung.
(C) Er verbessert das Deckvermögen der nachfolgenden Lackierung.
(D) Er ermöglicht nach mehrstündiger Durchtrocknung gleich die Fertiglackierung ohne Schleifen.
(E) Es kann ohne Reinigung mit Siliconentferner risikolos auf der Altlackierung weitergearbeitet werden.

13.
Welchen der folgenden Arbeitsgänge soll ein Dickschichtfüller ersetzen?

(A) das Grundieren
(B) das Isolieren

(C) das Grobspachteln

(D) das Feinspachteln

(E) das Vorlackieren

14.
Wozu wird in der Reparaturlackierung ein Faserspachtel eingesetzt?

(A) zum Grobspachteln

(B) zum Ausbessern kleinerer Durchrostungen an nichttragenden Karosserieteilen

(C) zur Reparatur von elastischen Kunststoffteilen

(D) nach dem Ausbeulen zum Ausgleichen größerer Höhendifferenzen

(E) für Spachtelarbeiten am Unterboden

15.
Welche Aussage trifft auf den Reaktionsprimer zu?

(A) Er wirkt als Füller.

(B) Er beseitigt Flugrost und verhindert Durchrostung.

(C) Er wandelt Rost in stabile Verbindungen um.

(D) Er wirkt als Haftgrund phosphatierend und passivierend.

(E) Es handelt sich um einen Spezialgrund für verzinkte Bleche.

16.
Weshalb muß bei den 2-K-Werkstoffen das Mischungsverhältnis genau eingehalten werden?

(A) Der Werkstoff erhärtet sonst grundsätzlich zu schnell.

(B) Der Werkstoff härtet sonst nicht optimal durch.

(C) Der Werkstoff ist sonst zu empfindlich gegenüber Feuchtigkeit, dadurch würden Krater entstehen.

(D) Der Werkstoff reagiert sonst mit Sauerstoff, dadurch würden Oberflächenstörungen entstehen.

(E) Der Werkstoff versprödet sonst.

17.
Wodurch unterscheidet sich eine moderne Zweischichtlackierung von einer Dreischichtlackierung?

(A) Bei der Dreischichtlackierung wird immer zusätzlich ein farbloser Decklack aufgespritzt.

(B) Eine Dreischichtlackierung ist gegeben, wenn umfangreiche Spachtelschichten erforderlich sind.

(C) Bei einer Dreischichtlackierung wird an Stelle umfangreicher Schleifarbeiten ein Haftvermittler gespritzt.

(D) Bei der Dreischichtlackierung wird eine Grundierung und ein Füller verwendet, bei der Zweischichtlackierung wird ein Grundierfüller eingesetzt.

(E) Bei einer Zweischichtlackierung wird ein Klarlack auf einem Metallic-Basislack aufgetragen.

18.
Warum muß das Fahrzeug beim Spritzen Raumtemperatur haben? [4.6-12]

(A) Durch Kondenswasserbildung auf dem Fahrzeug kann es zu Kochern kommen.

(B) Es entstehen sonst leicht Läufer.

(C) Die Lackfarben decken sonst schlechter, was sich besonders an den Kanten zeigt.

(D) Die Spritznebelbildung ist sonst zu hoch.

(E) Es ist sonst ein besonders hoher Spritzdruck erforderlich, der nicht problemlos erzeugt werden kann.

19.
Wodurch entstehen beim Spritzen Krater?

(A) durch zu hohe Raumtemperatur

(B) durch zu niedrige Raumtemperatur

(C) durch Verwendung falscher Düsengrößen

(D) durch Luft-, Wasser- oder Siliconeinschlüsse

(E) durch zu geringen Spritzdruck

20.
Welche Faktoren brauchen bei der Farbtonangleichung bei einer Reparaturlackierung <u>nicht</u> beachtet werden? [4.6-11]

(A) Der Farbtonvergleich muß bei Tageslicht oder tageslichtgleichem Kunstlicht erfolgen.

(B) Zum Farbtonvergleich muß der Schmutz von der Altlackierung abpoliert werden.

(C) Zum Farbtonvergleich muß die nachgemischte Lackfarbe aufgespritzt werden.

(D) Der genaue Farbtonvergleich ist nur möglich, wenn noch flüssiger Altlack zur Verfügung steht.

(E) Farbtongleichheit ist nur möglich, wenn das gleiche Lackprodukt verwendet werden kann, wie es als Altlackierung vorgefunden wird.

21.
Für welche Aufgabe wird bei 2-K-Acrylharzlacken ein Elastifizierungszusatz benötigt? [4.6-8]

(A) zum Beschichten von GFK-Kunststoff-Spoilern

(B) zum Beschichten von Polycarbonat-Kunststoffteilen

(C) zum Beschichten von Polyamid-Kunststoffteilen

(D) zum Beschichten von PUR-Integralschaum

(E) zum Beschichten von allen Kunststoffen

22.
Welche spezielle Vorbehandlung ist vor den Spachtelarbeiten auf einem weichelastischen Kunststoff erforderlich?

(A) EP-Grundierfüller spritzen

(B) Washprimer spritzen

(C) Zinkchromatgrund spritzen

(D) Abreiben mit Wischfüller

(E) Kunststoffhaftprimer spritzen

23.
Wie sollten Poren in den zu beschichtenden Kunststoffen geschlossen werden?

(A) mit UP-Spachtel füllen
(B) mit EP-Grundierfüller füllen
(C) mit UP-Spritzspachtel füllen
(D) mit KH-Spachtel füllen
(E) mit Wischfüller abreiben

24.
Worauf ist bei Schleifarbeiten an einem geschäumten Kunststoffteil besonders zu achten?

(A) Wegen der Poren darf nur Trockenschleifpapier eingesetzt werden.
(B) Wegen der gleichmäßigeren Schleifwirkung darf nur Naßschleifpapier verwendet werden.
(C) Wegen der besseren Schleifwirkung muß ein Schleifklotz verwendet werden.
(D) Wegen der größeren Schleifwirkung sollte man Schleifmaschinen verwenden.
(E) Die Integralhaut darf nicht durchgeschliffen werden.

25.
Welcher Schaden ist zu erwarten, wenn Polyurethan-Integralschaum mit 2-K-Acrylharz-Werkstoffen ohne Elastifizierungszusatz beschichtet wird?

(A) Das Lackmaterial verläuft schlecht.
(B) Es gibt Auskocher.
(C) Es entstehen in der Beschichtung Risse.
(D) Im Lackmaterial entstehen Bläschen.
(E) Der Kunststoff wird angelöst.

26.
Auf weichelastischen Kunststoffteilen kommt es immer wieder zu Rißbildungen. Welche Gründe können dafür verantwortlich sein?

(A) Der Kunststoff wurde nicht ausreichend gereinigt.
(B) Der Kunststoff wurde nicht ausreichend angeschliffen.
(C) Der Kunststoff wurde zu dünn beschichtet.
(D) Der Kunststoff wurde zu dick beschichtet.
(E) Füller- und Lackmaterial wurden ohne Elastifizierungszusatz verarbeitet.

27.
Für weichelastische Fahrzeugteile muß dem 2-K-Acrylharz-Stammaterial ein Elastifizierungszusatz beigemischt werden. Welcher Mangel ist zu erwarten, wenn der Elastifizierungszusatz nachträglich der fertigen Mischung Stammlack/Härter zugesetzt wird?

(A) Das Material erhärtet zu rasch und läßt sich nicht einwandfrei verarbeiten.
(B) Das Material härtet nicht vollständig aus.
(C) Das Material erreicht keine optimale Haftung.
(D) Es kommt zu Oberflächenstörungen wie schlechtem Verlauf usw.
(E) Der Elastifizierungszusatz wird nicht wirksam, es kommt zu Rissen.

***28.**
Welches Material ist zum Füllen von Löchern in einem PP/EPDM-Kunststoff geeignet?

(A) UP-Spachtel
(B) UP-Spritzspachtel
(C) UP-Faserspachtel
(D) Nitrokombispachtel
(E) spezieller Kunststoffspachtel

29.
Wodurch bekommt der Metallic-Basislack einen brillanteren Silbereffekt? [4.6-10]

(A) durch Verwendung einer schnell verdunstenden Verdünnung
(B) durch sattes Naß-in-Naß-Spritzen
(C) durch Verwendung einer großen Düsenöffnung
(D) durch Verwendung eines niedrigen Luftdruckes
(E) durch hohe Viskosität des Basislackes

30.
Welche der folgenden Aussagen trifft auf eine Metalliclackierung zu?

(A) Industrielle Metalliclackierungen sind heute vorzugsweise Einschichtlacke.
(B) Der Basislack ist immer ein 1-K-Produkt.
(C) Vor der Klarlackierung muß der Basislack gründlich durchhärten.
(D) Der Basislack muß vor der Klarlackierung gründlich geschliffen werden.
(E) Metalliclackierungen erreichen nur auf Metalluntergründen ausreichende Haftung.

31.
Ein 2-K-Acrylharzlack wird bei einer Temperatur von 276 K (+3 °C) verspritzt. Wie wirkt sich diese Temperatur auf den Lack aus?

(A) Der Lack wird dünner.
(B) Die Erhärtungsreaktion wird verzögert.
(C) Die Erhärtungsreaktion setzt früher ein.
(D) Der Lack bleibt unverändert.
(E) Der Lack wird unbrauchbar.

32.
Welches Beschichtungsverfahren bezeichnet man als Reflow-Verfahren?
(A) die Elektrotauchlackierung
(B) die industrielle Lackierung mit thermoplastischem Acrylharzlack
(C) die 2-Schicht-Metallic-Lackierung
(D) die Pulverbeschichtung
(E) die Beschichtung durch Wirbelsintern

33.
Womit wird beim Beilackieren einer Zweischicht-Metallic-Lackierung die Fläche angeschliffen?
(A) mit Trockenschleifpapier P 180
(B) mit Naßschleifpapier P 280
(C) mit Naßschleifpapier P 400
(D) mit Bimsmehl
(E) mit Kunststoffschleifvlies

34.
In einer Metallic-Lackierung zeichnen sich die Spachtelflecken ab. Welcher Fehler wurde gemacht?
(A) Dem UP-Spachtel wurde zuviel Härter zugesetzt.
(B) Es wurde ein EP-Füller verwendet.
(C) Dem Füller wurde zuviel Härter zugesetzt.
(D) Dem Klarlack wurde zuviel Härter zugesetzt.
(E) Dem Klarlack wurde eine falsche Verdünnung zugesetzt.

35.
Welcher Mangel ist bei der Metalliclackierung auf Kunststoffen durch elektrostatische Aufladungen möglich?
(A) Rißbildungen durch Verspröden des Lackmaterials
(B) nur Abplatzungen
(C) Farbtonunterschiede, weil sich die Metallpigmente ausrichten
(D) mangelnde Wetterbeständigkeit
(E) Kocher und Verlaufsstörungen

36.
Auf einer Werkseinbrennlackierung soll eine computergeschnittene Schrift ausgespritzt werden. Welche Verfahren eignen sich dazu? [4.6-14]

(A) Die Schrift kann problemlos mit Alkydharzlackfarbe ausgespritzt werden.

(B) Zum Ausspritzen der Schrift muß ein thermoplastischer Acrylharzlack eingesetzt werden.

(C) Die Schrift kann mit Zwischenprimer dünn vorgelegt und nach dem Ablüften mit Alkydharzlackfarbe ausgespritzt werden.

(D) Die Schrift kann mit 2-K-Acrylharzfüller dünn vorgelegt und dann nach dem Ablüften mit 2-K-Acrylharzlack ausgespritzt werden.

(E) Die Schrift muß mit EP-Füller dünn vorgelegt und dann mit 2-K-Acrylharzlack ausgespritzt werden.

37.
Eine PVC-Lastwagenfolie soll beschriftet werden. Mit welchem Material soll die computergeschnittene Schrift ausgespritzt werden? [4.6-15]

(A) nur mit Alkydharzlackfarbe

(B) nur mit thermoplastischer Acrylharzlackfarbe

(C) nur mit 2-K-Acrylharzlackfarbe

(D) nur mit Epoxidharzlackfarbe

(E) nur mit spezieller PVC-Lackfarbe

38.
Wie muß bei einem Feuerwehrauto, das mit Tagesleuchtfarben lackiert werden soll, der Untergrund vorbereitet werden? [4.6-5]

(A) Das Auto muß mit grauem Füller gespritzt werden.

(B) Das Auto muß rot vorlackiert werden.

(C) Das Auto muß weiß gespritzt werden.

(D) Das Auto muß unmittelbar nach dem Spachteln mit Tagesleuchtfarben gespritzt werden.

(E) Das Auto muß mit beigefarbenem Epoxidharzfüller gespritzt werden.

39.
Welche Probleme gibt es bei der Reparatur einer thermoplastischen Lackierung? [4.6-2]

(A) Die thermoplastische Lackierung ist sehr lösemittelempfindlich.

(B) Es kann nur mit sehr hohen Temperaturen getrocknet werden.

(C) Auf der Altlackierung darf nicht gespachtelt werden.

(D) Bei der Verarbeitung muß die Temperatur genau 298 K (25 °C) betragen.

(E) Wenn die Viskosität nicht genau eingehalten wird, kommt es zu Trocknungsstörungen.

40.
Nach welchem Arbeitsgang darf eine thermoplastische Altlackierung mit Alkydharz-Werkstoffen überarbeitet werden?

(A) nach dem Absperren mit KH-Füller

(B) nach dem Absperren mit EP-Grundierfüller

(C) nach dem Absperren mit Sealer (Haftvermittler)

(D) nach dem Absperren mit UP-Spritzspachtel

(E) nach dem Absperren mit Alu-Spritzplastik

41.
Welches Bindemittel wird für den überspritzbaren Unterbodenschutz eingesetzt?

(A) PVC

(B) EP

(C) PUR

(D) PUR-AY

(E) CSM

42.
Welches Arbeitsverfahren wird zum Schutz der Fahrzeughohlräume eingesetzt?

(A) Sprühen mit Kriechöl
(B) Beschichten mit PVC-Massen
(C) Konservieren mit Öl-Wachs-Gemischen
(D) Ausgießen mit Dichtstoffen
(E) Ausschäumen mit PU-Schaum

43.
Was bewirkt eine Hohlraumversiegelung?

(A) Sie dient als Haftvermittler.
(B) Die Hohlräume werden vor Rost geschützt.
(C) Sie erhöht den Korrosionsschutz.
(D) Sie schützt vor Steinschlag.
(E) Sie wirkt als Dröhnschicht schalldämmend.

44.
Wie sind Lackkratzer, die bis auf den Untergrund gehen, am rationellsten zu beseitigen?

(A) polieren mit Schleif- und Polierpaste
(B) überlackieren
(C) Lackierung bis zum Grund schleifen und neu aufbauen
(D) überlackieren und nachpolieren
(E) Kratzer ausspachteln und überlackieren

45.
Wie sollte man einen Lackläufer bei einer 2-K-Acryllackierung beseitigen?

(A) mit Feinstschleifpapier herausschleifen und beipolieren
(B) mit Schleifpapier herausschleifen und beilackieren
(C) überspachteln, beischleifen und nachlackieren
(C) mit der Schwabelscheibe und Schleifpaste glatt polieren
(D) mit Schleifvlies herausschleifen und beilackieren

46.
Im Falzbereich eines Autos sind nach dem Lackieren kleine Bläschen zu sehen. Welche Ursache kann die Blasenbildung haben?

(A) Der Lack ist zu rasch getrocknet.

(B) Es wurde ein ungeeignetes Verdünnungsmittel verwendet.

(C) Die Luftfeuchtigkeit war beim Lackieren zu hoch.

(D) Der Lackieruntergrund war hier nicht sauber.

(E) Der Lack trocknete bei Normaltemperatur.

47.
Wie können lackierte Teile mit Kochern repariert werden?

(A) Die Kocher sind auszuschleifen und auszupolieren.

(B) Die Kocher sind leicht anzuschleifen und überzulackieren.

(C) Die Kocher sind mit Polyesterfüller auszugleichen.

(D) Die Kocher sind mit Feinspachtel auszugleichen.

(E) Die Beschichtung muß abgebeizt und neu aufgebaut werden.

5 Vorschriften und Normen

5.1 Immissionsschutz

1.
Wodurch unterscheiden sich Immissionen und Emissionen? [5.1-1]

(A) Die Immission ist immer größer als die Emission.
(B) Die Emission ist der Ausstoß von Schadstoffen, die Immission ist die Einwirkung von Schadstoffen.
(C) Die Immission erfolgt nur im Freien, die Emission innen und außen.
(D) Bei der Immission werden Schadstoffe freigesetzt, bei der Emission nicht.
(E) Die Emission ist die Einwirkung von Schadstoffen, die Immission ist die Menge der einwirkenden Schadstoffe.

2.
Welches der nachfolgenden Beispiele fällt <u>nicht</u> in den Geltungsbereich des Immissionsschutzgesetzes? [5.1-3]

(A) die Errichtung einer Lackierwerkstatt
(B) die den Straßenverkehrsvorschriften entsprechende Beschaffenheit und Ausrüstung des Firmenwagens
(C) der Herstellungsprozeß von Lackfarben
(D) das Reinigen der Arbeitsgeräte
(E) die Verarbeitung von Beschichtungsstoffen

3.
Wodurch können Maler und Lackierer zur Immissionsminderung beitragen?

(A) durch Verwendung von Arbeitsstoffen, die mit unbrennbaren Chlorkohlenwasserstoffen zu verdünnen sind
(B) durch Verwendung von lösemittelhaltigen Biofarben

(C) durch Verwendung von wasserverdünnbaren Arbeitsstoffen

(D) durch Verwendung von schallgedämpften Maschinen

(E) durch Verzicht auf den Einsatz von Spritzgeräten

4.
Wer überwacht die Einhaltung des Immissionsschutzgesetzes?

(A) die Baupolizei der Stadtverwaltungen bzw. der Landkreisverwaltungen

(B) die Berufsgenossenschaften

(C) die Handwerkskammern

(D) die Gewerbeaufsichtsämter

(E) die Polizei

5.
Warum sollte man heute auf den Einsatz von chlorkohlenwasserstoffhaltigen Abbeizmitteln verzichten?

(A) Diese Abbeizmittel zeigen zu geringe Wirkung.

(B) Diese Abbeizmittel haben einen zu niedrigen Flammpunkt.

(C) Diese Abbeizmittel sind brennbar.

(D) Diese Abbeizmittel sind stark gesundheitsschädlich.

(E) Diese Abbeizmittel belasten die Umwelt stark.

6.
Formaldehyd steht im Verdacht, krebserzeugend zu sein. Aus welchem Untergrund kann Formaldehyd frei werden?

(A) aus Gipskartonplatten

(B) aus Hartfaserplatten

(C) aus Weichfaserplatten

(D) aus Holzwolleleichtbauplatten

(E) aus Spanplatten

***7.**
Welche der folgenden Aussagen treffen auf den chemischen Holzschutz nach DIN 68 800 zu?

(A) Chemischer Holzschutz ist für alle Holzuntergründe erforderlich.

(B) Auf den chemischen Holzschutz kann man heute grundsätzlich verzichten.

(C) Ein chemischer Holzschutz darf nur nach Vereinbarung mit dem Auftraggeber ausgeführt werden.

(D) Zum chemischen Holzschutz dürfen keine in der Gefahrstoffverordnung enthaltenen Stoffe eingesetzt werden.

(E) Zum chemischen Holzschutz dürfen nur von einer Materialprüfanstalt als geeignet eingestufte Werkstoffe eingesetzt werden.

***8.**
Warum ist die indirekte Einleitung von Abwässern der direkten Einleitung vorzuziehen?

(A) Bei der indirekten Einleitung wird das Abwasser erst in den Kläranlagen gereinigt und dann den Gewässern zugeführt.

(B) Für die direkte Einleitung der Abwässer ist eine behördliche Genehmigung erforderlich.

(C) Bei der indirekten Einleitung der Abwässer müssen keine Grenzwerte eingehalten werden.

(D) Bei der indirekten Einleitung darf das Abwasser in das Erdreich gelangen.

(E) Bei der indirekten Einleitung wird das Abwasser erst mit Chemikalien gereinigt und dann der Kanalisation zugeführt.

***9.**
Warum sollte man in der Lackierwerkstatt die Trockenabscheidung einer Naßabscheidung vorziehen?

(A) Betriebe mit Naßabscheidung müssen einen Betriebsbeauftragten für Abfall benennen.

(B) Mit der Naßabscheidung läßt sich die Luftbelastung durch Farbstaub nicht zuverlässig reduzieren.

(C) Mit der Naßabscheidung ist eine Wasserbelastung verbunden.

(D) Naßabscheider arbeiten mit Filtermatten, diese müssen nach der Verwendung als Sonderabfall entsorgt werden.

(E) Das verunreinigte Wasser ist immer als Sondermüll zu entsorgen.

***10.**
Was versteht man unter fibrogenen Stäuben?

(A) Stäube, die Fieber verursachen können.

(B) Stäube, die bei der Verarbeitung von Glasfiber entstehen.

(C) Stäube, die grobkörnig sind.

(D) Stäube, die Asbestose verursachen können.

(E) Stäube, die Silikose verursachen können.

***11.**
Was versteht man unter der Auslöseschwelle?

(A) die Konzentration eines Gefahrstoffes in der Luft, bei deren länger andauernden Überschreitung zusätzliche Maßnahmen erforderlich sind

(B) der Zeitpunkt, an dem eine berufsbedingte Krankheit ausbricht

(C) der Zeitpunkt, an dem durch mangelnde Konzentration ein Unfall möglich wird

(D) der Zeitpunkt, an dem ein Verstoß strafbar wird

(E) der Zeitpunkt, bei dem bei Kontrollmessungen die Schichtmittelwerte größer als 1/4 der MAK-Werte sind

***12.**
Wann wird die Auslöseschwelle überschritten?

(A) wenn bei Kontrollmessungen der Schichtmittelwert größer als 1/4 des MAK-Wertes ist

(B) wenn bei Kontrollmessungen der Schichtmittelwert größer als 1/4 des TRK-Wertes ist

(C) erst wenn bei Kontrollmessungen der MAK-Wert erreicht wird

(D) erst wenn bei Kontrollmessungen der MAK-Wert überschritten wird

(E) erst wenn bei Kontrollmessungen der TRK-Wert überschritten wird

***13.**
Welche der folgenden Maßnahmen können u. a. erforderlich sein, wenn die Auslöseschwelle überschritten wird?

(A) arbeitsmedizinische Vorsorgeuntersuchungen

(B) Mitteilung an die betroffenen Arbeitnehmer und die Betriebs- und Personalräte

(C) Mitteilung an die Berufsgenossenschaft

(D) Mitteilung an das Gesundheitsamt

(E) das Tragen der persönlichen Schutzausrüstung genügt

***14.**
Wenn gefährliche Stäube entstehen können, müssen die Stäube unmittelbar an der Entstehungsstelle abgesaugt werden. Wieviel Prozent der ursprünglich verunreinigten Luft dürfen nach der Reinigung wieder in den Arbeitsbereich zurückgeführt werden?

(A) max. 100 % des Frischluftstromes

(B) max. 80 % des Frischluftstromes

(C) max. 50 % des Frischluftstromes

(D) max. 20 % des Frischluftstromes

(E) max. 10 % des Frischluftstromes

***15.**
Das Be- und Verarbeiten von Asbestprodukten muß spätestens 14 Tage vor Beginn der Arbeiten der zuständigen Behörde angezeigt werden. Welche Behörde ist hier gemeint?

(A) das Gewerbeaufsichtsamt

(B) die Berufsgenossenschaft

(C) die Polizei

(D) die Gemeinde bzw. das Landratsamt

(E) das Gesundheitsamt

16.
Welche der folgenden Stoffe können im Sinne der Gefahrstoffverordnung gefährliche Stäube verursachen?

(A) Quarz
(B) Asbest
(C) Hochofenschlacke
(D) Strahlkorund
(E) Eisen

***17.**
Bei der Entfernung von Bleimennigebeschichtungen im trockenen Freistrahlverfahren sind bestimmte Auflagen zu beachten. Welche der nachfolgenden Auflagen trifft <u>nicht</u> zu?

(A) Die Arbeiten müssen dem Gewerbeaufsichtsamt vor dem Beginn angezeigt werden.
(B) Der Arbeitsplatz muß aus Gründen des Umweltschutzes eingehaust werden.
(C) Es muß ein Strahlerhelm mit unabhängig von der Umgebungsatmosphäre arbeitender Luftzufuhr getragen werden.
(D) Es ist sind Gehörschutz und Gegensprechanlage zu benutzen.
(E) Es ist ein spezieller Schutzanzug zu tragen.

***18.**
Wo ist die Kennzeichnung für gefährliche Stoffe geregelt?

(A) in der Gefahrstoffverordnung
(B) im Umweltrecht
(C) im Immissionsschutzgesetz
(D) in der Verpackungsverordnung
(E) im Strafgesetzbuch

***19.**
Für welche der nachfolgenden Arbeiten muß der Aufsichtsführende einen Sachkundenachweis erbringen?

(A) für das Verarbeiten von Holzschutzlasuren
(B) für die Beschichtung von Asbestzementplatten
(C) für Strahlarbeiten
(D) für alle besonders unfallträchtigen Arbeiten
(E) für Straßenmarkierungsarbeiten

***20.**
Wie kann man den für Beschichtungen von Asbestzementplatten vorgeschriebenen Sachkundenachweis erlangen?

(A) nur durch Ablegung der Meisterprüfung
(B) nur durch eine Schulung durch den Beschichtungsstoffhersteller
(C) nur durch eine Prüfung beim Gewerbeaufsichtsamt
(D) nur durch eine Prüfung bei der Berufsgenossenschaft
(E) nur durch die Teilnahme und die Prüfung bei einem behördlich anerkannten Sachkundeseminar

5.2 RAL-Lieferbedingungen

1.
Was versteht man heute unter der Abkürzung RAL? [5.2-1]

(A) den Reichsausschuß für Lieferbedingungen
(B) den realen Arbeitslohn
(C) die realen (realistischen) Lieferbedingungen
(D) die rationalen Lieferbedingungen
(E) die vom Deutschen Institut für Gütesicherung und Kennzeichnung e.V. erarbeiteten Lieferbedingungen

2.
Welchen Farbton enthalten die Farben der Farbtonreihe RAL 2000? [5.2-2]

(A) gelb

(B) orange

(C) rot

(D) violett

(E) blau

***3.**
Welche der folgenden Aussagen zu den RAL-Farben sind richtig?

(A) RAL-Farbtonkarten müssen lichtgeschützt aufbewahrt werden.

(B) RAL-Farbtonkarten werden mit hochwertigen Farben ausgeführt und behalten deshalb 10 Jahre lang ihre Gültigkeit.

(C) RAL-Farbtonkarten bekommt man von jeder Lackfirma

(D) In der RAL-Farbtonkarte ist jeder Autolack-Farbton enthalten.

(E) Die RAL-Farbtonkarte unterteilt die Farbtöne in Tausender-Farbreihen.

4.
Wieviele Farbtonreihen unterscheidet das RAL-Basis-Farbregister 840 HR bzw. 841 GL? [5.2-2]

(A) 3 Farbreihen, entsprechend den 3 Grundfarben

(B) 5 Farbreihen, entsprechend den 5 Farbtönen, aus denen alle Farbtöne gemischt werden können

(C) 6 Farbreihen, entsprechend den 3 Primär- und den 3 Sekundärfarben

(D) 9 Farbreihen

(E) 2 Farbreihen, entsprechend den Glanzgraden matt und glänzend

***5.**
Für welche der nachfolgenden Maler- und Lackiererarbeiten gibt es ein RAL-Gütezeichen? [5.2-3]

(A) für Holzschutzarbeiten
(B) für Fassadenanstriche
(C) für Farbmarkierungen
(D) für Betonsanierungen
(E) für Wärmedämmarbeiten an der Fassade

***6.**
Welche Organisation vergibt den sog. „Blauen Engel"? [5.2-6]

(A) das Institut für Normung (DIN)
(B) das Institut für Gütesicherung und Kennzeichnung (RAL)
(C) das Deutsche Forschungsinstitut
(D) das Bundesgesundheitsamt
(E) das europäische Forschungsinstitut

***7.**
Wie hoch darf der Bleigehalt in einer Korrosionsschutzfarbe sein, wenn diese mit dem „Blauen Engel" gekennzeichnet ist? [5.2-8]

(A) unter 0,1 Gew.-%
(B) unter 0,5 Gew.-%
(C) unter 1 Gew.-%
(D) unter 3 Gew.-%
(E) unter 5 Gew.-%

***8.**
Wie hoch darf der Lösemittelanteil in einer Lackfarbe max. sein, wenn die Lackfarbe mit dem „Blauen Engel" gekennzeichnet ist? [5.2-7]

(A) 2 %

(B) 3 %

(C) 5 %

(D) 10 %

(E) 15 %

5.3 DIN-Normen

1.
Was bedeutet die Kurzbezeichnung DIN? [5.3-1]

(A) Das ist Norm.

(B) Kennzeichen für Deutsche Industrie-Normen

(C) Kennzeichen für die vom Deutschen Institut für Normung herausgegebenen Normen

(D) Kennzeichen für Deutsch-Internationale Normen

(E) Kennzeichen für gesetzlich vorgeschriebene, deutsche Industrie-Normen

2.
Welche Regelung gilt für die Anwendung und Einhaltung der DIN-Normen? [5.3-2)

(A) Die Anwendung der DIN-Normen ist gesetzlich vorgeschrieben, deshalb müssen sie eingehalten werden.

(B) Die Anwendung und Einhaltung der DIN-Normen steht jedermann frei und kann auch nicht vorgeschrieben werden.

(C) Die Anwendung und Einhaltung der DIN-Normen ist verpflichtend, wenn eine Malerarbeit nach VOB ausgeführt wird.

(D) Die Anwendung und Einhaltung der DIN-Normen kann vertraglich festgelegt werden.

(E) Die Anwendung und Einhaltung der DIN-Normen ist im Baugewerbe nicht üblich.

***3.**
Wie lange muß eine Heizkörper-Grundbeschichtung ohne zusätzliche Beschichtung entsprechend der DIN 55 900, Beschichtungen für Raumheizkörper, einen Korrosionsschutz gewährleisten? [5.3-3]

(A) 5 Jahre

(B) 2 Jahre

(C) 1 Jahr

(D) 6 Monate

(E) 3 Monate

***4.**
Welche der nachfolgenden Anforderungen sind für Grundbeschichtungen für Heizkörper in der DIN 55 900, Beschichtungen für Raumheizkörper, enthalten? [5.3-3]

(A) Die Grundbeschichtung muß auf Alkydharzbasis aufgebaut sein.

(B) Die Grundbeschichtung darf wegen der höheren Oberflächenqualität nur im Spritzverfahren aufgetragen werden.

(C) Die Grundbeschichtung darf keine Bestandteile enthalten, die beim Überlackieren durchschlagen.

(D) Die Grundbeschichtung darf die durchgehärtete Schlußlackierung beim Dauerbetrieb bis zu 403 K (130 °C) nicht verfärben.

(E) Die Grundbeschichtung muß absolut lösemittelbeständig sein.

***5.**
Welcher Gt-Wert ist bei einer Heizkörpergrundierung entsprechend der DIN 50 900 max. zulässig? [5.3-4]

(A) Gt-Wert 0

(B) Gt-Wert 1

(C) Gt-Wert 2

(D) Gt-Wert 3

(E) Gt-Wert 4

***6.**
Rohrleitungen müssen entsprechend der DIN 2403 nach ihrem Durchflußstoff gekennzeichnet werden. Welcher Farbton ist für die Kennzeichnung erforderlich, wenn in den Rohren Wasser fließt? [5.3-5]

(A) Grün RAL 6018

(B) Blau RAL 5015

(C) Grau RAL 7001

(D) Orange RAL 2003

(E) Braun RAL 8001

***7.**
Mit welchem Farbton müssen Rohre entsprechend der DIN 2403, Kennzeichnung von Rohrleitungen nach dem Durchflußstoff markiert werden, wenn darin brennbare Gase fließen? [5.3-5]

(A) Rot RAL 3000

(B) Braun RAL 8001

(C) Violett RAL 4001

(D) Orange RAL 2003

(E) Gelb RAL 1021

8.
Welcher der nachfolgend genannten Stoffe darf durch eine Rohrleitung fließen, wenn diese entsprechend der DIN 2403 rot gekennzeichnet ist? [5.3-5]

(A) Wasser

(B) Wasserdampf

(C) Luft

(D) Sauerstoff

(E) Säure

***9.**
In der DIN 55 928, Korrosionsschutz von Stahlbauten durch Beschichtungen und Überzüge, werden Stahlflächen mit den Graden A, B, C oder D gekennzeichnet. Wofür gelten diese Bezeichnungen? [5.3-6]

(A) für die Rostgrade unbeschichteter Stahlflächen

(B) für die Rostgrade beschichteter Stahlflächen

(C) für die Entrostungsgrade

(D) für die verschiedenen Verzinkungsarten

(E) für die Haftung der Grundierungen

***10.**
Welche Zustandsbeschreibung trifft entsprechend der DIN 55 928, Korrosionsschutz von Stahlbauten durch Beschichtungen und Überzüge, für unbeschichtete Stahlflächen zu, wenn ihr Zustand dem Rostgrad B entspricht? [5.3-6]

(A) Die Stahloberfläche ist mit festhaftender Walzhaut bedeckt und frei von Rost.

(B) Zunder und Walzhaut sind von der Stahloberfläche weggerostet.

(C) Die Stahloberfläche weist zahlreiche Rostnarben auf.

(D) An der Stahloberfläche beginnen Zunder und Walzhaut abzublättern; beginnender Rostangriff.

(E) Die Walzhaut läßt sich vom Stahl abschaben, die Oberfläche weist nur wenige Rostnarben auf.

***11.**
In einer Leistungsbeschreibung wird der Zustand einer Stahlfläche unter Hinweis auf die DIN 53 210 mit dem Kennwert Ri 3 charakterisiert. Welche der folgenden Aussagen treffen hier zu? [5.3-7]

(A) Die Stahlfläche ist beschichtet.

(B) Die Beschichtung platzt großflächig ab.

(C) Die Stahlfläche ist noch nicht beschichtet.

(D) Die Stahlfläche ist mit festhaftender Walzhaut bedeckt.

(E) Auf der beschichteten Stahlfläche ist Rost zu sehen.

***12.**
Wie groß ist der sichtbare Rostanteil ungefähr in Prozent, wenn eine Stahlfläche entsprechend der DIN 53 210, Lacke und Anstrichstoffe; Bezeichnung des Rostgrades, den Rostgrad Ri 4 aufweist? [5.3-7.]

(A) 10 %

(B) 20 %

(C) 30 %

(D) 40 %

(E) 50 %

13.
Wie wird der Rostgrad entsprechend der DIN 53 210 ermittelt? [5.3-7]

(A) durch optischen Vergleich der Stahlfläche mit den Vergleichsfotos in der DIN 53 210

(B) durch Berechnung der Rostfläche

(C) mit einem speziellen Meßgerät

(D) durch optische Einschätzung in Prozent in Bezug zur gesamten Stahlfläche

(E) mit der Kratzprobe wird die Unterrostung festgestellt

14.
Die DIN 55 928 sieht für die Reinigung der Stahlflächen für die unterschiedlichen Arbeitsverfahren Normreinheitsgrade vor. Welcher Normreinheitsgrad läßt sich durch Handentrostung mit Spachtel, Stahlbürste und Rundschleifmaschine max. erreichen? [5.3-8]

(A) Sa 3

(B) St 3

(C) Be

(D) Fl

(E) PSa 2 1/2

15.
Mit welchem der nachfolgenden Werkzeuge bzw. Geräte läßt sich der Normreinheitsgrad Sa 3 entsprechend der DIN 55 928 erreichen? [5.3-8]

(A) mit der Rundschleifmaschine
(B) mit dem Strahlgerät
(C) mit der Stahlbürste
(D) mit dem Flammstrahlgerät
(E) mit Schleifpapier

16.
Welcher Normreinheitsgrad wurde entsprechend der DIN 55 928 erreicht, wenn die Stahlfläche abgestrahlt wurde, so daß Walzhaut, Zunder und Rost entfernt wurden und nur noch leichte Schattierungen sichtbar sind? [5.3-8]

(A) Sa 1
(B) Sa 2
(C) Sa $2^1/_2$
(D) Sa 3
(E) St 3

17.
Welcher Unterschied besteht zwischen dem Normreinheitsgrad Sa $2^1/_2$ und dem Normreinheitsgrad PSa $2^1/_2$, entsprechend der DIN 55 928? [5.3-8]

(A) Der Normreinheitsgrad Sa $2^1/_2$ wird durch Abstrahlen, der Normreinheitsgrad PSa $2^1/_2$ wird durch Flammstrahlen erreicht.
(B) Beim Normreinheitsgrad PSa $2^1/_2$ verbleiben gut haftende, schadensfreie Beschichtungen auf dem Stahl.
(C) Der Normreinheitsgrad Sa $2^1/_2$ wird durch Abstrahlen, der Normreinheitsgrad PSa $2^1/_2$ wird mit phosphorsäurehaltigen Rostumwandlern erreicht.
(D) Beim Normreinheitsgrad PSa $2^1/_2$ wird die Beschichtung vor dem eigentlichen Strahlvorgang durch Abbeizen entfernt.
(E) Beim Normreinheitsgrad PSa $2^1/_2$ ist nicht der gesamte Rost entfernt.

18.
Welchem Entrostungsgrad nach DIN 18 364, Korrosionsschutzarbeiten an Stahl- und Aluminiumbauten, entspricht eine metallisch blanke Entrostung? [5.3-10]

(A) dem Entrostungsgrad 1
(B) dem Entrostungsgrad 2
(C) dem Entrostungsgrad 3
(D) dem Entrostungsgrad 4
(E) dem Entrostungsgrad 5

***19.**
Welchen Normreinheitsgraden nach DIN 55 928 entspricht der Entrostungsgrad 2 nach DIN 18 364? [5.3-10]

(A) Sa 1
(B) Sa 2
(C) Sa $2^1/_2$
(D) Fl
(E) Be

20.
Welcher Mangel in der Beschichtungsoberfläche liegt vor, wenn im Prüfbericht nach DIN 53 209 die Buchstaben-Zahlen-Kombination "m 2 / g 3" genannt wird? [5.3-12]

(A) Die Beschichtung zeigt matte Flecken.
(B) Die Beschichtung weist durchgerostete Flecken auf.
(C) Die Beschichtung weist einen schlechten Gitterschnittwert auf.
(D) Die Beschichtung hat Blasen.
(E) Die Beschichtung kreidet.

***21.**
Was versteht man unter dem Blasengrad nach DIN 53 209? [5.3-12]

(A) die durch Abzählen ermittelte Anzahl der Blasen auf einem Quadrat mit der Seitenlänge 10 cm in einer Beschichtung

(B) der durch Vergleich der Häufigkeit und Größe der Blasen mit den Fotos in der DIN 53 209 ermittelte Grad einer Blasenbildung

(C) die Anzahl der sich auf einer Fläche von 1 m^2 beim Aufrollen einer Dispersionsfarbe bildenden Bläschen

(D) die durch Messen mit dem Luftblasenviskosimeter ermittelte Konsistenz eines Beschichtungsstoffes

(E) die Größe der Blasen bei einer Beschichtung in mm

***22.**
Welche der folgenden Baustoffe entsprechen der Baustoffklasse B 1 nach DIN 4102, Brandverhalten von Baustoffen und Bauteilen? [5.3-13]

(A) nichtbrennbare Baustoffe

(B) alle brennbaren Baustoffe

(C) schwer entflammbare Baustoffe

(D) normal entflammbare Baustoffe

(E) leicht entflammbare Baustoffe

***23.**
Was versteht man unter der Feuerwiderstandsdauer nach DIN 4102? [5.3-14]

(A) die Zeitdauer in Minuten, bis das Bauteil brennt

(B) die Zeitdauer in Minuten, bis das Bauteil schmilzt

(C) die Zeitdauer in Minuten, die das Bauteil im Normversuch dem Feuer mindestens standhält, ohne daß das Bauteil versagt

(D) die Zeitdauer in Minuten, die das Bauteil im Normversuch dem Feuer längstens standhält bis zum Versagen des Bauteils

(E) die Zeitdauer in Minuten, bis die Brandschutzbeschichtung im Brandfall versagt

***24.**
Welche Feuerwiderstandsdauer weist ein Bauteil der Feuerwiderstandsklasse F 30 entsprechend der DIN 4102 auf? [5.3-15]

(A) 30 Sekunden
(B) 30 Minuten
(C) 30 Stunden
(D) 30 Tage
(E) 30 Arbeitseinheiten

25.
Welches Bindemittel wird zur Herstellung eines Putzes der Mörtelgruppe P IIIb nach DIN 18 550, Putz, eingesetzt? [5.3-16]

(A) Luftkalk
(B) Wasserkalk
(C) Zement
(D) Gips
(E) Anhydrit

26.
Welche Bindemittel können zur Herstellung eines Putzes der Mörtelgruppe P IVd nach DIN 18 550 Putz eingesetzt werden? [5.3-16]

(A) Luftkalk
(B) Wasserkalk
(C) Zement
(D) Gips
(E) Anhydrit

27.
Welche Putzdicke fordert die DIN 18 550 für Außenputze im Mittel? [5.3-17]

(A) 10 mm
(B) 15 mm
(C) 20 mm
(D) 25 mm
(E) 30 mm

28.
Welche Putzdicke fordert die DIN 18 550 für mehrlagige Innenputze im Mittel? [5.3-17]

(A) 10 mm

(B) 15 mm

(C) 20 mm

(D) 25 mm

(E) 30 mm

***29.**
Ein Kunstharzputz trägt entsprechend der DIN 18 558 die Bezeichnung P Org 1. Um welchen der folgenden Putze handelt es sich? [5.3-18]

(A) um einen Reibeputz für innen, der als Bindemittel Kunststoffdispersion enthält

(B) um einen Kratzputz für innen, der als Bindemittel Kunststoffdispersion enthält

(C) um einen mineralischen Außenputz

(D) um einen Fassadenputz, der als Bindemittel Kunststoffdispersion enthält

(E) um einen Fassadenputz, der als Bindemittel Wasserglas enthält

***30.**
Welche Lagerfähigkeit im verschlossenen Gebinde müssen Kunstharzputze entsprechend der DIN 18 558 mindestens aufweisen? [5.3-19]

(A) 3 Monate

(B) 6 Monate

(C) 1 Jahr

(D) 2 Jahre

(E) 3 Jahre

***31.**
Welche der folgenden Einbringverfahren sind (u. a.) in der DIN 68 800, Holzschutz im Hochbau, nicht enthalten? [5.3-20]

(A) Streichen

(B) Spritzen

(C) Fluten

(D) Tauchen

(E) Rollen

***32.**
Wie tief muß ein Holzschutzmittel entsprechend der DIN 52 175, „Holzschutz: Begriff, Grundlagen", mindestens eindringen, damit der Begriff Tiefschutz gerechtfertigt ist? [5.3-21]

(A) 1 mm

(B) 3 mm

(C) 5 mm

(D) 10 mm

(E) 20 mm

***33.**
Welche der nachfolgenden Aussagen entspricht dem Inhalt der DIN 68 800, „Holzschutz im Hochbau"? [5.3-22]

(A) Chemischer Holzschutz ist für alle Holzteile erforderlich.

(B) Holzschutzsalze sind für den chemischen Holzschutz nicht zugelassen.

(C) Chemischer Holzschutz ist mit handwerklichen Arbeitsverfahren nicht möglich.

(D) Mit chemischen Holzschutzmitteln kann nur ein Randschutz des Holzes erreicht werden.

(E) Mit chemischen Holzschutzmitteln behandelte Bauteile sind zu kennzeichnen.

34.
Welche der nachfolgend aufgeführten Kunststoffdispersionsfarben können der DIN 53 778 entsprechen? [5.3-24]

(A) wischbeständige Qualitäten
(B) waschbeständige Qualitäten
(C) scheuerbeständige Qualitäten
(D) wetterbeständige Qualitäten
(E) wasserbeständige Qualitäten

35.
Welchen der nachfolgenden Farbtöne nennt die DIN 4844 <u>nicht</u> als Sicherheitsfarben? [5.3-25]

(A) gelb
(B) rot
(C) blau
(D) grün
(E) violett

***36.**
Welche der nachfolgenden fluoreszierenden Farben sind entsprechend der DIN 4844 als Sicherheitsfarben vorgesehen?

(A) gelb
(B) orange
(C) rot
(D) blau
(E) grün

37.
Welche Bedeutung hat das nachfolgend abgebildete Symbol entsprechend der Europäischen Norm DIN EN 233 bei Tapeten?

(A) Der Kleister für die dreischichtige Tapete ist auf den Tapezieruntergrund aufzutragen.
(B) Die Rückseite der Tapete ist wegen der langen Weichzeit der Tapete dreimal mit Kleister zu beschichten.
(C) Die Tapete muß mit der Bürste eingekleistert werden.
(D) Die Tapete ist hoch scheuerbeständig.
(E) Die Tapete besteht aus drei spaltbaren Papierbahnen.

38.
Welche der folgenden Aussagen macht die DIN 55 945 zu Pigmenten?
(A) Pigmente müssen in Wasser und organischen Lösemitteln löslich sein.
(B) Pigmente dürfen in Wasser und organischen Lösemitteln nicht löslich sein.
(C) Pigmente müssen anorganisch (aus Metallverbindungen und Mineralien bestehend) sein.
(D) Pigmente müssen sich mit Abbeizfluiden lösen lassen.
(E) Pigmente müssen sich ablaugen lassen.

5.4 In DIN-Normen festgelegte Prüfverfahren

1.
Für welche der nachfolgend aufgeführten Prüfungen ist die vorhergehende Schichtdickenmessung erforderlich? [5.4-1]
(A) zur Ermittlung des Rostgrades nach DIN 53 210
(B) zur Ermittlung des Blasengrades nach DIN 53 209
(C) für die Gitterschnittprüfung nach DIN 53 151
(D) nur zur Ermittlung des E-Moduls
(E) für die Abreißprobe nach DIN 53 232

2.
Die Gitterschnittprüfung sollte entsprechend der DIN 53 151 durchgeführt werden. Welche Aussage ist hierzu richtig? [5.4-1]

(A) Der Schnittabstand muß immer 1 mm betragen.

(B) Der Schnittabstand hängt von der Schichtdicke der Beschichtung ab.

(C) Der Altanstrich zeigt bis zum Gt-Wert 4 ausreichende Haftung für nachfolgende Beschichtungen.

(D) Entsprechend der DIN-Norm wird nach dem eigentlichen Gitterschnitt auf die Schnittstellen ein Klebeband aufgeklebt und dann ruckartig abgerissen.

(E) Zum Gitterschnitt muß immer das Gitterschnittgerät eingesetzt werden.

3.
Eine Beschichtung weist eine Schichtdicke von 130 µm auf. Wie groß muß der Schneidenabstand beim Gitterschnitt nach DIN 53 151 sein? [5.3-1]

(A) 1 mm

(B) 1,5 mm

(C) 2 mm

(D) 2,5 mm

(E) 3 mm

4.
Bei einem Gitterschnittest wurde nach dem eigentlichen Gitterschnitt ein Tesaband aufgeklebt und ruckartig abgerissen. Welche der folgenden Aussagen ist hierzu richtig?

(A) Die Messung entspricht der DIN-Norm 53 151 Gitterschnittprüfung von Anstrichen und ähnlichen Beschichtungen.

(B) Das Klebeband hätte nicht verwendet werden dürfen, weil von ihm Weichmacher in die Beschichtung wandern können und so das Ergebnis verfälscht wird.

(C) Das Meßergebnis bleibt mit und ohne Klebeband gleich.

(D) Entscheidend für das Meßergebnis ist nur der Abstand der einzelnen Schnitte.

(E) Das zusätzliche Aufkleben des Klebebandes entspricht nicht der DIN 53 151, ist aber zweckmäßig.

***5.**
Welche Probleme können sich bei der Messung der Anstrichhaftung nach der Abreißprobe entsprechend der DIN ISO 4624 ergeben, so daß kein eindeutiges Meßergebnis ermittelt werden kann?

(A) Der Ausbruch erfolgt als Kohäsionsbruch im Untergrund.

(B) Der Ausbruch erfolgt als Kohäsionsbruch in der Beschichtung.

(C) Der Kleber wird vom Untergrund gerissen.

(D) Der Kleber verändert die Beschichtung.

(E) Die Beschichtung wird vom Untergrund gerissen.

***6.**
Mit welchen Geräten kann man die Härte einer Beschichtung zuverlässig prüfen?

(A) mit dem Bleistift-Härteprüfgerät

(B) mit dem Pendeldämpfungsprüfer

(C) mit dem Gitterschnittgerät

(D) mit dem Dornbiegegerät

(E) mit dem Steinschlagprüfer

***7.**
Welche Eigenschaft der Beschichtungen wird mit der Spanprüfung (nach Peters) entsprechend der DIN 53 155 geprüft?

(A) die Haftung

(B) die Geschmeidigkeit

(C) die Reinigungsfähigkeit

(D) die Schleifbarkeit

(E) die Viskosität

***8.**
Welche Eigenschaften der Beschichtungen werden mit dem Dornbiegeversuch nach DIN 53 152 geprüft?

(A) die Haftung
(B) die Elastiztität
(C) die Schleifbarkeit
(D) die Verarbeitbarkeit
(E) die Konsistenz

***9.**
Welche Aussage trifft auf den Dornbiegeversuch nach DIN 53 152 zu?

(A) Der Dornbiegeversuch eignet sich für alle beschichteten Stahlbleche.
(B) Der Dornbiegeversuch eignet sich zur Prüfung der Elastizität von Stahlbeschichtungen im Handwerk.
(C) Beim Dornbiegeversuch kann man mit unterschiedlichen Duchmessern arbeiten.
(D) Die Dicke der Beschichtung hat keinen Einfluß auf das Meßergebnis.
(E) Der Dornbiegeversuch bringt auf verzinkten Stahlblechen wegen der schlechten Haftung der Beschichtungsstoffe kein brauchbares Ergebnis.

***10.**
Wie wird die Vergilbung der Weißlacke gemessen?

(A) Die Farbtonveränderung wird durch Messen vor und nach der Vergilbung ermittelt.
(B) Die Vergilbungszahl wird rechnerisch ermittelt.
(C) Die Vergilbungszahl wird optisch ermittelt.
(D) Die Vergilbungszahl wird über die Weißgradformel nach Berger bestimmt.
(E) Die Vergilbungszahl wird durch Vergleich mit der Weißgradkarte ermittelt

***11.**
Die Wasch- und Scheuerbeständigkeit der Dispersionsfarben wird nach DIN 53 778 ermittelt. Nach wieviel Scheuerzyklen wird die Scheuerbeständigkeit festgestellt? [5.4-7]

(A) nach 800 Scheuerzyklen

(B) nach 1000 Scheuerzyklen

(C) nach 2000 Scheuerzyklen

(D) nach 5000 Scheuerzyklen

(E) nach 7000 Scheuerzyklen

***12.**
Mit dem Scheuertest nach DIN 53 778 wird bei Dispersionsfarben neben der Wasch- und Scheuerbeständigkeit auch die Reinigungsfähigkeit ermittelt. Nach wieviel Scheuerzyklen müssen die definierten Verunreinigungen entsprechend der DIN entfernt sein? [5.4-7]

(A) nach 100 Scheuerzyklen

(B) nach 400 Scheuerzyklen

(C) nach 800 Scheuerzyklen

(D) nach 1000 Scheuerzyklen

(E) nach 5000 Scheuerzyklen

13.
Welche der folgenden Aussagen treffen auf den DIN-Becher nach DIN 53 211 zu? [5.4-9]

(A) Der Becher faßt 100 ml.

(B) Es handelt sich um einen Auslaufbecher mit einer 4-mm-Düsenöffnung.

(C) Der DIN-Becher ist gut für thixotrope Beschichtungsstoffe geeignet.

(D) Die Messung mit dem DIN-Becher hat nach DIN bei 303 K (30 °C) zu erfolgen.

(E) Der DIN-Becher entspricht in Form und Inhalt dem ISO-Becher.

14.
Welches der nachfolgend aufgeführten Geräte eignet sich zur Viskositätsmessung thixotroper Lackfarben?

(A) der DIN-Becher 4 nach DIN 53 211

(B) der ISO-Becher nach DIN ISO 53 224

(C) der Rotationsviskosimeter

(D) der Viskosimeterspatel nach Roßmann

(E) nur elektrische Viskosimeter

***15.**
Welche Meßgeräte werden zur Ermittlung der Dichte nach DIN 53 217 benötigt?

(A) nur eine genau messende Waage

(B) ein Pyknometer und eine Analysenwaage

(C) eine Schale, ein Wärmeschrank und eine Analysenwaage

(D) ein spezielles Dichtemeßgerät

(E) eine Schale, ein Thermometer und eine Analysenwaage

***16.**
Der organische Anteil der Dispersionssilicatfarben wird durch Veraschung festgestellt. Welche Temperatur wird hierzu gewählt?

(A) 453 K (180 °C)

(B) 523 K (250 °C)

(C) 623 K (350 °C)

(D) 723 K (450 °C)

(E) 878 K (600 °C)

5.5 VOB

1.
Was versteht man unter der Kurzbezeichnung VOB? [5.5-1]

(A) Verdingungsordnung für Bauleistungen

(B) Verordnung für Bauleistungen

(C) Verordnung für Oberflächen-Beschichtungen
(D) Verordnung für Bauunternehmer
(E) Verband der Oberflächen-Beschichter

***2.**
Wann gilt die VOB als Vertragsbestandteil?

(A) ohne vertragliche Erwähnung für die Ausführung aller Bauleistungen
(B) ohne vertragliche Erwähnung, aber nur für die Abrechnung von Bauleistungen
(C) ohne vertragliche Erwähnung, aber nur bei Streitigkeiten über Bauleistungen
(D) erst nach Vereinbarung im Vertrag über auszuführende Bauleistungen
(E) erst nach Begleichung der Schlußrechnung

***3.**
Wie hoch soll die Sicherheitsleistung entsprechend der VOB max. sein? [5.5-4]

(A) 3 % der Auftragssumme
(B) 5 % der Auftragssumme
(C) 10 % der Auftragssumme
(D) 15 % der Auftragssumme
(E) nicht höher, als nötig ist, um den Auftraggeber vor Schaden zu bewahren

***4.**
Wo in der VOB wird die Mitwirkung von Sachverständigen geregelt? [5.4-3]

(A) in der VOB Teil A DIN 1960
(B) in der VOB Teil B DIN 1961
(C) in der VOB Teil C DIN 18 363
(D) in der ATV DIN 18 364
(E) in allen Teilen der VOB

***5.**
Welche der folgenden Mängel an einer zu beschichtenden Stahlkonstruktion würden nach VOB eine Mängelanzeige an den Auftraggeber erforderlich machen?

(A) Der Grundanstrich zeigt starke Unterrostungen.
(B) Der Grundanstrich wurde auf Zinkstaubbasis ausgeführt.
(C) Der Grundanstrich wurde mit Bleimennige ausgeführt.
(D) Der Grundanstrich weist den Gt-Wert 3 auf.
(E) Der Grundanstrich läßt sich mit Abbeizlaugen verseifen.

***6.**
Wann gilt eine Leistung, für die keine Abnahme verlangt wird, entsprechend der VOB als abgenommen?

(A) 6 Werktage nach schriftlicher Mitteilung der Fertigstellung der Leistung
(B) 12 Werktage nach schriftlicher Mitteilung der Fertigstellung der Leistung
(C) 3 Wochen nach schriftlicher Mitteilung der Fertigstellung der Leistung
(D) 1 Monat nach schriftlicher Mitteilung der Fertigstellung der Leistung
(E) 2 Monate nach schriftlicher Mitteilung der Fertigstellung der Leistung

***7.**
Zu welchem Zeitpunkt beginnt die Gewährleistungsfrist entsprechend der VOB? [5.4-7]

(A) mit dem Termin der vorgesehenen Fertigstellung der Arbeiten
(B) mit der tatsächlichen Fertigstellung der Arbeiten
(C) mit der Abnahme der Gesamtleistung
(D) mit der Stellung der Schlußrechnung
(E) mit der Zahlung der Schlußrechnung

***8.**
Für welche Frist muß der Auftragnehmer entsprechend der VOB die Gebrauchsfähigkeit der Beschichtung gewährleisten? [5.4-6]

(A) 5 Jahre vom Ende des Jahres ab, in dem die Leistung erbracht wurde

(B) 2 Jahre vom Ende des Jahres ab, in dem die Leistung erbracht wurde

(C) 2 Jahre von der Fertigstellung der Arbeiten aus gerechnet

(D) 2 Jahre von der Abnahme der Leistung aus gerechnet.

(E) 1 Jahr von der Abnahme der Leistung aus gerechnet

9.
Wann sind entsprechend der VOB Vertragsstrafen vertraglich vorzusehen?

(A) immer wenn mit den Arbeiten nicht fristgerecht begonnen werden kann

(B) immer wenn die Arbeiten nicht fristgerecht beendet werden können

(C) immer wenn eine mangelhafte Leistung erstellt wird

(D) immer wenn die Überschreitung von Terminen Nachteile verursachen kann

(E) nur wenn die Überschreitung von Terminen erhebliche Nachteile verursachen kann

***10.**
In der DIN 1960 VOB Teil A werden für die Bearbeitung und Einreichung der Angebote ausreichend Fristen gefordert. Welche Frist sollte auch für kleinere Bauleistungen nicht unterschritten werden?

(A) 5 Werktage

(B) 10 Werktage

(C) 15 Werktage

(D) 20 Werktage

(E) 25 Werktage

***11.**
Zu welchem Zeitpunkt endet die Angebotsfrist?

(A) mit der Abgabe des ersten Angebotes
(B) mit der Abgabe des letzten Angebotes
(C) am Eröffnungstermin um 0.00 Uhr
(D) am Eröffnungstermin um 12.00 Uhr
(E) mit der Öffnung des ersten Angebotes am Eröffnungstermin

***12.**
Welche Dauer der Gewährleistung sieht das BGB für Malerarbeiten vor? [5.5-6]

(A) 1 Jahr
(B) 2 Jahre
(C) 3 Jahre
(D) 4 Jahre
(E) 5 Jahre

***13.**
Welche Aussagen macht die DIN 1960 VOB Teil A zur Zuschlagsfrist?

(A) Die Zuschlagsfrist sollte so kurz wir möglich sein.
(B) Die Zuschlagsfrist sollte nicht mehr als 10 Werktage betragen.
(C) Die Zuschlagsfrist sollte nicht mehr als 24 Werktage betragen.
(D) Die Zuschlagsfrist wird bei der Eröffnung festgelegt.
(E) Die Zuschlagsfrist muß vertraglich geregelt werden.

***14.**
Was sagt die VOB zu den Kosten, die für die Leistungsbeschreibungen und sonstige Unterlagen erhoben werden?

(A) Bei öffentlichen Ausschreibungen sollten nur die Selbstkosten gefordert werden.
(B) Bei beschränkter Ausschreibung sollten die Unterlagen unentgeltlich abgegeben werden.

(C) Bei freihändiger Vergabe sollten die Unterlagen kostenlos abgegeben werden.

(D) Die Kosten werden alleinig von der ausschreibenden Stelle festgelegt.

(E) Die Kosten werden durch Verordnung festgelegt.

***15.**
Welche Angaben macht die VOB Teil A zu Verhandlungen mit Bietern nach Öffnung der Angebote?

(A) Der Auftraggeber sollte nach Öffnung der Angebote durch Verhandlungen das in allen Details preisgünstigste Angebot suchen.

(B) Der Auftraggeber sollte das Zustandekommen der Einzelpreise mit dem Auftragnehmer besprechen.

(C) Der Auftraggeber darf mit Bietern verhandeln, um sich über die technische und wirtschaftliche Leistungsfähigkeit zu überzeugen.

(D) Der Auftraggeber darf mit Bietern verhandeln, um sich über die Angemessenheit der Preise zu informieren.

(E) Die Ergebnisse der Verhandlungen zwischen Auftragnehmer und Auftraggeber sind allen Bietern zugänglich zu machen.

***16.**
Wann kann eine Ausschreibung entsprechend der VOB Teil A aufgehoben werden?

(A) Wenn kein Angebot eingegangen ist, das den Ausschreibungsbedingungen entspricht.

(B) Wenn die Angebotspreise nicht den Erwartungen entsprechen.

(C) Wenn sich die Grundlagen der Ausschreibung wesentlich geändert haben.

(D) Wenn sich die vorgesehenen Preise nicht durch Verhandlungen mit den Bietern erreichen lassen.

(E) Wenn sich die Lohn- und Materialkosten bis zum Beginn der Arbeiten ändern.

***17.**
Unter welchen Bedingungen kann entsprechend der VOB Teil B vom vertraglichen Einheitspreis abgewichen werden?

(A) Wenn der Auftragnehmer nachweisen kann, daß der Einheitspreis zu niedrig kalkuliert ist.

(B) Wenn der Auftraggeber nachweisen kann, daß der Einheitspreis zu hoch kalkuliert ist.

(C) Wenn sich der Umfang der auszuführenden Leistung um mehr als 10 % für die zusätzlichen Leistungen erhöht.

(D) Wenn der Umfang der auszuführenden Leistung um mehr als 10 % niedriger ausfällt, als es ursprünglich vorgesehen war.

(E) Immer wenn der Umfang der auszuführenden Leistung niedriger ist, als es ursprünglich vorgesehen war.

***18.**
Was sagt die VOB Teil B zur Vergütung von Stundenlohnarbeiten?

(A) Stundenlohnarbeiten müssen nur vergütet werden, wenn sie vor Beginn der Leistungen ausdrücklich vereinbart wurden.

(B) Stundenlohnarbeiten müssen vergütet werden, wenn sie zusätzlich zu vertraglichen Leistung notwendig sind.

(C) Stundenlohnarbeiten müssen vergütet werden, wenn sie zum Fortgang der Arbeiten erforderlich sind.

(D) Stundenlohnarbeiten müssen vergütet werden, wenn sie zur Einhaltung der Fristen und Termine erforderlich sind.

(E) Stundenlohnarbeiten müssen vergütet werden, wenn ohne sie die vertraglich zugesicherte Leistung nicht erreicht werden kann.

***19.**
Unter welchen Umständen verlängern sich entsprechend der VOB Teil B die Ausführungsfristen?

(A) Wenn eine Behinderung vom Auftraggeber zu vertreten ist.

(B) Wenn eine Behinderung durch Streik verursacht wurde.

(C) Nur wenn die Arbeit durch höhere Gewalt behindert wurde.

(D) Wenn die Arbeit durch übliche Witterungseinflüsse behindert wurde.

(E) Wenn der Auftragnehmer krankheitsbedingt weniger Arbeiter einsetzen konnte, als ursprünglich geplant war.

***20.**
Was versteht man unter der Kurzbezeichnung ATV?

(A) Allgemeine Technische Vorschriften für Bauleistungen

(B) Allgemeine Technische Verträge für Bauleistungen

(C) Allgemeine Technische Verträge für Ausschreibungen

(D) Allgemeine Technische Vorlagen für Bauleistungen

(E) Allgemeine Technische Vertragsbedingungen für Bauleistungen

***21.**
Welche der folgenden Leistungen sind nach VOB Teil C DIN 18 363, Maler- und Lackiererarbeiten, immer Nebenleistungen? [5.5-9]

(A) Vorhalten der Werkzeuge und Kleingeräte

(B) Auf- und Abbau aller Gerüste

(C) Teilabdeckungen als Schutz während der Anstricharbeiten

(D) Ausbessern von Putzschäden größeren Umfanges

(E) Entfernen von Sinterschichten auf Kalkputzen

***22.**
Wieviel Prozent der zu streichenden Fläche müssen gemäß der VOB für Farbproben als Nebenleistung angesetzt werden? [5.5-9]

(A) 1 %

(B) 2 %

(C) 3 %

(D) 5 %

(E) 10 %

5.6 Abfallentsorgung

1.
Für welche der nachfolgend aufgeführten Verpackungen gilt die Verpackungsverordnung?

(A) für alle Verpackungen
(B) für Transportverpackungen
(C) für Verkaufsverpackungen
(D) für Sicherheitsverpackungen
(E) für alle nicht mit Beschichtungsstoffen verschmutzte Verpackungen

2.
In welchem der nachfolgenden Fälle besteht eine Rücknahmepflicht im Sinne der Verpackungsverordnung?

(A) Farbeimer sind mit Dispersionsfarbe verunreinigt.
(B) Dosen enthalten noch nicht ausgehärtete Lackreste.
(C) Dosen enhalten eingetrocknete Reste von Bleimennige.
(D) Beim Tapezieren bleiben 3 Rollen Tapeten übrig.
(E) Hersteller und Händler beteiligen sich am Dualen Entsorgungssystem.

3.
Für welche Verpackungen muß entsprechend der Verpackungsverordnung ein Pfand erhoben werden?

(A) für alle Gebinde mit Beschichtungsstoffen
(B) für alle Gebinde mit Lacken und Lackfarben
(C) für alle Gebinde mit Dispersionsfarben
(D) für alle Gebinde mit mehr als zwei Kilogramm Dispersionsfarbe
(E) für alle Gebinde mit gefährlichen Arbeitsstoffen

***4.**
Für welchen der nachfolgenden Abfälle kann ein Abfallnachweisbuch vorgeschrieben werden? [5.6-6]

(A) für noch flüssige Dispersionsfarbenreste
(B) für Tapetenreste
(C) für noch flüssige Alkydharzlackfarben
(D) für abplatzende Dispersionsfarben-Beschichtungen
(E) für in Alkydharzfarben eingetrocknete, unbrauchbare Pinsel

***5.**
In welchem Fall darf Sondermüll vom Betriebsinhaber oder dessen Beauftragten mit einer Sondergenehmigung der untersten Verwaltungsbehörde zur zuständigen Annahmestelle befördert werden?

(A) wenn jährlich nicht mehr als 500 kg Sondermüll anfallen
(B) wenn jährlich nicht mehr als 1000 kg Sondermüll anfallen
(C) wenn jährlich nicht mehr als 2000 kg Sondermüll anfallen
(D) wenn jährlich nicht mehr als 3000 kg Sondermüll anfallen
(E) wenn jährlich nicht mehr als 5000 kg Sondermüll anfallen

6.
Wie können Filtermatten aus der Trockenabscheidung einer Lackieranlage ordnungsgemäß entsorgt werden?

(A) grundsätzlich als hausmüllähnlicher Gewerbeabfall
(B) grundsätzlich als Sonderabfälle
(C) als hausmüllähnlicher Gewerbeabfall, wenn sie nicht mit Schwermetallen oder anderen Gefahrstoffen verunreinigt sind
(D) Die Filtermatten werden im Recycling-Verfahren vom Hersteller gereinigt und ausgetauscht.
(E) Die Filtermatten können mit Lösemitteln gereinigt und immer wieder verwendet werden.

7.
Worauf ist beim Sammeln von Sondermüll zu achten?

(A) Es darf immer nur eine Abfallart in einem Behälter gesammelt werden.

(B) Es dürfen nur Abfälle in einem Behälter gesammelt werden, die später auch gemeinsam entsorgt werden können.

(C) Wichtig ist nur, daß der Sondermüll von anderem Müll getrennt wird.

(D) Es dürfen nur bis zu 50 kg Sondermüll gesammelt werden, dann muß entsorgt werden.

(E) Zum Aufbewahren des Sondermülls dürfen nur die von der Gesellschaft für Sondermüllentsorgung zur Verfügung gestellten Behälter verwendet werden.

8.
Welche Abfälle sind als Sondermüll zu entsorgen? [5.6-5]

(A) alle Abfälle, die in einer Lackierwerkstatt anfallen

(B) Tapetenabfälle

(C) Abdeckpapier mit eingetrockneten Lackresten, die keine Schadstoffe enthalten

(D) verunreinigte, halogenfreie Lösemittel

(E) ein Gebinde mit vollkommen eingetrockneter Bleimennige

***9.**
Wo muß die Genehmigung zum Transport von Abfällen beantragt werden? [5.6-7]

(A) bei der Polizei

(B) bei der Berufsgenossenschaft

(C) beim Gewerbeaufsichtsamt

(D) bei der Stadtverwaltung bzw. beim Landratsamt

(E) bei der Ländervertretung

10.
Wie müssen Fahrzeuge, die Abfälle auf öffentlichen Straßen transportieren, gekennzeichnet werden? [5.6-7]

(A) mit einem quadratischen, orangefarbenen Schild, das die Abfallschlüsselnummern zeigt

(B) mit einem quadratischen, orangefarbenen Schild, das die Gefahrensymbole der transportierten Abfälle zeigt

(C) mit allen Gefahrensymbolen der Gefahrstoffverordnung

(D) mit nur einem weißfarbenen Schild und dem Großbuchstaben A vorn am Fahrzeug

(E) mit je einem weißfarbenen Schild mit dem Großbuchstaben A vorn und hinten am Fahrzeug

11.
Welche Aussage trifft auf ein Produkt zu, das mit diesem Piktogramm gekennzeichnet ist?

(A) Der damit gekennzeichnete Stoff ist als Sondermüll zu entsorgen.

(B) Der damit gekennzeichnete Stoff ist besonders umweltschädlich.

(C) Der damit gekennzeichnete Stoff ist als Hausmüll zu entsorgen.

(D) Der damit gekennzeichnete Stoff ist im Recyclingverfahren wieder zu verwerten.

(E) Bei der Verarbeitung eines mit diesem Zeichen versehenen Produktes ist die persönliche Schutzausrüstung zu benutzen.

12.
Was sagt die Nummer in der Mitte des Bildzeichens "Recycling" aus?

(A) Es handelt sich dabei um die Drucknummer.
(B) Es handelt sich dabei um das zweite für Recycling zugelassenen Bildzeichen.
(C) Es ist eine Zusatzbezeichnung, anhand der man die Kunststoffart erkennen kann.
(D) Es zeigt, daß es sich hier um ein Co-Polymerisat handelt.
(E) Es zeigt, daß der damit gekennzeichnete Kunststoff als Sondermüll entsorgt werden muß.

13.
Was sagt das folgende Bildzeichen aus?

(A) Der damit gekennzeichnete Werkstoff sollte dem Recycling zugeführt werden.
(B) Der damit gekennzeichnete Stoff ist als Sondermüll zu entsorgen.
(C) Das damit gekennzeichnete Produkt soll als Hausmüll entsorgt werden.
(D) Das damit gekennzeichnete Produkt ist besonders umweltfreundlich.
(E) Der Hersteller des damit gekennzeichneten Produktes hat sich dem Dualen Entsorgungssystem angeschlossen.

6 Unfallverhütung und Gesundheitsschutz

6.1 Pflichten der Arbeitgeber und der Arbeitnehmer

***1.**
Welche Aufgabe gehört <u>nicht</u> zu den Pflichten der Arbeitgeber im Rahmen der Unfallverhütung? [6.1-1]

(A) Der Unternehmer muß die im Betrieb anzuwendenden Vorschriften der Gefahrstoffverordnung (GefStoffV) in Form einer Betriebsanweisung im Betrieb aushängen.

(B) Der Unternehmer muß für seine Beschäftigten eine Unfallversicherung abschließen.

(C) Der Unternehmer muß die Einhaltung der Unfallverhütungsvorschriften überwachen.

(D) Der Unternehmer muß dafür sorgen, daß alle Anlagen und Geräte in den vorgeschriebenen Zeiträumen von Sachverständigen überprüft werden.

(E) Der Unternehmer muß dafür sorgen, daß für Erste-Hilfe-Leistungen die erforderliche Anzahl von Ersthelfern zur Verfügung steht.

2.
Welche Kosten muß der Arbeitgeber tragen, wenn der Arbeitnehmer den Arbeitsmedizinischen Dienst der Berufsgenossenschaft in Anspruch nimmt?

(A) Der Unternehmer muß die Arztkosten bezahlen.

(B) Der Unternehmer muß die ausfallende Arbeitszeit und die Fahrtkosten bezahlen.

(C) Der Unternehmer muß der Berufsgenossenschaft für die Untersuchung einen Pauchalbetrag bezahlen.

(D) Der Unternehmer muß die Kosten für verordnete Medikamente übernehmen.

(E) Der Unternehmer muß dem Arbeitnehmer für die ausfallende Arbeitszeit 80 % des Nettolohnes bezahlen.

3.
Welche Pflicht haben Arbeitnehmer im Rahmen der Unfallverhütung im Betrieb? [6.1-2]

(A) Die Arbeitnehmer müssen Anlagen und Geräte, die nicht den Sicherheitsbestimmungen entsprechen, außer Kraft setzen.

(B) Die Arbeitnehmer müssen allen Anordnungen nachkommen, auch wenn diese sicherheitswidrig sind.

(C) Die Arbeitnehmer müssen alle defekten Geräte reparieren.

(D) Die Arbeitnehmer müssen eine Unfallversicherung abschließen.

(E) Die Arbeitnehmer sind dafür verantwortlich, daß die erforderliche persönliche Schutzausrüstung im Betrieb und auf der Baustelle vorhanden ist.

6.2 Beschäftigung von Jugendlichen

***1.**
Welche der nachfolgenden Voraussetzungen müssen gegeben sein, damit Sie einen jugendlichen Auszubildenden entsprechend den UVV für Arbeiten mit mindergiftigen Stoffen einsetzen dürfen? [6.2-1]

(A) Der Jugendliche muß mind. 18 Jahre alt sein.

(B) Der Jugendliche muß bei der Arbeit von einem Fachkundigen beaufsichtigt werden.

(C) Der Jugendliche darf täglich nur max. 2 Stunden mit den gefährlichen Arbeitsstoffen arbeiten.

(D) Der Jugendliche muß zum Arbeiten immer Atemschutzmasken tragen.

(E) Der Umgang mit den mindergiftigen Stoffen muß zur Erreichung des Ausbildungszieles erforderlich sein.

***2.**

Unter welchen Voraussetzungen dürfen Jugendliche zu Arbeiten mit giftigen oder krebserregenden Arbeitsstoffen eingesetzt werden? [6.2-2]

(A) Der Jugendliche muß mind. 14 Jahre alt sein.

(B) Der Jugendliche muß reif genug sein, um diese Arbeiten selbständig durchführen zu können.

(C) Der Umgang mit diesen Stoffen muß zur fristgerechten Abwicklung der Malerarbeiten erforderlich sein.

(D) Dem Unternehmer muß eine von einem Arzt ausgestellte Bescheinigung vorliegen, daß keine gesundheitlichen Bedenken gegen eine Beschäftigung mit diesen Arbeitsstoffen sprechen.

(E) Die Jugendlichen dürfen der Einwirkung dieser Stoffe nicht ausgesetzt sein.

***3.**

Unter welcher Voraussetzung dürfen Jugendliche für Arbeiten mit leicht entzündlichen und entzündlichen Arbeitsstoffen eingesetzt werden? [6.2-3]

(A) Der Jugendliche muß schriftlich sein Einverständnis erklären.

(B) Der Jugendliche muß bei der Arbeit von einem Fachkundigen beaufsichtigt werden.

(C) Der Jugendliche darf täglich nur max. 2 Stunden mit den gefährlichen Arbeitsstoffen arbeiten.

(D) Der Jugendliche muß zum Arbeiten immer Atemschutzmasken tragen.

(E) Es muß stets ein Feuerlöscher in Reichweite sein.

6.3 Ausstattung der Werkstätten

1.
Welche Sicherheitseinrichtung müssen Lackierkabinen haben?

(A) Bodenroste

(B) elektrische Rolltore

(C) mindestens einen kombinierten Öl- und Wasserabscheider

(D) zwei nach verschiedenen Seiten führende Ausgänge

(E) ein Schrägrohrmanometer für die Zuluft

***2.**
Welche der nachfolgenden Voraussetzungen muß unter anderem gegeben sein, damit entsprechend den Unfallverhütungsvorschriften an Lackier- und Trockenkabinen keine besonderen Anforderungen gestellt werden? [6.3-1]

(A) Es dürfen nur wasserverdünnbare Werkstoffe verarbeitet werden.

(B) Der Raum muß jeweils mind. 30 m^3 Rauminhalt und 10 m^2 Grundfläche haben.

(C) Es muß mit der persönlichen Schutzausrüstung gearbeitet werden.

(D) Es darf kein Airless-Gerät eingesetzt werden.

(E) Die elektrische Anlage muß ex-geschützt ausgeführt sein.

***3.**
Welche der folgenden Anforderungen werden unter anderen an die Ausstattung der Werkstätten gestellt, wenn darin leicht entzündliche Beschichtungsstoffe in größeren Mengen verarbeitet werden? [6.7]

(A) Die elektrische Anlage muß ex-geschützt sein.

(B) Die Stände, Wände und Kabinen müssen aus nichtbrennbarem Material bestehen.

(C) Die elektrischen Leuchten müssen zumindest gegen Spritzwasser geschützt sein.

(D) Das Fenster muß als Notausgang benutzbar sein.

(E) Die Türen dürfen nur nach innen aufgehen.

***4.**
Wie müssen entsprechend den UVV Heizeinrichtungen in Lackierwerkstätten beschaffen sein, wenn in den Werkstätten größere Mengen von leicht entzündlichen Arbeitsstoffen verarbeitet werden? [6.3-2]

(A) Es dürfen nur Warmwasserheizkörper eingesetzt werden.

(B) Die Heizkörper dürfen sich nur auf max. 333 K (60 °C) erwärmen.

(C) Die Heizkörper müssen thermostat-gesteuert sein.

(D) Auf den Heizeinrichtungen darf das Abstellen von Gegenständen und Werkstoffen nicht möglich sein.

(E) Auf den Heizeinrichtungen dürfen sich keine Farbablagerungen bilden.

5.
Wieviel entzündliches Lackmaterial dürfen Sie entsprechend den Unfallverhütungsvorschriften während der Arbeit in einer Spritzkabine haben? [6.3-3]

(A) nur das Material, das unmittelbar (innerhalb der nächsten halben Stunde) verspritzt werden kann

(B) nur das Material, das zum Spritzen des gerade zu beschichtenden Gegenstandes erforderlich ist

(C) nur das Material, das während einer Arbeitsschicht verarbeitet werden kann

(D) nur das Material, das während der nächsten 24 Stunden verarbeitet werden kann

(E) nur das Material, das während der Arbeitszeit von Beginn der Arbeit bis zur Pause bzw. zwischen den Pausen verarbeitet werden kann.

***6.**
Entsprechend den UVV darf im Spritzraum nur eine bestimmte Menge Material vorrätig sein. Welche der folgenden Aussagen sind bei den Beschichtungsstoffgefäßen in der Werkstatt zu beachten? [6.3-3]

(A) Die gefüllten Gefäße müssen immer geschlossen sein.

(B) Blechgefäße sind nicht zulässig, da sie sich nach dem Öffnen nicht mehr dicht verschließen lassen.

(C) Es sind nur max. 3 Liter fassende Gefäße zulässig.

(D) Halbleere Gebinde sind nicht zulässig, da sich über den leicht entzündlichen Werkstoffen explosive Gemische bilden können.

(E) Entleerte Gefäße müssen unverzüglich aus dem Spritzraum entfernt werden.

***7.**
Welche der folgenden Aussagen entsprechen den Inhalten der Unfallverhütungsvorschriften für Kompressoren? [6.3-4]

(A) Leicht entzündliche Arbeitsstoffe dürfen wegen der beim Verdichten entstehenden Explosionsgefahr grundsätzlich nicht verspritzt werden.

(B) Der Unternehmer muß für jeden Kompressor eine schriftliche Bedienungsanleitung entsprechend den Angaben des Herstellers aushängen.

(C) Die vom Kompressor angesaugte Luft muß von Lösemitteldämpfen frei sein.

(D) Die elektrische Anlage des Kompressors muß explosionsgeschützt ausgeführt sein.

(E) Der Wasserabscheider muß täglich entleert werden.

***8.**
Welche der folgenden Aussagen entspricht den Vorschriften der UVV für Materialdruckgefäße? [6.3-5]

(A) Der Materialdruck ist auf max. 0,5 bar begrenzt.

(B) Mit den Materialdruckgefäßen dürfen keine brennbaren Werkstoffe verarbeitet werden.

(C) Die Bedienungsanleitung muß stets verfügbar im Büro vorliegen.

(D) Die Verschlußschrauben müssen stets mit einer Zange unverrückbar festgezogen werden.

(E) Die Druckminderventile und Manometer müssen immer funktionsfähig sein.

***9.**
Was sagen die Unfallverhütungsvorschriften über die Beschaffenheit der Tauchbehälter aus? [6.3-10]

(A) Die Tauchbehälter dürfen grundsätzlich nur 1 m^3 Material fassen.

(B) Die Tauchbehälter müssen aus nichtbrennbarem Material bestehen.

(C) Die Tauchbehälter müssen mit einem dicht schließenden Deckel versehen sein.

(D) Die Tauchbehälter müssen aus Stahl sein.

(E) Die Tauchbehälter müssen grundsätzlich mit einer Feuerlöscheinrichtung gekoppelt sein.

10.
Welche Hinweise sind entsprechend den Unfallverhütungsvorschriften in einer Lackierwerkstatt anzubringen?

(A) nur die Hinweise zur Ersten-Hilfe-Einrichtung und zu den Unfallverhütungsvorschriften

(B) nur die Hinweise des Sicherheitsbeauftragten

(C) Hinweise auf Rauchverbot und Verbot von offenem Feuer

(D) Hinweise zu den Fluchtausgängen

(E) Hinweise zu den Arbeitszeiten und den Pausen

6.4 Arbeitsverfahren

1.
Unter welchen Voraussetzungen dürfen elektrische Schleifmaschinen zum Naßschleifen eingesetzt werden? [6.4-1]

(A) Die Schleifmaschinen werden mit einer Schutzkleinspannung von 50 Volt betrieben.
(B) Die Schleifmaschinen müssen über eine Schutztrennung verfügen.
(C) Die Schleifmaschinen müssen geerdet sein.
(D) Die Schleifmaschinen dürfen nur kurz eingesetzt werden.
(E) Die Schleifmaschinen müssen mit einer Stromstärke von 16 Ampere auskommen.

2.
Welche Schutzmaßnahme ist zu treffen, wenn beim Schleifen gesundheitsschädlicher Staub frei wird? [6.4-2]

(A) Es darf nur maschinell geschliffen werden.
(B) Es darf nur naß geschliffen werden.
(C) Wenn die Staubabsaugung nicht vollständig möglich ist, sind Atemschutzgeräte mit Partikelfiltern zu tragen.
(D) Wenn die Staubabsaugung nicht vollständig möglich ist, müssen von der Umgebungsathmosphäre unabhängig wirkende Atemschutzgeräte getragen werden.
(E) Auf Schleifarbeiten muß verzichtet werden.

3.
Womit sollte sich ein Maler und Lackierer schützen, wenn mit dem Einatmen gesundheitsschädlicher Schwebstoffe gerechnet werden muß?

(A) durch Anlegen einer feuchten Kompresse
(B) durch Tragen einer Gasfiltermaske mit dem Filter NO, Kennfarbe blau
(C) durch Tragen eines Mundschutzes
(D) durch Tragen einer Atemmaske mit Partikelfilter P2, Kennfarbe weiß

(E) durch Tragen einer Gasfiltermaske mit dem Filter A, Kennfarbe braun

4.
Warum darf Quarzsand nur mehr in bestimmten Ausnahmefällen zum Abstrahlen eingesetzt werden? [6.4-3]

(A) Quarzsand ist zu scharfkantig.

(B) Quarzsand kann Asbestose verursachen.

(C) Quarzsand kann Silikose verursachen.

(D) Quarzsand kann krankhafte Veränderungen der Lunge verursachen.

(E) Quarzsand ist durch die herrschende Luftverschmutzung gesundheitsschädlich geworden.

5.
In welchem der folgenden Fälle darf man auch heute noch Quarzsand zum Strahlen verwenden? [6.4-4]

(A) Trockenstrahlen von Stahlflächen bei der Betonsanierung

(B) Entrosten von Stahlflächen durch Trockenstrahlen

(C) Naßstrahlen einer Kalksteinfassade

(D) alle Strahlarbeiten, wenn die Beschäftigten regelmäßig von einem Arzt untersucht werden

(E) alle Strahlarbeiten, wenn man sich hierzu die Erlaubnis der Berufsgenossenschaft holt

6.
Welche der folgenden Maßnahmen sind zur Unfallverhütung bei Strahlarbeiten erforderlich? [6.4-5]

(A) Wegen der Funkenbildung müssen leicht entzündliche Stoffe aus dem Gefahrenbereich entfernt werden.

(B) Es darf nur naß gestrahlt werden.

(C) Wegen der größeren Effektivität darf nur Quarzsand zum Strahlen gesetzt werden.

(D) Die mit den Strahlarbeiten Beschäftigten müssen von der Umgebungsatmosphäre unabhängig wirkende Atemschutzgeräte tragen.

(E) Die mit den Strahlarbeiten Beschäftigten dürfen zu diesen gefährlichen Arbeiten täglich nur 4 Stunden lang eingesetzt werden.

7.
Welcher der folgenden Faktoren muß beim Fluten von Heizkörpern entsprechend den UVV nicht beachtet werden? [6.4-6]

(A) Die Pumpen müssen ex-geschützt sein.

(B) Das Lackmaterial darf nur gering verdünnt werden.

(C) Es sind Feuerlöscher bereitzuhalten.

(D) Jegliche Art von Zündquellen sind zu vermeiden.

(E) Die Heizkörper müssen geerdet werden.

8.
Warum dürfen Lacke nicht mit Sauerstoff oder mit sauerstoffangereicherter Luft verspritzt werden? [6.4-7]

(A) Die Spritznebelbelastung wäre zu groß.

(B) Mit den Lösemitteldämpfen und Farbnebeln würde ein explosives Gemisch entstehen.

(C) Durch den Sauerstoffanteil sinkt der Flammpunkt der enthaltenen Lösemittel ab.

(D) Durch die schlechtere Zerstäubung verläuft die Lackierung schlecht.

(E) Die Lösemitteldämpfe sind leichter als Sauerstoff, so atmet man mehr Lösemittel ein.

9.
In einer Lackierwerkstatt fällt verschmutztes Putzmaterial an. Wie ist mit diesem Putzmaterial entsprechend den Unfallverhütungsvorschriften zu verfahren? [6.4-8]

(A) Das verschmutzte Putzmaterial muß grundsätzlich sofort aus dem Werkstättenbereich entfernt werden.

(B) Das verschmutzte Putzmaterial muß täglich nach Arbeitsende aus der Werkstatt entfernt werden.

(C) Das verschmutzte Putzmaterial darf nur in unbrennbaren, verschließbaren Behältern aufbewahrt werden.

(D) Das verschmutzte Putzmaterial ist in einem als Sondermüllbehälter gekennzeichneten Gefäß aufzubewahren.

(E) Das verschmutzte Putzmaterial muß grundsätzlich als Sondermüll entsorgt werden.

10.
Welche der folgenden Sicherheitsmaßnahmen sind beim Airless-Spritzen zu beachten? [6.4-9]

(A) Wegen der möglichen Explosionsgefahr dürfen grundsätzlich keine leicht entzündlichen Werkstoffe verspritzt werden.

(B) Wegen der möglichen Explosionsgefahr darf der Arbeitsdruck nicht über 150 bar liegen.

(C) Es dürfen nur die in der Bedienungsanleitung aufgeführten Werkstoffe verspritzt werden.

(D) Es darf nur an Arbeitsplätzen gespritzt werden, an denen eine Gefährdung von Personen ausgeschlossen ist.

(E) Verstopfte Düsen können mit feinem Draht gereinigt werden.

11.
In welchen Räumen dürfen keine Flammstrahlarbeiten durchgeführt werden? [6.4-10]

(A) in allen Werkstätten

(B) in allen Büros

(C) in allen Räumen, in denen leicht entzündliche Arbeitsstoffe gelagert werden

(D) in allen explosionsgefährdeten Räumen

(E) in allen Innenräumen

12.
Worauf ist aus Gründen des Gesundheitsschutzes zu achten, wenn Anstriche mit Flüssiggas abgebrannt werden? [6.4-11]

(A) Flüssiggas darf nur aus liegenden Flaschen entnommen werden.

(B) Die Räume sind an den tiefsten Stellen zu entlüften.

(C) Es sind Feuerlöscher bereitzuhalten.

(D) Flüssiggas darf in Innenräumen nicht eingesetzt werden.

(E) Die Druckschläuche müssen wegen des erhöhten Gasdruckes aus Stahl bestehen.

6.5 Gefährliche Arbeitsstoffe

1.
In welchen Unterlagen kann der Verarbeiter die genauesten Informationen über die Gesundheitsgefährlichkeit der Werkstoffe finden?

(A) auf dem Gebinde
(B) in den Technischen Merkblättern
(C) in den Sicherheitsdatenblättern
(D) in den BFS-Merkblättern
(E) in den Unfallverhütungsvorschriften

2.
Welche der folgenden Werkstoffe gehören entsprechend der Gefahrstoffverordnung (GefStoffV) zu den gefährlichen Arbeitsstoffen? [6.5-1]

(A) alle Lacke
(B) alle Pigmente
(C) Lösemittel mit einem Flammpunkt unter 294 K (21 °C)
(D) Laugen
(E) Dispersionsfarben

3.
Welche Stoffe gelten entsprechend der Gefahrstoffverordnung als explosionsgefährlich? [6.5-2]

(A) Stoffe, die sich selbst entzünden können
(B) Stoffe, die einen Flammpunkt unter 294 K (21 °C) haben
(C) Stoffe, die schnell verbrennen
(D) Stoffe, die durch Entzündung zur Explosion gebracht werden können
(E) Stoffe, die durch Schlag oder Reibung explodieren können

4.
Welche Stoffe gelten entsprechend der Gefahrstoffverordnung als brandfördernd? [6.5-3]

(A) alle brennbaren Stoffe

(B) alle Stoffe, die sich selbst entzünden können

(C) Stoffe, die beim Kontakt mit anderen Stoffen so reagieren können, daß Wärme in erheblicher Menge frei wird

(D) alle organischen Stoffe

(E) alle Lösemittel

5.
Was versteht man unter der Zündtemperatur? [3.2-11]

(A) die niedrigste Temperatur, bei der sich ein Lösemittel entzünden läßt

(B) die niedrigste Temperatur, bei der sich ein Lösemittel von selbst entzündet

(C) die niedrigste Temperatur, bei der ein Lösemittel explodiert

(D) die niedrigste Temperatur, bei der ein Lösemittel verdunstet und sich das Lösemitteldampf-Luft-Gemisch entzünden läßt

(E) die niedrigste Temperatur, bei der sich ein Lösemittel durch UV-Einstrahlung entzündet

6.
Nach welchem Kriterium werden die Lösemittel in Zündgruppen eingeteilt? [3.2-11]

(A) nach ihrem Flammpunkt

(B) nach ihrer Gefahrenklasse

(C) nach ihrer Zündgrenzen

(D) nach ihrer Zündtemperatur

(E) nach ihrer Explosionsgrenze

7.
Wie werden die Explosionsgrenzen der Lösemittel angegeben? [3.2-12]

(A) als Flammpunkt

(B) als Zündtemperatur

(C) als untere und obere Zündgrenze

(D) als Gefahrenklasse

(E) als Temperatur in Kelvin

8.
Was versteht man unter dem Flammpunkt eines Lösemittels? [3.2-16]

(A) Der Flammpunkt ist die niedrigste Temperatur, bei der sich ein Lösemittel von selbst entzündet.

(B) Der Flammpunkt ist die niedrigste Temperatur, bei der soviel Lösemittel verdunstet, daß sich das entstehende Lösemitteldampf-Luft-Gemisch entzünden läßt.

(C) Der Flammpunkt ist die niedrigste Temperatur, bei der soviel Lösemittel verdunstet, daß eine Explosion möglich ist.

(D) Der Flammpunkt ist die niedrigste Zündtemperatur.

(E) Der Flammpunkt ist die niedrigste Temperatur, bei der ein Lösemittel von selbst entflammen kann.

9.
Nach welchem Kriterium erfolgt die Einteilung der Lösemittel in die Gefahrenklasse A bzw. B? [3.2-16]

(A) nach ihrem Flammpunkt

(B) nach ihrer Zündtemperatur

(C) nach ihrer Zündgrenze

(D) nach ihrer Wasserlöslichkeit

(E) nach ihrer Dichte

10.
Nach welchen Kriterien werden die Lösemittel in Gefahrenklassen eingeteilt? [3.2-16]

(A) nach der Verdunstungszahl

(B) nach dem Flammpunkt

(C) nach der Zündtemperatur

(D) nach den Explosionsgrenzen

(E) nach ihrer Wasserlöslichkeit

11.
In welchem Bereich liegt der Flammpunkt bei Lösemitteln der Gefahrenklasse A 1? [3.2-16]

(A) unter 294 K (21 °C)

(B) zwischen 294 K und 308 K (21 °C und 35 °C)

(C) zwischen 294 K und 328 K (21 °C und 55 °C)

(D) zwischen 328 K und 373 K (55 °C und 100 °C)

(E) über 373 K (100 °C)

12.
Wie müssen Lösemittel der Gefahrenklasse A 2 gekennzeichnet werden? [3.2-16]

(A) mit der Aufschrift "leicht entzündlich"

(B) mit der Aufschrift "entzündlich"

(C) mit dem schwarzen Flammensymbol auf orangem Grund

(D) mit dem schwarzen Flammensymbol und der Aufschrift "leicht entzündlich"

(E) mit der Aufschrift "brandfördernd"

13.
Wie müssen Lösemittel der Gefahrenklasse A 1 gekennzeichnet werden?

(A) nur mit der Aufschrift "leicht entzündlich"

(B) mit der Aufschrift "entzündlich"

(C) mit dem schwarzen Flammensymbol auf orangem Grund

(D) mit dem schwarzen Flammensymbol auf orangem Grund und der Aufschrift "leicht entzündlich"

(E) mit der Aufschrift "brandfördernd"

14.
In welchem Bereich liegt der Flammpunkt der als entzündlich gekennzeichneten Lösemittel? [6.5-5]

(A) unter 294 K (21 °C)

(B) zwischen 294 K und 308 K (21 °C und 35 °C)

(C) zwischen 294 K und 328 K (21 °C und 55 °C)

(D) zwischen 328 K und 373 K (55 °C und 100 °C)

(E) über 373 K (100 °C)

15.
Welche der folgenden Lösemittel gehören in die Gefahrenklasse B? [3.2-17]

(A) Spiritus
(B) Testbenzin
(C) Terpentinöl
(D) Azeton
(E) Nitroverdünnung

16.
In Ihrer Werkstatt wird zur Mitnahme auf die Baustelle eine Kunstharzverdünnung in eine Lösemittelkanne abgefüllt. Welche Angaben müssen auf der Kanne gemacht werden? [6.5-6]

(A) das Datum der Herstellung, Name der Lieferfirma, Sicherheitsratschläge und Erste-Hilfe-Anweisungen
(B) Bezeichnung des Lösemittels, Hersteller, Ihr Name und Ihre Adresse, Menge des Lösemittel, Gefahrenhinweise und Sicherheitsratschläge
(C) Bezeichnung des Lösemittels, Gefahrenhinweise, Flammpunkt, Explosionsgrenzen, Zündtemperatur
(D) Bezeichnung des Lösemittels, Gefahrenhinweise, Hinweise zur Eignung und Verarbeitung des Lösemittels
(E) Bezeichnung des Lösemittel, Gefahrenklasse, Hinweise zur Entsorgung

17.
Welche gefährliche Eigenschaft entsprechend der Gefahrstoffverordnung wird durch das folgende Gefahrensymbol charakterisiert? [6.5-7]

(A) leicht entzündlich
(B) entzündlich
(C) brandfördernd

(D) explosionsgefährlich
(E) hoch entzündlich

18.
Welche gefährliche Eigenschaft entsprechend der Gefahrstoffverordnung wird durch das folgende Gefahrensymbol charakterisiert? [6.5-7]

(A) giftig
(B) ätzend
(C) gesundheitsschädlich
(D) reizend
(E) entzündlich

19.
Welche der folgenden Bedeutungen trifft auf das Gefahrensymbol „Schwarzes Andreaskreuz auf gelbem Grund" zu? [6.5-7]
(A) ätzend
(B) giftig
(C) hoch- oder leichtentzündlich
(D) mindergiftig oder reizend
(E) brandfördernd

20.
Welche der folgenden Grundbeschichtungen darf ohne besondere Schutzmaßnahmen trocken geschliffen werden?
(A) Bleimennigeanstriche
(B) eisenoxidhaltige Beschichtungen
(C) zinkchromathaltige Beschichtungen
(D) zinktetraoxichromathaltige Beschichtungen
(E) bleiweißhaltige Beschichtungen

21.
An welchen der nachfolgend aufgeführten Orte ist die Lagerung von brennbaren Lösemitteln zulässig? [6.5-8]

(A) in Dachräumen
(B) in Kellern
(C) in Treppenhäusern
(D) in allgemein zugänglichen Fluren
(E) in Arbeitsräumen

***22.**
Wieviel Liter Lösemittel der Gefahrenklasse A2 dürfen in einem Verkaufsraum gelagert werden, wenn der Raum eine Grundfläche von 90 m² hat und die Lösemittelkannen aus Blech sind? [6.5-10]

(A) 10 l
(B) 100 l
(C) 200 l
(D) 400 l
(E) 800 l

23.
Welche der nachfolgenden Aussagen ist richtig?

(A) Beschichtungsstoffe, die mehr als 1 % Blei enthalten, dürfen im Innenbereich nicht eingesetzt werden.
(B) Im Innenbereich sollten wegen der geringeren Gesundheitsgefährdung möglichst Biofarben eingesetzt werden.
(C) Bleimennige bietet den besten Korrosionsschutz und sollte deshalb auf Stahl innen und außen eingesetzt werden.
(D) Bleimennige darf wegen seiner Giftigkeit überhaupt nicht mehr eingesetzt werden.
(E) Da Bleimennige sehr giftig ist, sollte man anstelle der Bleimennige Zinkchromat verwenden.

24.
Wo ist die Kennzeichnungspflicht für Gefahrstoffe geregelt?

(A) in den Unfallverhütungsvorschriften
(B) in der Verpackungsverordnung

(C) im Immissionsschutzgesetz
(D) in der Gefahrstoffverordnung
(E) in den Verordnungen des Gewerbeaufsichtsamtes

6.6 Gebots-, Verbots- und Warnzeichen

1.
Welche Bezeichnung trifft auf das folgende Verbotszeichen genau zu? [6.6-2]

(A) Rauchen verboten
(B) Feuer, offenes Licht und Rauchen verboten
(C) Zündhölzer benutzen verboten
(D) Zündhölzer können sich hier selbst entzünden
(E) Lagerfeuer verboten

2.
Welche Bezeichnung trifft auf das folgende Verbotszeichen genau zu? [6.6-2]

(A) nicht mit Wasser löschen
(B) kein Wasser verschütten
(C) Feuer darf nicht gelöscht werden
(D) bei Feuer Wasser zum Löschen verwenden
(E) kein Lösemittel in das Feuer schütten

3.
Was sagt das folgende Warnzeichen genau aus? [6.6-3]

(A) herabfallende Gegenstände sind zu erwarten
(B) Gefahren durch den elektrischen Strom
(C) schwebende Lasten
(D) Radioaktivität
(E) Gefahrenstellen

6.7 Elektrizität

***1.**
In welchen Abständen müssen elektrische Geräte, Anschluß- und Verlängerungsleitungen von einer Elektrofachkraft überprüft werden? [6.7-1]
(A) alle 6 Monate
(B) jedes Jahr
(C) alle 2 Jahre
(D) alle 5 Jahre
(E) alle 10 Jahre

***2.**
Was muß ein Unternehmer machen, wenn er einen Schaden an einer elektrischen Anschlußleitung feststellt? [6.7-2]
(A) Er muß den Schaden sofort selbst reparieren.
(B) Er muß einen erfahrenen Gesellen mit der Beseitigung des Schadens beauftragen.
(C) Er muß die Anschlußleitung als haushaltsähnlichen Gewerbemüll entsorgen.

(D) Er muß dafür sorgen, daß die Leitung momentan nicht mehr verwendet werden kann.

(E) Er muß einen Elektriker mit der Reparatur beauftragen.

***3.**
In der Nähe von elektrischen Freileitungen und Hausanschlußleitungen dürfen bestimmte Sicherheitsabstände nicht unterschritten werden. Die Größe des Sicherheitsabstandes hängt von der jeweiligen Nennspannung ab. Wo können Sie die Nennspannung der Leitungen erfragen? [6.7-3]

(A) bei der Berufsgenossenschaft

(B) beim Gewerbeaufsichtsamt

(C) beim Elektrizitätsversorgungsunternehmen

(D) beim Landratsamt

(E) beim Kreisverwaltungsamt

4.
Wie groß muß der Sicherheitsabstand bei Arbeiten in der Nähe von Freileitungen mindestens sein, wenn die Nennspannung nicht bekannt ist? [6.7-4]

(A) 1 m

(B) 2 m

(C) 3 m

(D) 4 m

(E) 5 m

5.
Welche Maßnahme muß ergriffen werden, wenn in der Nähe von elektrischen Freileitungen Malerarbeiten durchzuführen sind? [6.7-5]

(A) Der zu beschichtende Gegenstand muß geerdet werden.

(B) Die Leitungen müssen abgeschaltet oder von einer Elektrofachkraft abgedeckt werden.

(C) Man darf sich den Freileitungen nur bis zu 0,30 m nähern.

(D) Der Maler muß Schuhe mit Gummisohlen tragen.

(E) Es dürfen nur Geräte eingesetzt werden, die einen Schutz-Trenn-Transformator aufweisen.

6.
Welche Aussage hat die folgende Kennzeichnung auf einer elektrischen Anschlußleitung? [6.7-6]

(A) spritzwassergeschützt
(B) wasserdicht
(C) druckwasserdicht
(D) regengeschützt
(E) tropfwassergeschützt

7.
Auf einer elektrischen Maschine finden sie das folgende Zeichen. Welche der folgenden Erklärungen trifft zu? [6.7-6]

(A) für rauhen Betrieb geeignet
(B) Schlagbohrmaschine
(C) nicht mit dem Hammer behandeln
(D) Trenntransformator
(E) berufsgenossenschaftliches Prüfzeichen

8.
Welche der folgenden Voraussetzungen muß gegeben sein, damit ein FI-Schutzschalter die Stromzufuhr unterbrechen kann?
(A) Das Stromkabel muß einen sog. Null-Leiter haben.
(B) Der tätige Mitarbeiter muß Erdkontakt haben.
(C) Der Mitarbeiter muß sich auf einer vollisolierten Fläche befinden.
(D) Das Gerät muß ein leitendes Gehäuse haben.
(E) Das Gerät darf nur mit Niederstrom zu betreiben sein.

9.
Welche der folgenden Tätigkeiten dürfen Maler und Lackierer an elektrischen Anlagen ausführen?

(A) Sie dürfen instandhalten, also Mängel beseitigen.

(B) Sie dürfen warten, also prüfen und instandsetzen.

(C) Sie dürfen verändern, z.B. Teile auswechseln.

(D) Sie dürfen erneuern, also Verschleißteile ersetzen.

(E) Sie dürfen nur bedienen.

6.8 Leitern und Gerüste

1.
In welchem Winkel müssen Anlegeleitern aufgestellt werden? [6.8-2]

(A) unter 45 °

(B) unter 68 °

(C) zwischen 68 ° und 75 °

(D) über 75 °

(E) in dem Winkel, in dem die Malerarbeiten durchgeführt werden können

2.
Wie weit müssen Anlegeleitern über die Austrittstelle mindestens hinausragen? [6.8-3]

(A) 0,50 m

(B) 0,70 m

(C) 1,00 m

(D) 1,50 m

(E) 2,00 m

3.
Welche Arbeiten dürfen von Anlegeleitern aus durchgeführt werden? [6.8-4]

(A) Arbeiten, für die nur wenig Material und Werkzeug mitgeführt werden muß.

(B) Arbeiten, bei denen der Standplatz des Malers nicht über 5 m liegt.

(C) Arbeiten, bei denen die obersten 5 Sprossen der Leiter nicht bestiegen werden müssen.

(D) Alle Arbeiten, die ausgeführt werden können, wenn die statische Tragfähigkeit der Leiter ausreicht.

(E) Alle an der Fassade vorkommende Arbeiten dürfen ausgeführt werden

4.
Welche der nachfolgenden Regeln sind bei Arbeiten auf Stehleitern zu beachten? [6.8-5 und 6.8-14]

(A) Wenn die Stehleiter als Anlegeleiter benutzt wird, muß der Anlegewinkel mind. 68° betragen.

(B) Arbeiten von der obersten Sprosse aus müssen sehr vorsichtig ausgeführt werden.

(C) Wegen Kippgefahr darf man von der Stehleiter aus nicht auf andere Bauteile übersteigen.

(D) Die Spreizsicherungen müssen stets gespannt sein.

(E) Von Stehleitern aus dürfen alle im Malerhandwerk üblichen Arbeiten ausgeführt werden.

5.
Wer ist für den betriebssicheren Zustand eines aufgebauten Gerüstes verantwortlich? [6.8-6]

(A) ausschließlich der Gerüstbauer

(B) ausschließlich der Benutzer des Gerüstes

(C) ausschließlich der Bauleiter

(D) jeder Arbeiter auf dem Gerüst

(E) Gerüstbauer und Unternehmer, deren Beschäftigte das Gerüst benutzen

6.
Was müssen Sie unternehmen, wenn Sie an einem Gerüst einen Mangel erkennen, der die Sicherheit gefährdet? [6.8-7]

(A) Sie müssen den Schaden grundsätzlich selbst beheben.

(B) Der Malermeister muß grundsätzlich seine Beschäftigten mit der Beseitigung des Schadens beauftragen.

(C) Wenn der Schaden nicht problemlos beseitigt werden kann, muß der Zugang zum Gerüst unter Angabe des Grundes gesperrt werden.

(D) Wenn der Schaden nicht problemlos beseitigt werden kann, muß der Gerüstbauer informiert werden.

(E) Man muß nichts unternehmen, denn der Gerüstbauer ist für den ordnungsgemäßen Zustand des Gerüstes verantwortlich.

7.
Ab welcher Höhe sind bei Arbeiten auf Dächern Fanggerüste erforderlich? [6.8-5]

(A) wenn in mehr als 2 m Höhe über dem Erdboden gearbeitet wird

(B) wenn in mehr als 3 m Höhe über dem Erdboden gearbeitet wird

(C) wenn in mehr als 4 m Höhe über dem Erdboden gearbeitet wird

(D) wenn in mehr als 5 m Höhe über dem Erdboden gearbeitet wird

(E) nur wenn in mehr als 10 m Höhe ber dem Erdboden gearbeitet wird

8.
Welche der folgenden Aussagen treffen auf den Seitenschutz der Gerüste zu? [6.8-9]

(A) Der Seitenschutz besteht aus einem Bordbrett, einem Zwischenholm und dem Geländerholm.
(B) Der Seitenschutz ist ab 2 m Höhe vorgeschrieben.
(C) Der Seitenschutz kann bis zu einer Höhe von 5 m entfallen, wenn auf einer Gerüstebene nicht gearbeitet wird.
(D) Ein Seitenschutz ist nicht vorgeschrieben, wenn auf dem Gerüst nur Arbeiten mit wenig Material- und Werkzeugeinsatz durchgeführt werden.
(E) Ein Seitenschutz ist grundsätzlich nur auf den Außenseiten der Gerüste erforderlich.

9.
Wann bzw. wo muß bei einem Gerüst kein Seitenschutz vorhanden sein? [6.8-9]

(A) auf der dem Haus zugewandten Seite, wenn der Gerüstbelag 35 cm von der Fassade entfernt ist
(B) wenn die Belagsoberfläche des Gerüstes nur 2,50 m vom Boden entfernt ist
(C) auf der Gerüstlage, auf der nicht gearbeitet wird
(D) auf der Schmalseite der Gerüste
(E) wenn die Belagsoberfläche 1,50 m über der Wasseroberfläche eines Flusses liegt

10.
Welche Verankerung ist für ein Gerüst zulässig? [6.8-9]

(A) Die Verankerung kann mit Stricken durchgeführt werden.
(B) Die Verankerung darf mit Drähten durchgeführt werden, wenn die Drähte straff verspannt werden und dick genug sind.
(C) Die Verankerung wird beim Gerüst nur oben ausgeführt, weil hier die Wirksamkeit am stärksten ist.
(D) Die Verankerung muß mit Dübeln und Ringschrauben zugfest ausgeführt werden.
(E) Die Verankerung muß in mind. 8 m Abstand erfolgen.

11.
Für eine Fassadenbeschichtung soll ein fahrbares Gerüst eingesetzt werden. Wie hoch darf die Arbeitshöhe maximal sein, wenn die auf dem Boden aufstehende Breite des Gerüstes 1,70 m beträgt? [6.8-11]

(A) 3,40 m
(B) 5,10 m
(C) 6,80 m
(D) 7,70 m
(E) 10,00 m

12.
Wie hoch darf die Arbeitshöhe auf einem fahrbaren Gerüst sein, wenn die auf dem Boden aufstehende Breite 1,50 m beträgt und es im Innenbereich eingesetzt wird? [6.8-11]

(A) 2,00 m
(B) 3,00 m
(C) 4,50 m
(D) 6,00 m
(E) 7,50 m

13.
Welcher Grundsatz gilt für die Arbeit mit fahrbaren Arbeitsbühnen? [6.8-12]

(A) Die Fahrrollen dürfen bei der Arbeit nicht festgestellt werden.
(B) Beim Verschieben müssen sich die auf der Arbeitsbühne befindlichen Personen gut festhalten.
(C) Fahrbare Arbeitsbühnen dürfen nur über die Breitseite verschoben werden.
(D) Beim Verfahren darf kein Material auf der Arbeitsbühne sein.
(E) Bei Arbeitsschluß ist das Gerüst abzubauen.

***14.**

Sie wollen für einen Fassadenanstrich eine fahrbare Hubarbeitsbühne einsetzen. Welche der folgenden Angaben müssen Sie beachten? [6.8-13]

(A) Die Bedienungspersonen müssen mind. 18 Jahre alt sein, unterwiesen und als geeignet erkannt worden sein.

(B) Beim Arbeiten muß das Fahrwerk durch Spindeln entlastet werden.

(C) Die Betriebsanleitung muß stets verfügbar im Büro vorliegen.

(D) Die Hubarbeitsbühne darf im Außenbereich wegen der damit verbundenen Kippgefahr nicht voll ausgefahren werden.

(E) Fassadenanstriche gehören nicht zu den Arbeiten mit wenig Werkstoff- und Werkzeugeinsatz und dürfen deshalb nicht von einer Hubarbeitsbühne aus durchgeführt werden.

15.

In welchen Abständen müssen fahrbare Hubarbeitsbühnen durch einen Sachkundigen überprüft werden? [6.8-13]

(A) alle 6 Monate

(B) jedes Jahr

(C) alle 2 Jahre

(D) alle 5 Jahre

(E) alle 10 Jahre

16.

Wie hoch darf die Oberkante des Belages eines aus Stehleitern aufgebauten Behelfsgerüstes maximal liegen? [6.8-15]

(A) 1 m

(B) 2 m

(C) 3 m

(D) 4 m

(E) 5 m

17.
Welches der folgenden Merkmale muß ein Behelfsgerüst aus Stehleitern u. a. aufweisen, wenn es den Unfallverhütungsvorschriften entspricht? [6.8-15]

(A) Die Oberkante des Belages darf nicht höher als 3,00 m liegen.

(B) Die Bohlen müssen auf jeweils einem Sprossenpaar der beiden Leitern in gleicher Höhe aufliegen.

(C) Die Bohlen müssen mindestens 28 cm breit sein.

(D) Die Bohlen müssen mindestens 6 cm dick sein.

(E) Die Bohlen dürfen bis zum 2. Sprossenpaar von oben aufgelegt werden.

18.
Welche der folgenden Arbeiten dürfen entsprechend den UVV von einer mechanischen Leiter aus durchgeführt werden? [6.8-16]

(A) alle Malerarbeiten

(B) alle Fassadenanstriche

(C) Dachrinnenanstriche

(D) Reinigen der Fassade mit dem Hochdruckreiniger

(E) alle Arbeiten, bei denen nur wenig Material und Werkzeug benötigt wird

19.
Was ist bei Einsatz von mechanischen Leitern aus Gründen des Unfallschutzes zu beachten? [6.8-17]

(A) Mechanische Leitern müssen alle 5 Jahre durch einen Sachkundigen überprüft werden.

(B) Während der Benutzung dürfen mechanische Leitern verfahren oder geschwenkt werden.

(C) Mechanische Leitern müssen entsprechend der Betriebsanleitung auf- und abgebaut werden.

(D) Der Benutzer der mechanischen Leitern muß durch ein Sicherheitsgeschirr o. ä. gegen einen Absturz gesichert werden.

(E) Mechanische Leitern dürfen nur bis zu einer Höhe von 6 m eingesetzt werden.

6.9 Persönliche Schutzausrüstung

***1.**
Wann muß der Unternehmer die persönliche Schutzausrüstung zur Verfügung stellen? [6.9-1]

(A) immer wenn er Arbeitnehmer hat

(B) nur wenn der Beschäftigte dies ausdrücklich verlangt

(C) bei allen Arbeiten, bei denen Lösemitteldämpfe frei werden

(D) bei allen Arbeiten, bei denen durch andere technische Maßnahmen eine Gesundheitsgefährdung für die Beschäftigten nicht gänzlich vermieden werden kann

(E) bei allen Gerüstbauarbeiten

2.
Welche Pflicht haben die Arbeitnehmer in bezug auf ihre persönliche Schutzausrüstung? [6.9-1]

(A) Sie müssen die persönliche Schutzausrüstung selbst beschaffen.

(B) Sie müssen sich zur Hälfte an den Kosten für die persönliche Schutzausrüstung beteiligen.

(C) Sie müssen die persönliche Schutzausrüstung stets mitführen.

(D) Sie müssen die persönliche Schutzausrüstung benutzen, wenn eine Gesundheitsgefährdung möglich ist.

(E) Sie müssen die Kosten für die Reinigungsarbeiten an der persönlichen Schutzausrüstung tragen.

3.
Welche Atemschutzfilter müssen beim Heizkörperspritzen eingesetzt werden? [6.9-2]

(A) Gasfilter mit der Filterbezeichnung K und der Kennfarbe Grün

(B) Kombinationsfilter mit der Filterbezeichnung B-P und der Kennfarbe Grau mit weißem Kennring

(C) Kombinationsfilter mit der Filterbezeichnung A-P und der Kennfarbe Braun mit weißem Kennring
(D) Partikelfilter mit der Filterbezeichnung P3 und der Kennfarbe Weiß
(E) Gasfilter mit der Filterbezeichnung A und der Kennfarbe Braun

4.
In einem Innenraum muß verzinktes Stahlblech mit einer Salmiak-Netzmittelwäsche gereinigt werden. Welche Atemschutzfilter müssen hierzu in der Atemschutzmaske benützt werden? [6.9-3]
(A) Gasfilter mit der Filterbezeichnung K und der Kennfarbe Grün
(B) Gasfilter mit der Filterbezeichnung P und der Kennfarbe Braun
(C) Partikelfilter mit der Filterbezeichnung P 3 und der Kennfarbe Rot
(D) Partikelfilter mit der Filterbezeichnung P 6 und der Kennfarbe Grün
(E) Partikelfilter mit der Filterbezeichnung P 7 und der Kennfarbe Gelb

5.
Welche Partikelfilter müssen bei Schleifarbeiten benutzt werden, wenn dabei Bleistaub frei wird? [6.9-4]
(A) Partikelfilter mit der Filterbezeichnung P 3 und der Kennfarbe Weiß
(B) Partikelfilter mit der Filterbezeichnung P 1 und der Kennfarbe Braun
(C) Partikelfilter mit der Filterbezeichnung P 2 und der Kennfarbe Rot
(D) Partikelfilter mit der Filterbezeichnung P 4 und der Kennfarbe Grün
(E) Partikelfilter mit der Filterbezeichnung P 5 und der Kennfarbe Gelb

6.
Wann müssen von der Umgebungsatmosphäre unabhängig wirkende Atemschutzgeräte getragen werden? [6.9-5]

(A) immer wenn Heizkörper gespritzt werden
(B) immer wenn Autos lackiert werden
(C) immer wenn lösemittelhaltige Werkstoffe verarbeitet werden
(D) immer wenn Salmiakdämpfe frei werden
(E) immer wenn durch unzureichende Lüftung ein Sauerstoffmangel entstehen kann

7.
Wie lange dürfen gegen Lösemitteldämpfe wirksame Atemschutzfilter maximal verwendet werden? [6.9-6]

(A) einen Monat lang nach dem Einlegen in die Maske
(B) ein halbes Jahr lang nach dem Einlegen in die Maske
(C) ein Jahr lang nach Einlegen in die Maske
(D) zwei Jahre lang nach Einlegen in die Maske
(E) bis zum Durchschlagen der Dämpfe

8.
Für welche der folgenden Arbeiten sind immer Schutzhandschuhe erforderlich? [6.9-7]

(A) beim Heizkörperspritzen
(B) beim Fluten von Heizkörpern
(C) beim Flammstrahlen
(D) beim Abstrahlen
(E) beim Schleifen

9.
Für welche der folgenden Arbeiten ist entsprechend den UVV eine spezielle Schutzkleidung erforderlich? [6.9-8]

(A) beim Hochdruckreinigen einer Fassade
(B) bei Flammstrahlarbeiten
(C) beim Heizkörperspritzen
(D) beim Autolackieren
(E) bei Gerüstbauarbeiten

10.
Wann ist ein Anseilschutz erforderlich? [6.9-9]

(A) bei allen Arbeiten auf dem Dach

(B) bei allen Arbeiten auf dem Gerüst

(C) bei allen Arbeiten, wenn der Standpunkt mehr als 5 m über dem Erdboden liegt und andere Sicherheitsmaßnahmen nicht durchführbar sind

(D) nur bei Arbeiten, bei denen der Standpunkt mehr als 7 m über dem Erdboden liegt

(E) immer wenn Absturzgefahr gegeben ist und andere Sicherheitsmaßnahmen nicht durchführbar sind

6.10 Brandschutz

1.
Welche Maßnahmen sind zu treffen, wenn sich bei der Verarbeitung brennbarer Werkstoffe explosive Lösemitteldampf-Luft-Gemische bilden können? [6.10-1]

(A) Es ist für ausreichende Lüftung zu sorgen.

(B) Die Arbeit ist einzustellen.

(C) Elektrische Anlagen und elektrische Betriebsmittel dürfen nur eingesetzt werden, wenn sie explosionsgeschützt sind.

(D) Es reicht aus, wenn eine Atemschutzmaske getragen wird.

(E) Es reicht aus, wenn Feuerlöscher bereitgehalten werden.

2.
Welcher der folgenden Feuerlöschertypen ist in Maler- und Lackiererwerkstätten am besten geeignet? [6.10-2]

(A) Wasserlöscher

(B) ABC-Pulverlöscher

(C) BC-Pulverlöscher

(D) Kohlendioxidlöscher

(E) Halonlöscher

3.
Welche Feuerlöscher sind zum Löschen von Lösemittelbränden geeignet? [6.10-2]

(A) alle Feuerlöscher
(B) Feuerlöscher, die ABC-Pulver oder BC-Pulver enthalten
(C) nur Feuerlöscher mit Halonfüllung
(D) nur Feuerlöscher mit CO_2-Gas
(E) nur Feuerlöscher mit Löschschaum

***4.**
In welchem Zeitabstand müssen die Feuerlöscher im Werkstättenbereich eines Malerbetriebes überprüft werden? [6.10-3]

(A) alle 2 Monate
(B) jedes Jahr
(C) alle 2 Jahre
(D) alle 3 Jahre
(E) alle 5 Jahre

***5.**
Wieviel Feuerlöscher müssen in einer 120 m^2 großen Lackierwerkstatt vorhanden sein? [6.10-5]

(A) 1 Feuerlöscher der Größe 4
(B) 2 Feuerlöscher der Größe 4
(C) 3 Feuerlöscher der Größe 4
(D) 4 Feuerlöscher der Größe 4
(E) 5 Feuerlöscher der Größe 4

***6.**
Wieviel Feuerlöscher müssen in einem 60 m^2 großen Büro vorhanden sein? [6.10-6]

(A) 1 Feuerlöscher der Größe IV
(B) 2 Feuerlöscher der Größe IV
(C) 3 Feuerlöscher der Größe IV
(D) 4 Feuerlöscher der Größe IV
(E) 5 Feuerlöscher der Größe IV

***7.**
Nach welcher Zeit ist ein 12-kg-Feuerlöscher bei der Brandbekämpfung leergespritzt? [6.6-7]

(A) nach 12 Sekunden
(B) nach 120 Sekunden
(C) nach 1,2 Minuten
(D) nach 12 Minuten
(E) nach 120 Minuten

6.11 Erste Hilfe

1.
Welche Aussage ist richtig?

(A) Der Ersten Hilfe muß eine ärztliche Versorgung folgen, es sei denn, es handelt sich um eine sehr harmlose Verletzung.
(B) Die Erste Hilfe ersetzt eine ärztliche Behandlung.
(C) Eine ärztliche Hilfe ist nur erforderlich, wenn der Verletzte in Lebensgefahr schwebt.
(D) Eine ärztliche Behandlung ist auch bei sehr harmlosen Verletzungen notwendig.
(E) Ein Schwerverletzter darf ohne seine Zustimmung nicht zu einem Arzt gebracht werden.

***2.**
Wieviele der Beschäftigten sollten ausgebildete Ersthelfer sein?

(A) 3 %
(B) 5 %
(C) 10 %
(D) 20 %
(E) 30 %

***3.**
Wieviele der Beschäftigten müssen auf Arbeitsstellen mit weniger als 10 Werktätigen mind. ausgebildete Ersthelfer sein?

(A) 1 Beschäftigter
(B) 2 Beschäftigte
(C) 3 Beschäftigte
(D) 4 Beschäftigte
(E) 5 Beschäftigte

***4.**
Auf einer Baustelle arbeiten 8 Maler. Welches Erste-Hilfe-Material muß auf der Baustelle vorrätig sein?

(A) ein kleiner Verbandskasten (nach DIN 13 164 Teil 2)
(B) zwei kleine Verbandskästen (nach DIN 13 164 Teil 2)
(C) ein großer Verbandskasten (nach DIN 13 169)
(D) zwei große Verbandskästen (nach DIN 13 169)
(E) drei große Verbandskästen (nach DIN 13 169)

***5.**
Welches Erste-Hilfe-Material muß auf der Baustelle vorrätig sein, wenn dort 15 Maler arbeiten?

(A) ein kleiner Verbandskasten (nach DIN 13 164 Teil 2)
(B) zwei kleine Verbandskästen (nach DIN 13 164 Teil 2)
(C) ein großer Verbandskasten (nach DIN 13 169)
(D) zwei große Verbandskästen (nach DIN 13 169)
(E) drei große Verbandskästen (nach DIN 13 169)

7 Lösungen

1 Werkzeuge und Geräte

1.1 Werkzeuge und Geräte zur Untergrundvorbereitung

1.1.1 Schleifmaschinen

Frage Nr.	richtige Antworten
1	C,D
2	C,D
3	D
4	E
5	D
6	B,D

1.1.2 Geräte zum Entrosten

Frage Nr.	richtige Antworten
1	B
2	B,C
3	E
4	B
5	E
6	B,E
7	C
8	A
9	B

1.2 Streichwerkzeuge

Frage Nr.	richtige Antworten
1	A
2	E
3	A,B
4	C,D
5	C,D
6	D
7	C
8	B
9	B
10	B
11	E
12	A
13	E

1.3 Farbroller

Frage Nr.	richtige Antworten
1	A
2	C,D
3	E
4	A
5	E
6	D

1.4	Spritzgeräte
Frage Nr.	**richtige Antworten**
1	A
2	C
3	B
4	B
5	E
6	D
7	A
8	E
9	C
10	E
11	D
12	A
13	A
14	B
15	A
16	B
17	E
18	B,D
19	D
20	A
21	A
22	C
23	E
24	C
25	C
26	D,E
27	B
28	A,E
29	B
30	A
31	D
32	A,C
33	B
34	D
35	D
36	B
37	A
38	A
39	C
40	C
41	B
42	C
43	A

1.5	Flutgeräte
Frage Nr.	**richtige Antworten**
1	C,D
2	B
3	E

1.6	Tauchanlagen
Frage Nr.	**richtige Antworten**
1	D,E
2	A
3	A,E

1.7	Trockner
Frage Nr.	**richtige Antworten**
1	D
2	B
3	C
4	A

1.8	Lackierwerkstatt
Frage Nr.	**richtige Antworten**
1	D
2	E
3	D
4	D
5	B

1.9	Vergoldewerkzeug
Frage Nr.	**richtige Antworten**
1	A
2	C
3	E
4	C
5	B

2 Untergründe und ihre Eigenschaften

Frage Nr.	richtige Antworten
1	B
2	B
3	B
4	D
5	D
6	A
7	A,B
8	C
9	E
10	E
11	B
12	C,D
13	D
14	A
15	A

2.1 Mineralische Untergründe

Frage Nr.	richtige Antworten
1	C,D
2	B
3	D
4	B,E
5	D
6	B
7	A
8	C
9	D
10	C
11	C

2.1.1 Putze

Frage Nr.	richtige Antworten
1	A
2	C
3	C
4	D
5	A
6	A
7	B,E
8	B
9	B,C
10	E
11	A
12	A
13	A,C
14	B,E
15	A
16	E
17	C
18	B
19	B
20	C
21	C,D
22	B
23	C,E
24	A
25	B
26	D
27	B,C
28	B

2.1.2	Beton
Frage Nr.	**richtige Antworten**
1	B,D
2	C
3	D
4	D
5	A,C
6	A,C
7	B
8	E
9	C
10	B
11	A
12	B,C
13	C
14	C
15	A
16	E
17	C
18	C

2.1.3	Porenbeton
Frage Nr.	**richtige Antworten**
1	C,D
2	B
3	B,C

2.1.4	Faserzementplatten
Frage Nr.	**richtige Antworten**
1	D
2	B
3	C

2.1.5	Ziegel und Klinker
Frage Nr.	**richtige Antworten**
1	B,C
2	A,C
3	D

2.1.6	Kalksandsteine
Frage Nr.	**richtige Antworten**
1	A
2	A
3	A,D

2.1.7	Gipskartonplatten
Frage Nr.	**richtige Antworten**
1	E
2	A
3	B
4	B,C
5	A
6	B

2.2 Metalluntergründe

2.2.1 Eisen und Stahl

Frage Nr.	richtige Antworten
1	A
2	A,B
3	B,C
4	C
5	B
6	A
7	C
8	C
9	A
10	B
11	C
12	D
13	A
14	D
15	B,C
16	C
17	A
18	B

2.2.2 Zink und verzinkter Stahl

Frage Nr.	richtige Antworten
1	C
2	B
3	C,D
4	C
5	C
6	C
7	A
8	D
9	A

2.2.3 Aluminium

Frage Nr.	richtige Antworten
1	B,D
2	C,D
3	C

2.2.4 Kupfer

Frage Nr.	richtige Antworten
1	D
2	E
3	D

2.3 Holzuntergründe

2.3.1 Massivholz

Frage Nr.	richtige Antworten
1	C
2	A
3	D
4	B
5	B
6	E
7	C,D
8	C,D
9	E
10	A,E
11	B,E
12	A,D
13	A
14	D
15	A,D
16	A,C
17	D
18	C,E
19	D
20	B
21	B
22	D
23	C
24	C
25	E
26	B
27	C
28	A
29	B,E
30	C
31	D
32	E

2.3.2 Holzwerkstoffe

Frage Nr.	richtige Antworten
1	A,E
2	A,E
3	A,B
4	E
5	D
6	D
7	D
8	E

2.4 Kunststoffe

Frage Nr.	richtige Antworten
1	A
2	D
3	B
4	B
5	B
6	A
7	E
8	C
9	D
10	A
11	B
12	C
13	E
14	C
15	A
16	B
17	D
18	E
19	C
20	A,E

2.5	Alte Beschichtungen
Frage Nr.	**richtige Antworten**
1	A
2	D
3	A
4	B
5	A
6	C
7	B
8	A
9	C
10	A
11	B,E
12	C
13	C
14	B
15	B
16	B
17	A

3 Werk- und Hilfsstoffe

3.1	Bindemittel
Frage Nr.	**richtige Antworten**
1	C
2	A,D
3	A
4	C
5	A,B
6	E
7	A
8	B
9	D
10	B,C
11	D
12	B
13	D
14	C
15	A,B
16	A,B
17	B
18	B

3.1.1	Kalke und Kalkfarben
Frage Nr.	**richtige Antworten**
1	C
2	C,D
3	B
4	D
5	A,B
6	A,C
7	E
8	C
9	A,C
10	D
11	B

3.1.2	Zemente und Zementfarben
Frage Nr.	**richtige Antworten**
1	C
2	D
3	A
4	D
5	A
6	C,D
7	A,E
8	B,C

3.1.3	Wasserglas und Silikatfarben
Frage Nr.	**richtige Antworten**
1	B
2	C,D
3	D
4	B
5	C,E
6	A,D
7	B

3.1.4	Leime, Kleister und Kasein
Frage Nr.	**richtige Antworten**
1	D
2	A
3	D,E
4	D
5	A
6	E
7	C
8	C,D
9	C

3.1.5	Dispersionen, Dispersionsfarben und Dispersionslacke
Frage Nr.	**richtige Antworten**
1	A,C
2	E
3	E
4	E
5	A
6	A,D
7	A
8	A,B
9	C,D
10	B,D
11	C,D
12	D
13	C
14	C
15	C
16	B
17	C,D
18	A,B

3.1.6	Siliconharze und Siliconharzfarben
Frage Nr.	**richtige Antworten**
1	C
2	B,E
3	B
4	A

3.1.7	Alkydharze und Alkydharzlacke
Frage Nr.	**richtige Antworten**
1	D
2	C
3	B
4	D,E
5	A,D
6	B
7	C
8	B
9	A,B
10	B

3.1.8	Acrylharze und Acrylharzlacke
Frage Nr.	**richtige Antworten**
1	A,C
2	C
3	A
4	D
5	C

3.1.9	Polyurethanharze und Polyurethanharzlacke
Frage Nr.	richtige Antworten
1	A
2	A,B
3	D,E
4	B,E
5	B,E

3.1.10	Epoxidharze und Epoxidharzlacke
Frage Nr.	richtige Antworten
1	C
2	B
3	A,D

3.1.11	Ungesättigte Polyester und UP-Lacke
Frage Nr.	richtige Antworten
1	E
2	B
3	A,B
4	B

3.1.12	Chlorkautschuk-lackfarben
Frage Nr.	richtige Antworten
1	B,E
2	B,C
3	A
4	D

3.1.13	Zellulosenitrat und Nitrolacke
Frage Nr.	richtige Antworten
1	A
2	B
3	E
4	D

3.1.14	Polymerisatharze und Polymerisat-harzlacke
Frage Nr.	richtige Antworten
1	A
2	C,D
3	B,C

3.2 Löse- und Verdünnungsmittel

Frage Nr.	richtige Antworten
1	D
2	E
3	B
4	C
5	D
6	A
7	C
8	C
9	C,D
10	B,C
11	B
12	A
13	C,D
14	A,B
15	A,B
16	A
17	A,E
18	B,E
19	D
20	A
21	B
22	D,E
23	D
24	D
25	A
26	C
27	B

3.3 Pigmente

Frage Nr.	richtige Antworten
1	B
2	A,B
3	B,C
4	A,B
5	C
6	E
7	A
8	A
9	B
10	A,C
11	C
12	C,D
13	C,D
14	A,B
15	C,D
16	C
17	A
18	B
19	D
20	A
21	D
22	A
23	D
24	A
25	A
26	C,D
27	E
28	D,E
29	C,E
30	B
31	A,E
32	A,B
00	C,D

3.4	Additive
Frage Nr.	richtige Antworten
1	C,D
2	A,E
3	A,B
4	A,B
5	A,B
6	E
7	B,D
8	C
9	A,D
10	A,D
11	D
12	E
13	B
14	C,E

3.5 Spezielle Werkstoffe

3.5.1	Absperrmittel
Frage Nr.	richtige Antworten
1	B
2	A
3	B,C
4	B,D

3.5.2	Imprägniermittel
Frage Nr.	richtige Antworten
1	A
2	B,E
3	D
4	B,C

3.5.3	Holzschutzmittel
Frage Nr.	richtige Antworten
1	A
2	E
3	A,E
4	B
5	A

3.5.4	Holzbeizen
Frage Nr.	richtige Antworten
1	A,B
2	B,D
3	C
4	D

3.5.5	Holzlasuren
Frage Nr.	richtige Antworten
1	B
2	B,E
3	C
4	B
5	B,D

3.5.6	Brandschutzwerkstoffe
Frage Nr.	richtige Antworten
1	B
2	C

3.5.7	Dichtstoffe
Frage Nr.	**richtige Antworten**
1	D,E
2	A
3	B
4	A,D
5	D,E

3.5.8	Abbeizmittel
Frage Nr.	**richtige Antworten**
1	A
2	A
3	A
4	D

3.5.9	Blattmetalle
Frage Nr.	**richtige Antworten**
1	D
2	D
3	B,E

3.5.10	Reparaturmörtel für die Betonsanierung
Frage Nr.	**richtige Antworten**
1	B,D
2	A,C

3.5.11	Gips
Frage Nr.	**richtige Antworten**
1	B
2	A,C
3	C
4	E
5	A,E

3.5.12	Wärmedämmplatten
Frage Nr.	**richtige Antworten**
1	B,C
2	B,C

3.5.13	Rostumwandler
Frage Nr.	**richtige Antworten**
1	B,C
2	C,D

3.6 Hilfsmittel

3.6.1	Schleifmittel
Frage Nr.	**richtige Antworten**
1	D
2	C
3	B
4	C

3.6.2	Strahlmittel
Frage Nr.	**richtige Antworten**
1	B
2	A

3.6.3	Abklebebänder
Frage Nr.	**richtige Antworten**
1	B,E
2	C

3.6.4 Indikatoren

Frage Nr.	richtige Antworten
1	D,E
2	B,C
3	C
4	B,C
5	A,B

3.7 Tapeten

Frage Nr.	richtige Antworten
1	A
2	D
3	B
4	B
5	B
6	D
7	A
8	C
9	E
10	D
11	A
12	A
13	E
14	A,B
15	B
16	C,D
17	C
18	E
19	E
20	B
21	B
22	A
23	B
24	D

4 Arbeitsverfahren

4.1 Arbeitsverfahren auf mineralischen Untergründen

Frage Nr.	richtige Antworten
1	D
2	A
3	A,B

4.1.1 Beschichtungen auf Außenputzen

Frage Nr.	richtige Antworten
1	D
2	B
3	D
4	C
5	C,D
6	D
7	C
8	C
9	D
10	B
11	E
12	D
13	B
14	A

4.1.2 Beschichtungen auf Innenputzen

Frage Nr.	richtige Antworten
1	A
2	D
3	D
4	C
5	A,D
6	E
7	E

4.1.3	Beschichtungen auf Beton und Betonsanierung
Frage Nr.	**richtige Antworten**
1	A,B
2	C
3	B,D
4	D
5	D,E
6	C
7	B
8	D
9	B,E
10	C,D
11	A
12	C,D
13	A
14	C,D

4.1.4	Beschichtungen auf Porenbeton
Frage Nr.	**richtige Antworten**
1	A,C
2	B,E
3	E

4.1.5	Beschichtungen auf Faserzementplatten
Frage Nr.	**richtige Antworten**
1	C
2	E
3	E
4	B
5	B

4.1.6	Beschichtungen auf Ziegeln und Klinkern
Frage Nr.	**richtige Antworten**
1	E
2	B,C
3	D

4.1.7	Beschichtungen auf Kalksandstein-mauerwerk
Frage Nr.	**richtige Antworten**
1	E
2	D
3	B
4	A
5	D,E

4.1.8	Beschichtungen auf Gipskartonplatten
Frage Nr.	**richtige Antworten**
1	E
2	D
3	B

4.1.9	Tapezierarbeiten
Frage Nr.	**richtige Antworten**
1	C
2	B
3	E
4	C
5	E
6	E
7	D
8	D,E
9	D
10	B
11	C
12	D
13	D
14	C
15	A
16	B
17	D
18	A
19	C
20	C,D
21	D
22	A,B

4.1.10	Wärmedämmung
Frage Nr.	**richtige Antworten**
1	C
2	D
3	A,E
4	D
5	D
6	C
7	B
8	A
9	B,D
10	B
11	C
12	B,C
13	D
14	C,D
15	A,B
16	B
17	A
18	D
19	A
20	B
21	E
22	B
23	B

4.2 Arbeitsverfahren auf Metalluntergründen

4.2.1 Beschichtungen auf Eisen und Stahl

Frage Nr.	richtige Antworten
1	A,D
2	A,D
3	D,E
4	E
5	C
6	E
7	B,C
8	C,D
9	C
10	E
11	B,E
12	A,C
13	E

4.2.2 Beschichtungen auf Zink und verzinktem Stahl

Frage Nr.	richtige Antworten
1	C
2	B
3	B
4	C
5	A
6	D
7	E
8	B
9	D,E

4.2.3 Beschichtungen auf Aluminium

Frage Nr.	richtige Antworten
1	B
2	B
3	E
4	B
5	E

4.2.4 Beschichtungen auf Kupfer

Frage Nr.	richtige Antworten
1	D
2	C
3	D,E
4	C
5	B,D

4.3 Arbeitsverfahren auf Holzuntergründen

4.3.1 Arbeitsverfahren auf Holzuntergründen außen

Frage Nr.	richtige Antworten
1	E
2	B
3	E
4	C
5	A,B
6	B
7	D,E

4.3.1.1	Beschichtung auf maßhaltigem Holz außen
Frage Nr.	**richtige Antworten**
1	B
2	E
3	D
4	E
5	A,B
6	C
7	C
8	C,D
9	E

4.3.1.2	Beschichtung auf nichtmaßhaltigem Holz außen
Frage Nr.	**richtige Antworten**
1	C
2	C
3	D
4	E

4.3.2 Arbeitsverfahren auf Holzuntergründen innen

4.3.2.1	Beschichtungen auf maßhaltigem Holz innen
Frage Nr.	**richtige Antworten**
1	A
2	E
3	C

4.3.2.2	Beschichtungen auf nichtmaßhaltigem Holz innen
Frage Nr.	**richtige Antworten**
1	D
2	E
3	E

4.4	Arbeitsverfahren auf Kunststoff-untergründen
Frage Nr.	**richtige Antworten**
1	C
2	D
3	C
4	A
5	E
6	C
7	A
8	D,E

4.5	Brandschutz-beschichtungen
Frage Nr.	**richtige Antworten**
1	B
2	A
3	A,D
4	A
5	B,C
6	A
7	C
8	A,B

4.6 Fahrzeuglackierung

Frage Nr.	richtige Antworten
1	C
2	E
3	E
4	B
5	C
6	D
7	D
8	A
9	B
10	C
11	B
12	A
13	D
14	B
15	D
16	B
17	D
18	A
19	B,D
20	D,E
21	D
22	E
23	E
24	E
25	C
26	D,E
27	B
28	E
29	A
30	B
31	B
32	B
33	E
34	A
35	C
36	C,D
37	E
38	C
39	A,C
40	B
41	A
42	C
43	B,C
44	C
45	A
46	D
47	E

5 Vorschriften und Normen

5.1 Immissionsschutz

Frage Nr.	richtige Antworten
1	B
2	B
3	C,D
4	D
5	D,E
6	E
7	C,E
8	A,B
9	A,C
10	D,E
11	A,E
12	A,B
13	A,B
14	E
15	A
16	A,B
17	A
18	A
19	B
20	E

5.2	RAL-Liefer-bedingungen
Frage Nr.	**richtige Antworten**
1	E
2	A
3	A,E
4	D
5	A,C
6	B
7	B
8	D

5.3	DIN-Normen
Frage Nr.	**richtige Antworten**
1	C
2	C,D
3	E
4	C,D
5	B
6	A
7	E
8	B
9	A
10	D
11	A,E
12	C
13	A
14	B
15	B
16	C
17	B
18	C
19	C,D
20	D
21	B
22	C
23	C
24	B
25	C
26	A,D
27	C
28	B
29	D
30	C
31	C,E
32	D
33	E
34	B,C
35	E
36	B,C
37	D
38	B

5.4 In DIN-Normen festgelegte Prüfverfahren

Frage Nr.	richtige Antworten
1	C
2	B
3	E
4	E
5	C,D
6	A,B
7	B
8	A,B
9	C
10	A,B
11	D
12	C
13	A,C
14	C
15	B
16	D

5.5 VOB

Frage Nr.	richtige Antworten
1	A
2	D
3	B
4	A,B
5	A,D
6	B
7	C
8	D
9	E
10	B
11	E
12	E
13	A,C
14	A,B
15	C,D
16	A,C
17	C,D
18	A
19	A,B
20	E
21	A,C
22	B

5.6 Abfallentsorgung

Frage Nr.	richtige Antworten
1	B,C
2	A
3	D
4	C
5	A
6	C
7	B
8	D,E
9	D
10	E
11	D
12	C
13	E

6 Unfallverhütung und Gesundheitsschutz

6.1 Pflichten der Arbeitgeber und der Arbeitnehmer

Frage Nr.	richtige Antworten
1	B
2	B
3	A

6.2 Beschäftigung von Jugendlichen

Frage Nr.	richtige Antworten
1	B, E
2	D,E
3	B

6.3 Ausstattung der Werkstätten

Frage Nr.	richtige Antworten
1	D
2	B
3	B,C
4	D,E
5	C
6	A,E
7	B,C
8	E
9	B,C
10	C,D

6.4 Arbeitsverfahren

Frage Nr.	richtige Antworten
1	A,B
2	C
3	D
4	C,D
5	C
6	A,D
7	B
8	B
9	B,C
10	C,D
11	C,D
12	B,C

6.5 Gefährliche Arbeitsstoffe

Frage Nr.	richtige Antworten
1	C
2	C,D
3	D,E
4	C
5	B
6	D
7	C
8	B
9	D
10	B,E
11	A
12	B
13	D
14	C
15	A,D
16	B
17	C
18	D
19	D
20	B
21	B
22	D
23	A
24	D

6.6 Gebots-, Verbots- und Warnzeichen

Frage Nr.	richtige Antworten
1	B
2	A
3	E

6.7	Elektrizität
Frage Nr.	**richtige Antworten**
1	A
2	D,E
3	C
4	E
5	B
6	A
7	A
8	A
9	E

6.8	Leitern und Gerüste
Frage Nr.	**richtige Antworten**
1	C
2	C
3	A,B
4	C,D
5	E
6	C,D
7	D
8	A,B
9	C
10	D
11	B
12	D
13	D
14	A,B
15	B
16	B
17	C
18	C,E
19	C,D

6.9	Persönliche Schutzausrüstung
Frage Nr.	**richtige Antworten**
1	D,E
2	D
3	C,E
4	A
5	A
6	E
7	B,E
8	C,D
9	A,B
10	C,E

6.10	Brandschutz
Frage Nr.	**richtige Antworten**
1	A,C
2	B
3	B
4	C
5	D
6	B
7	A

6.11	Erste Hilfe
Frage Nr.	**richtige Antworten**
1	A
2	C
3	A
4	A
5	C

8 Literaturverzeichnis

M. Bablick
703 Prüfungsfragen und Antworten für Maler und Lackierer
Udo Pfriemer Buchverlag in der Bauverlag GmbH ,
Wiesbaden und Berlin 1992

M. Bablick/S. Federl
Das Fachwissen für den Maler und Lackierer
Stam-Verlag, Köln

M. Bablick/S. Federl
Das Grundwissen für den Maler und Lackierer
Stam-Verlag, Köln

U. Biethan u.a.
Lacke und Lösemittel -Eigenschaften, Herstellung, Anwendung
VCH, Weinheim

A. Brasholz
Beschichtungs- und Anstrichschäden bei Alt- und Neubauten
Bauverlag, Wiesbaden und Berlin

A. Brasholz
Handbuch der Anstrich- und Beschichtungstechnik
Bauverlag, Wiesbaden und Berlin

A. Brasholz/W. O. Wallenfang/I. Waldau
Lexikon der Anstrichtechnik - 2. Anwendung
Callwey-Verlag, München

K. Chor
Fahrzeuglackierer
Verlag Neuer Merkur, München

V. Ebendt/M. Enderle/E. Hoffmann u.a.
Fachkunde Farbtechnik und Raumgestaltung
Stam-Verlag, Köln

8 Literaturverzeichnis

A. Goldschmidt/B. Hantschke/E. Knappe u.a.
Glasurit-Handbuch
Curt R. Vincentz - Verlag, Hannover

B. Hauber/G. Puchan/W. Mitz
Die Autolackierung
Vogel-Verlag, Würzburg

E. Jakubowski
Malerfachkunde
B.G. Teubner-Verlag, Stuttgart

K. Sponsel/W. O. Wallenfang/I. Waldau
Lexikon der Anstrichtechnik -1. Grundlagen
Callwey-Verlag, München

Unfallverhütungsvorschriften der Berufsgenossenschaften
(kostenlos erhältlich bei den Berufsgenossenschaften)

A. Waschner
Fachtheorie Maler und Lackierer
Verlag Handwerk und Technik, Hamburg

9 Richtlinien

9.1 BFS-Merkblätter

BFS-Merkblatt A: Schönheitsreparaturen und was dazu gehört für Vermieter, Mieter und Maler und Lackierbetriebe

BFS-Merkblatt B: Leistungsverzeichnis für die Ausschreibung von Anstrich- und Tapezierarbeiten mit Leistungsbeschreibungen für Regelleistungen

BFS-Merkblatt C: Anwendungsmöglichkeiten und Eigenschaften von Beschichtungen, Tapeten und Belägen

BFS-Merkblatt D: Umweltratgeber für Maler- und Lackiererbetriebe

BFS-Merkblatt E: Umweltratgeber und Entsorgungsleitfaden für Fahrzeuglackierbetriebe

BFS-Merkblatt Nr.1: Betonschutz und -instandsetzung von Außenflächen im Hochbau

BFS-Merkblatt Nr.2: Beschichtungen und Imprägnierungen auf Kalksandstein-Sichtmauerwerk

BFS-Merkblatt Nr.3: Beschichtungen auf nicht maßhaltigen Außenbauteilen aus Holz

BFS-Merkblatt Nr.4: Zinkstaub-Beschichtungen

BFS-Merkblatt Nr.5: Beschichtungen auf Zink und verzinktem Stahl

BFS-Merkblatt Nr.6: Beschichtungen auf Bauteilen aus Aluminium

BFS-Merkblatt Nr.7: Prüfrichtlinien für Tapeten vor der Verarbeitung

BFS-Merkblatt Nr.8: Beschichtungen, Tapezier- und Klebearbeiten auf Beton mit geschlossenem Gefüge, innen

BFS-Merkblatt Nr.9: Beschichtungen auf Außenputzen

BFS-Merkblatt Nr.10: Beschichtungen, Tapezier- und Klebearbeiten auf Innenputzen

BFS-Merkblatt Nr.11: Beschichtungen, Tapezier- und Klebearbeiten auf Porenbeton

BFS-Merkblatt Nr.12: Verarbeitung und Oberflächenbehandlung von Gipskartonplatten in der Innenausbautechnik

BFS-Merkblatt Nr.13: Beschichtungen auf Ziegel-Sichtmauerwerk

BFS-Merkblatt Nr.14: Beschichtungen auf Faserzement

BFS-Merkblatt Nr.15: Brandschutzbeschichtungen auf Holzbaustoffen und Stahlbauteilen

BFS-Merkblatt Nr.16: Technische Richtlinien für Tapezier- und Klebearbeiten

BFS-Merkblatt Nr.17: Beschichtungen, Tapezier- und Klebearbeiten auf Wänden aus "Wandbauplatten aus Gips"

BFS-Merkblatt Nr.18: Technische Richtlinien für Beschichtungen auf Fenstern und Außentüren sowie anderen maßhaltigen Außenbauteilen aus Holz

BFS-Merkblatt Nr.19: Risse in Außenputzen und ihre Überbrückung mit Beschichtungssystemen und Armierungen

BFS-Merkblatt Nr.191: Risse in unverputztem und verputztem Mauerwerk, in Gipskartonplatten und ähnlichen Stoffen auf Unterkonstruktionen, Ursachen und Bearbeitungsmöglichkeiten

BFS-Merkblatt Nr. 20: Beurteilung des Untergrundes für Beschichtungs-und Tapezierarbeiten, Maßnahmen zur Beurteilung von Schäden

BFS-Merkblatt Nr. 21: Wärmedämmung im Verbundsystem an Fassaden und anderen Bauteilen

BFS-Merkblatt Nr. 22: Beschichtungen auf Kunststoffen im Hochbau

BFS-Merkblatt Nr. 23:Technische Richtlinien für das Abdichten von Fugen im Hochbau und von Verglasungen

9.2 DIN-Normen

DIN 1168	Baugipse
DIN 1960	VOB Teil A Allgemeine Bestimmungen für die Vergabe von Bauleistungen
DIN 1961	VOB Teil B Allgemeine Vertragsbedingungen für die Ausführung von Bauleistungen
DIN 2403	Kennzeichnung von Rohrleitungen nach dem Durchflußstoff
DIN 3181	Atemschutzgeräte
DIN 4102	Brandverhalten von Baustoffen und Bauteilen
DIN 4108	Wärmeschutz im Hochbau
DIN 4109	Schallschutz im Hochbau
DIN 4420	Arbeits- und Schutzgerüste aus vorgefertigten Bauteilen (Systemgerüste)
DIN 4422	Fahrbare Arbeitsbühnen (Fahrgerüste) aus vorgefertigten Bauteilen
DIN 4567	Leitern
DIN 4844	Sicherheitskennzeichnung
DIN 6164	DIN-Farbenkarte

DIN 7728	Kunststoffe; Kennbuchstabenund Kurzzeichen für Polymere und ihre besonderen Eigenschaften
DIN 8201	Feste Strahlmittel
DIN 18 330	VOB Teil C Mauerarbeiten
DIN 18 331	VOB Teil C Beton- und Stahlbetonarbeiten
DIN 18 350	VOB Teil C Putz- und Stuckarbeiten
DIN 18 363	VOB Teil C Maler- und Lackiererarbeiten
DIN 18 364	VOB Teil C Korrosionsschutzarbeiten an Stahl- und Aluminiumbauten
DIN 18 366	VOB Teil C Tapezierarbeiten
DIN 18 550	Putz
DIN 50 900	Korrosion der Metalle; Begriffe
DIN 50 902	Behandlung von Metalloberflächen für den Korrosionsschutz durch anorganische Schichten; Begriffe
DIN 52 175	Holzschutz
DIN 53 150	Bestimmung des Trockengrades von Anstrichen
DIN 53 151	Gitterschnittprüfung von Anstrichen und ähnlichen Beschichtungen
DIN 53 152	Dornbiegeversuch an Anstrichen und ähnlichen Beschichtungen
DIN 53 153	Eindruckversuch nach Buchholz an Anstrichen und ähnlichen Beschichtungen
DIN 53 155	Spanprüfung (nach Peters) von Anstrichen

DIN 53 159	Bestimmung des Kreidungsgrades von Anstrichen und ähnlichen Beschichtungen nach Kempf
DIN 53 162	Prüfung von Anstrichstoffen; Bestimmung eines Deckvermögenswertes von lufttrocknenden unbunten Anstrichfarben, Hilfsuntersuchungen
DIN 53 168	Bestimmung der Beständigkeit von Anstrichen und ähnlichen Beschichtungen gegen Chemikalien
DIN 53 209	Lacke und Anstrichstoffe; Bezeichnung des Blasengrades
DIN 53 210	Lacke und Anstrichstoffe; Bezeichnung des Rostgrades
DIN 53 211	Lacke, Anstrichstoffe und ähnliche Beschichtungsstoffe; Bestimmung der Auslaufzeit mit dem DIN-Becher
DIN 53 221	Lacke, Anstrichstoffe und ähnliche Beschichtungsstoffe; Prüfung von Anstrichen auf Überlackierbarkeit
DIN 53 223	Prüfung von Anstrichstoffen und ähnlichen Beschichtungsstoffen; Bestimmung des Kreidungsgrades von Anstrichen und ähnlichen Beschichtungen nach der Klebebandmethode
DIN 53 233	Bestimmung des Abriebverhaltens von dekontaminierbaren Beschichtungen; Fallrohr-Verfahren
DIN 53 778	Kunstoffdispersionsfarben für Innen
DIN 55 900	Beschichtungen für Raumheizkörper
DIN 55 928	Korrosionsschutz von Stahlbauten durch Beschichtungen und Überzüge
DIN 55 943	Farbmittel; Begriffe

DIN 55 944	Farbmittel; Einteilung nach koloristischen und chemischen Gesichtspunkten
DIN 55 945	Beschichtungsstoffe (Lacke, Anstrichstoffe und ähnliche Stoffe); Begriffe
DIN 55 950	Anstrichstoffe und ähnliche Beschichtungsstoffe; Kurzzeichen für die Bindemittelgrundlage
DIN 68 705	Sperrholz
DIN 68 750	Holzfaserplatten; Poröse und harte Holzfaserplatten, Gütebedingungen
DIN 68 800	Holzschutz im Hochbau

9.3 Weitere Richtlinien

RoST DV807: Rostschutz an Bauwerken; Vorschriften der Bundesbahn

Verordnung über Gefahrstoffe

Wärmeschutzverordnung

Unfallverhütungsvorschriften

10 Stichwortverzeichnis

Hinweis: Die Zahl vor dem Bindestrich gibt das Kapitel an, die Zahl hinter dem Bindestrich gibt die Frage in diesem Kapitel an.

Beispiel: Abbeizfluide 3.5.8-3, 3.5.8-4

Zu dem gesuchten Begriff sind im Kapitel 3.5.8 die Fragen 3 und 4 enthalten.